이승만 대통령 공식 사진

이승만의 옥중 동지들. 앞줄 왼쪽부터 이승만·강원달·홍재기·유성준·이상재·김정식. 뒷줄 왼쪽부터 안명선(안경수의 자)·김린·유동근·이승인(이상재의 자), 부친 대신 복역했던 소년.

이승만과 함께 감옥에서 성경 공부를 하던 옥중 동지들. 중앙에 서 있는 어린이는 아버지 이승만을 찾아온 아들 이봉수.

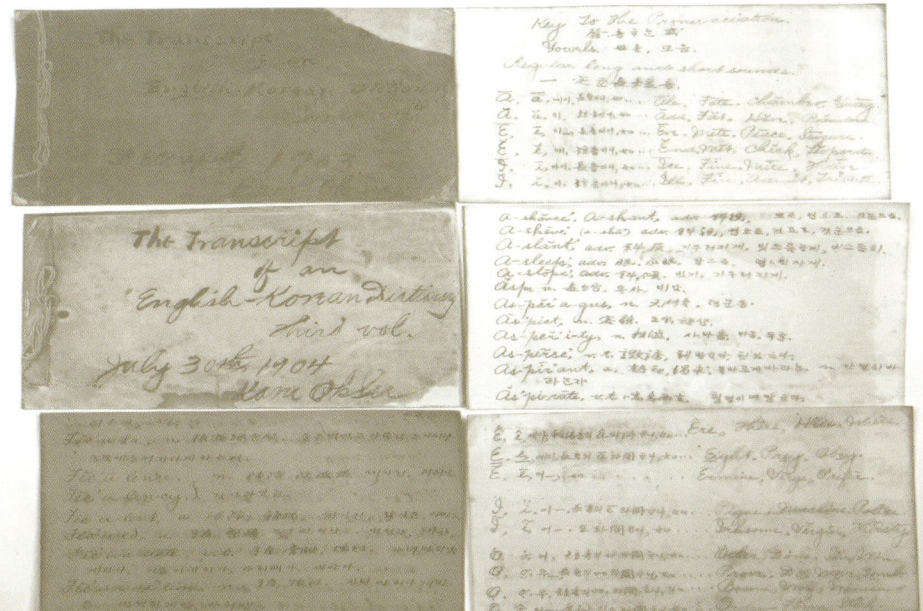

▲이승만이 1903년 초부터 1904년 7월까지 감옥에서 집필한 영한사전 원고. 러·일전쟁이 발발하자 《독립정신》 집필을 위해 중단.
▶이승만이 조지워싱턴 대학을 졸업할 무렵(1907. 7).
▼이승만이 미국대통령 시어도어 루스벨트를 회견했을 때 외교관으로 정장한 모습(1905. 8).

◀프린스턴대학에서 정치학 박사학위를 받았을 때의 모습(1910. 7).

▶박용만이 트렁크 밑창에 감춰 가지고 온 《독립정신》 노끈원고를 풀어보고 있는 이승만.
▼《독립정신》 초판본. 로스앤젤레스에서 출판된 이승만의 첫 작품(1910).

▲ 필라델피아에서 한인자유대행진을 마친 '한인대표자대회'의 참석자들. 왼쪽에서 첫 번째가 정한경, 세 번째가 이승만, 중간에 태극기를 들고 있는 여인이 노디 김양(1914. 4. 16).
▶ 제네바 국제연맹 본부 앞에 선 이승만(1933. 5. 2).
▼ '대한공화국 대통령' 이승만의 공식 사진(1920).

제헌헌법 서명을 마친 후 찍은 기념사진(1948. 7. 17).

동부전선 시찰 시 지프에 올라 즉흥 연설을 하고 있는 이 대통령(1951).

▲미국을 공식 방문한 이승만 대통령이 미 상하양원 합동회의에서 연설하는 장면. 이 대통령은 여기서 기립박수를 포함 모두 33회의 박수를 받았다(1954. 7. 28).

▶경무대 대통령 집무실에서 손수 타자를 치는 이 대통령(1953).

◀우리나라 최초의 판유리 생산품을 살펴보는 이 대통령 (1958. 1. 10).

▼6·25전쟁이 끝나가는 1953년 7월, 북한에서 돌아온 국군포로들을 문산까지 나가 맞이하는 이 대통령 내외.

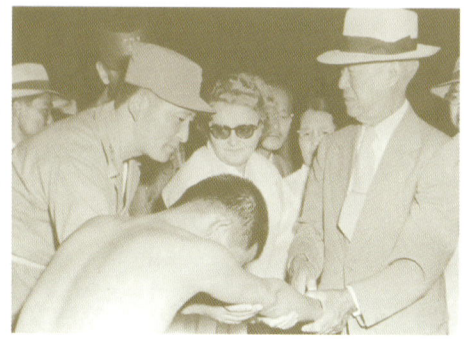

◀국내 최초 연구용 원자로인 TRIGA MARK II 기공식에서 이 대통령(1959. 7. 14).

▼이 대통령이 우리나라 최초의 시멘트 시제품을 살펴보고 있다. 왼쪽부터 문경시멘트 이정림, 상공장관 김일환, 오른쪽은 대한시멘트 이동준(1957. 11. 27).

조선민족이여 깨어나라!
독립정신
이승만 지음
김충남 김효선 풀어씀

동서문화사

《독립정신》을 펴내며

이 책은 건국 대통령 이승만 박사가 29세 때인 1904년 한성감옥에서 쓴 《독립정신》을 읽기 쉽게 풀어 쓴 것이다. 이승만은 독립협회 청년 지도자로서 나라가 외세에 짓밟히며 쓰러져가는 것을 보고 나라를 보존하기 위해 개혁을 주장하며 시위를 주도하다가 역모죄(왕실에 반역한 죄)로 몰려 한성감옥에 갇혔다. 7년째 감옥살이를 하던 중 러일전쟁이 터지면서 비록 감옥에 갇힌 몸이지만 나라를 구하기 위해 무언가 해야 한다는 절박한 심정으로 이 책을 썼다.

이승만은 일본과 청나라(중국)가 조선을 차지하기 위해 우리 땅과 바다에서 싸웠던 청일전쟁(1894~95)이 터지던 해에 선교사가 설립한 배재학당에 입학하면서 서구문물에 눈뜨게 되었다. 그러한 가운데 그는 나라를 지키기 위해서는 민주개혁 등 개화가 필요하다고 확신하고 개혁 운동에 앞장섰다. 그는 국민을 계몽하고 여론을 조성하기 위해 현대식 토론회도 개최하고 신문도 발간하고 논설을 썼다. 뿐만 아니라, 거리에 나가 연설도 하고 시위를 하다가 24세의 젊은 나이에 투옥된 것이다.

이승만의 소년 시절과 청년 시절은 조선왕조의 국운이 급속히 기울고 있었다. 외국인들이 우리나라를 마음대로 주무르고 있었지만 양반관리들은 부패·무능한 가운데 외세를 등에 업고 권력투쟁에 몰두하고 있었고, 백성들은 가난하고 무지하여 무력했다. 그의 청년 시절의 조선왕조는 사실상 이름뿐이었다. 군대는 불만을 품고 반란을 일으켰고(1882년 임오군란), 청나라에 기대는 수구파와 일본에 기대는 개화파 사이의 권력투쟁의 와중에 개화파에 의한 쿠데타인 갑신정변(1884)이 일어났다. 뒤이어 일어난, 농민봉기인 동학란(1894~95)은 전라도와 충청도 대다수 지역을 휩쓸었지만 조정은 이를 진압할 능력이 없었다. 청나라와 일본은 동학란 진압을 빙자하여 군사개입함으로써 우리 땅과 바다에서 청일전쟁(1894~95)이 벌어졌다. 청일전쟁에서 승리하여 조선을 장악한 일본인들은 명성왕후를 살해(1895)했다. 고종이 일본의 위협을 피해 러시아 공사관에 1년간 피신을 한 아관파천(1896~97)이 일어났다. 이처럼 불과 몇 년 사이에 엄청난 사건들이 연달아 일어났다. 이러한 현장을 목격한 이승만은 목숨을 걸고 나라를 구하려다 감옥에 갇히게 된 것이다.

이승만의 개화구국운동은 감옥에서도 계속되어 가짜 이름으로 논설문을 써서 〈제국신문〉과 〈신학월보〉에 게재해왔다. 러일전쟁이 터지자 끓어오르는 분노와 절박한 심정으로 《독립정신》을 쓴 것이다. 당시 감옥은 오늘날 상상도 할 수 없을 만큼 열악한 조건이었으며, 특히 책을 쓰는 데 참고가 될 만한 책도 신문잡지도 많지 않았고 구할 수도 없었으며 종이와 연필조차 구할 수 없었다. 뿐만 아니라 감시받고 있는 상황에서 몰래 숨어서 이 같은 책을 쓴다는 것은 상상하기도 어려운 일이다. 그러나 피 끓는 애국심과 불굴의 의지를 가진 이승만이기에 이 책을 쓸 수 있었던 것이다. 이 책을 읽으면 다음과 같은 특징이 있다는 것을 발견하게 될 것이다.

첫째, 1890년 이후 10여 년 가까이 조선왕조와 조선을 둘러싼 주변 정세는 질풍노도가 몰아치는 시기로서 청년 이승만이 보고 듣고 느끼고 경험한 바를 자세히 기록한 역사적 증언이라는 점에서 매우 중요한 기록이라 할 수 있다. 당시 정세를 자세히 다룬 책이 많지 않을 뿐 아니라 조선왕조 최후 10여 년간의 기록이라는 점에서 특별한 역사적 가치가 있다고 본다. 당시 우리나라의 약점이 무엇이었으며 중국, 일본, 러시아가 우리나라에서 무엇을 노렸는지. 여기서 교훈을 얻을 수 있다면 우리는 나라를 더욱 부강하고 당당한 나라로 발전시킬 수 있을 것이다.

둘째, 애국심이 무엇이며 왜 중요한지 절실히 깨닫게 한다. 이승만은 당시 조선왕조를 침몰 직전에 있는 배에 비유했다. 배가 침몰하면 타고 있던 사람들이 몰살되기 때문에 모두 나서서 배를 구해야 하듯이, 나라가 패망하면 모두가 나라 없는 고통을 당하기 때문에 모든 국민이 나서서 나라를 지켜야 한다는 것을 피 끓는 열정으로 호소하고 있다. 나라야 어찌 되든 상관없다는 사람이 없지 않지만 우리 조상들은 나라를 잃은 후, 온갖 서러움을 겪고 나서 나라의 중요성을 알게 되었다. 그 무렵 양반관리들은 나라를 구할 생각은 않고 외세를 이용하여 자리를 보존할 생각에 여념이 없었고 백성들은 무지하여 어떻게 해야 할지 몰랐다. 이승만은 나라를 위해 충성하고 희생하는 것이 국민으로서 가장 중요한 가치라면서 국민 모두가 목숨을 바쳐 나라를 구하려 한다면 반드시 지킬 수 있다고 주장하고 있다. 요컨대 이 책에서 근대적 국가의식과 민족주의 사상이 왜 중요한지 절실히 느낄 수 있다.

셋째, 민주주의가 왜 중요하며 왜 우리나라가 민주제도로 개혁해야 하는지 잘 설명하고 있다. 당시는 전제군주시대로서 민주헌법을 도입하자는 주장을 하면 반역죄로 몰려 목숨까지 잃을 우려가 있었다. 이승만은 문명하고 부강한 나라는 민주주의를 하고 있는 반면, 가난하고 뒤떨어진 나라는 전제군주국가라는 사실을 대조적으로 설명하고 있다. 그래서 이승만은 이 책에서 프랑스혁명, 미국 독립전쟁 등 민주주의 역사를 소개하고 서구 민주국가의 실상을 자세히 소개하고 있다. 그러나 민주주의는 민주제도를 도입함으로써 끝나는 것이 아니라 국민 각자가 스스로 자기 문제를 처리하는 자립정신과 자기의 권리를 지키고 책임을 다하는 민주정신, 즉 '독립정신'이 투철할 때만이 가능한 것이라고 거듭 강조하고 있다. 즉, 국민이 깨어야만 나라가 부강해질 수 있으며 그런 의미에서 이승만은 교육을 중시했다.

마지막으로 서양 문물을 하루속히 받아들여 나라를 부강하게 만들어야 한다는 것을 주장하고 있다. 그는 현대지식과 과학기술의 중요성을 강조하며 제조업을 발전시키고 다른 나라와 통상함으로써 나라를 부강하게 만들어야 한다고 주장하고 있다. 그는 이를 위해 대외적으로 나라를 개방하고 외교를 잘해야 하며, 또한 선진문물을 신속히 받아들이기 위한 수단으로 외국어의 중요성을 강조하고 있다. 그래서 이승만 대통령은 휴전협정 다음 해인 1954년에 인하대학교의 전신인 인하공대와 한국외국어대학의 설립을 주도했으며, 1958년에는 한국원자력연구소를 설치하여 오늘의 원자력에너지 시대의 씨앗을 뿌렸던 것이다.

이승만 대통령은 매우 어려운 여건 하에서도 민주공화국인 대한민국을 세우고 6·25전쟁을 비롯한 공산세력의 침략을 막아내며 나라의 기초를 마련한 위대한 지도자이지만, 우리는 그러한 훌륭한 지도자를 제대로 알지 못한다. 이승만 대통령이 없었다면 대한민국이 건국되었을까, 그리고 공산침략으로부터 살아남았을까. 더구나 그를 비난하는 사람들은 이승만은 비전이나 철학이 없었다고 말한다. 그러나 그건 전혀 모르는 소리이다.

그의 저서 《독립정신》을 읽어보면 그의 불타는 애국심, 어떤 어려움에도 흔들리지 않는 집념과 용기, 기독교사상과 서구 민주사상에 바탕을 둔 심오한 정치철학, 기술과 실질로 잘사는 나라를 만들어야겠다는 실용주의 사상이 얼마나 투철했던가를 절실히 깨닫게 된다. 그런 철학과 리더십이 있었기에 평생을 바쳐 독립투쟁을 하고 건국을 하고 공산침략을 물리치고 대한민국의 기초를 튼튼히 다졌던 것이다. 지난 100여 년간 과연 이승만 대통령만큼 큰 인물이 있었으며 《독립정신》과 견줄만한 책이 있는지 의문이다.

오늘날은 급격한 세계화로 세계질서가 근본적으로 바뀌고 있는 전환기이다. 중국이 다시 강대국으로 등장하면서 한반도 주변에서 강대국 간에 새로운 경쟁이 일어나고 있는 등, 19세기 말과 유사한 면도 없지 않다. 그런 면에서 이승만의 《독립정신》은 우리나라를 일류 선진국으로 만들고, 민족의 염원인 통일을 이룩하기 위한 우리 모두의 정신적 지표가 될 것으로 확신한다. 이 책 한 권을 읽으면 각자의 국가관과 역사관이 달라지고 나아가 인생행로 자체가 달라질 수 있을 만큼 큰 감화를 줄 것으로 확신해 마지않는다.

《독립정신》은 책의 분량을 줄이기 위해 순전히 국민계몽을 위한 내용인 원본의 10장 우주 법칙의 개요, 11장 6대주의 구별, 12장 오색 인종의 구별을 생략했고, 또한 본문의 일부에서 부분적으로 생략한 것이 있다는 것을 밝힌다. 그러나 청년 이승만이 전하고자 했던 '애국정신' 큰 뜻을 모두 살리고자 진력했음을 밝힌다.

2010년 3월
풀어쓴 이 김충남·김효선

머리말

　감옥에서 보낸 지루한 세월이 어느덧 7년째가 되었다. 소중한 시간을 헛되이 보내기 아까워 외국 친구들이 빌려준 책을 탐독하며 고통과 근심을 잊어버리고자 하기도 했다. 세상 형편이 돌아가는 것을 생각하면 울분이 치솟아 몇 권의 책을 번역하며 잊으려 하기도 했으나 어느 것도 발간되지 못하여 울적함을 참을 길이 없었다. 또한, 몇 년 동안 논설을 써서 신문에 게재하기도 했다. 그러나 그것도 사정이 생겨 중단하고 있던 중 때마침 러일전쟁이 벌어지고 있어 남아(男兒)로서 세상에 태어나서 유익한 일을 할 만한 경륜(經綸)은 없지만 가만히 앉아 있을 수 없었다.
　분노가 치밀어 눈물을 금치 못하여 그동안 해오던 한영사전 작업을 중단하고 2월 19일부터 이 글을 쓰기 시작했다. 처음에는 일관된 내용으로 한 권의 책을 쓰려고 했다. 그러나 감옥에서 참고 자료를 구하기 어려워 중요한 주제를 중심으로 쓰기로 했다. 내가 감옥에 있는 동안 여러 명의 죄수들이 사형에 처해지기도 했고, 내가 있는 감방에 드나드는 죄수들도 많아 시끄럽기도 하고 미안하기도 하여 쓰다가 중단하기도 하고, 때로는 몰래 쓰다가 감추기도 했다. 그래서 내용에 부족한 점도 있고 일관성도 적지만 내용의 핵심은 '독립'이란 두 글자이다.

지명과 인명을 많이 쓰지 않고 일상 쓰는 쉬운 말로 설명한 것은 읽기 쉽게 하려는 것이며, 한글로만 쓴 것도 많은 사람들이 읽을 수 있도록 하려는 것이다. 특별히 백성에 대해 많이 쓴 것은 대한제국의 장래가 백성에게 달려있다고 보았기 때문이다.

우리나라에서 중간층 이상의 사람이나 한문(漢文)을 안다는 사람들은 대부분 썩고 잘못된 관습에 물들어 기대할 것이 없고, 그들의 주변 사람들도 비슷하다. 이 말이 너무 심하게 들릴지 모르나 현실을 보면 잘못된 말이 아닌 줄 알 것이다.

진심으로 바라는 바는 우리나라의 무식하고 천하며 어리고 약한 형제자매들이 스스로 각성하여 올바로 행하며, 다른 사람들을 인도하여 날로 국민정신이 바뀌고 풍속이 고쳐져서 아래로부터 변하여 썩은 데서 싹이 나며, 죽은 데서 살아나기를 원하고 또 원하는 바이다.

건국 4237(1904)년 6월 29일
한성감옥에서 죄수 리승만 씀

조선민족이여 깨어나라!
독립정신
차례

화보
《독립정신》을 펴내며
머리말

총론: 우리 대한은 태풍을 만난 배와 같다…23
1. 국민 모두가 자신의 책임을 깨달아야 한다…25
2. 책임을 다하지 못하면 반드시 화를 당하게 된다…30
3. 국민이 힘쓰면 문명부강한 나라를 만들 수 있다…36
4. 나라를 이롭게 하는 것이 참된 충성이다…40
5. 마음속의 독립정신을 굳게 하여야 한다…44
6. 통상과 교류는 이로운 것이다…48
7. 독립국과 중립국의 차이…53
8. 국민이 깨어 있어야 나라를 보전할 수 있다…56
9. 자주와 독립의 중요성…61
13. 새로운 것과 전통의 구별…66
14. 세 가지 정치제도의 구별…68
15. 미국 국민들이 누리는 권리…72

16. 미국 독립의 역사···75

17. 미국 독립선언문···79

18. 미국의 남북전쟁···83

19. 자유와 평등을 쟁취한 프랑스혁명···87

20. 입헌정치의 장점···92

21. 나라의 흥망성쇠는 정치제도에 달렸다···95

22. 정치제도의 성패는 국민 수준에 달렸다···99

23. 국민의 마음이 먼저 자유로워야 한다···102

24. 자유에도 한계가 있다···118

25. 우리의 자랑스러운 독립의 발자취···121

26. 고루한 편견에 사로잡힌 청나라···125

27. 일본이 흥성하게 된 이유···128

28. 러시아의 음흉한 마수(魔手)···131

29. 우리나라와 서양 세력 간의 충돌···134

30. 일본이 조선에 통상을 요구하다···142

31. 조선이 일본과 처음으로 통상하다···145

32. 임오군란(壬午軍亂)이 일어난 배경···148

33. 청일전쟁 직전의 조선, 일본, 청나라 간의 관계···152

34. 갑신정변(甲申政變)이 일어난 사정···156

35. 각국에 처음으로 공사(公使)를 파견하다…160
36. 청일전쟁(淸日戰爭)의 원인…163
37. 청일전쟁 후 조선의 대외관계…167
38. 러시아가 요동반도를 침범하다…170
39. 청나라 의화단(義和團)의 난(亂)…173
40. 러일전쟁의 원인…178
41. 청일전쟁 후 개혁에 나선 조선…185
42. 청일전쟁 이후의 일본과 러시아 정세…188
43. 조선을 놓고 각축을 벌인 러시아와 일본…195
44. 러시아와 일본 간에 전쟁이 일어나다…202
45. 러일전쟁 당시의 대한제국…206
46. 일본의 저의를 해부하다…212
47. 청나라, 일본, 러시아가 우리나라에 끼친 해악…218
48. 우리는 여러 번 좋은 기회를 놓쳤다…221
49. 일본 정부의 의도를 파헤친다…226
50. 일본인들의 의도를 파헤친다…231
결론: 독립정신 실천 6대 강령…241

연보…277

총론: 우리 대한은 태풍을 만난 배와 같다

　슬프다! 나라가 없으면 집이 어디 있으며, 집이 없으면 나와 부모·처자(妻子)와 형제·자매 그리고 후손들이 어디서 살며 어디로 가겠는가. 그러므로 나라의 백성이라면 신분이 높든 낮든 안녕과 복지가 순전히 나라에 달려있다.

　비유를 하자면, 바다를 항해하는 배를 탄 것과 같다. 바람이 잔잔하고 물결이 고요할 때는 돛 달고 노 젓는 일은 사공들에게 맡기고, 모든 선객들은 마음 놓고 쉬거나 한가하게 구경이나 할 것이다. 그러나 만일 거센 풍랑으로 배에 탄 사람들이 죽느냐 사느냐 하는 위기에 처했을 때는 배에 탄 사람이라면 모두 나서서 사공들을 돕는다. 선객 모두가 각자의 이해관계를 떠나 합심하여 사공들을 도와 배가 난파하지 않도록 할 것이다. 배가 침몰하면 배에 탄 사람은 모두가 위험을 피하기 어렵기 때문이다.

　배에 값비싼 물건들이 실려 있다면 그것이 누구의 것이든 상관하지 않고 바다에 던져 배가 가라앉지 않게 할 것이다. 배가 가라앉으면 아무도 살아남을 수 없고, 죽으면 재물도 아무 소용이 없기 때문이다. 이것이 곧 자기 자신을 위하는 길이다.

설령 사공들이 배를 안전하게 저어가더라도 선객들은 자신들의 안전을 위해 무관심할 수는 없을 것이다. 더구나 사공들의 잘못으로 엔진이 고장 나고 물이 쏟아져 들어와 한 사람씩 빠져 죽고 있을 때 다른 배가 구해주러 달려왔는데, 난파될 위험에 처한 배에 탄 선객들은 아무런 노력도 하지 않고 다른 사람이 구해주기만을 기다리고 있거나, 또는 죽을 때만을 기다리고 있겠는가.

선객들은 다른 사람들이나 사공들이 구해주기를 기다리지 않고, 각자가 자기 일이라 생각하고 할 수 있는 모든 노력을 다할 것이다. 사공들과 선객들이 협력하여 위기에 대처하는 것이 모두에게 이롭기 때문이다.

그런데 사공들의 좁은 생각으로 그 배는 자기들의 소유물이며, 배가 위험에 처하더라도 선객들이 상관할 바가 아니라고 생각하고 오로지 항해를 무사히 끝내면 뱃삯을 받는 데만 관심을 기울이거나, 선원들은 파선을 당한다 하더라도 자기들은 헤엄쳐 다른 배로 갈 수 있으므로 선객들이 죽고 사는 것은 자기들이 알 바 아니라고 생각하고 선객들의 도움을 거절한다고 하여 선객들이 가만히 있겠는가.

삼천리강산 우리 대한은 삼천만 백성을 싣고 폭풍우 몰아치는 바다 위에 표류하고 있는 배와 같다. 우리의 생사와 나라의 존망이 얼마나 위급한 지경에 처했는지는 어린아이들까지도 모두 짐작하고 있을 것이다.

지금부터 나라의 사정이 얼마나 위태로우며, 왜 이러한 지경에 처하게 되었는지를 다루고자 한다. 우리가 지금 당장 빠져 죽어가고 있으니 정신 차려 보기 바란다.

1. 국민 모두가 자신의 책임을 깨달아야 한다

　우리 대한 동포들아! 신분이 높든 낮든, 관리든 백성이든, 부자든 가난한 자든, 양반이든 천민(賤民)이든, 그리고 남녀노소 할 것 없이 2천만 민족의 한 사람으로서, 나라를 이 지경으로 만든 데 대해 각자가 일정 부분 책임이 있다는 것을 깨달아야 한다.
　그중에는 고관(직위가 높은 관리)의 자리에 앉아 권력을 휘두르며 나라를 팔아먹은 죄악이 백일하에 드러난 자도 있다. 또는 그러한 반역자들의 손발이 되어 나라의 기틀을 허무는 일에 가담한 자들도 많다. 고관 중에는 체통과 명분에만 집착하다가 나라가 무너져도 말 한 마디 못한 자도 많다. 명망(名望) 높은 고관 중에는 정세 변화에 따라 재빨리 변신하여 재물을 끌어 모으기에 급급한 자들도 많다.
　말단이라도 벼슬이라면 영광으로 여기는 자 중에는 사악(邪惡)한 고관들의 손발 노릇을 했음에도 자기들은 아무 권한이 없어 나라가 기우는 데 책임이 없다고 발뺌하는 자들도 있다. 나라의 법을 어긴 자들은 물론이고, 일반 백성도 이와 같은 죄를 범하지 않았다고 한다. 그러나 그들이 서울에 살던 지방에 살던, 나라가 기울어가는 것을 막지 못한 책임을 면할 수는 없다.

이 말을 처음 듣는 사람들은 힘없는 백성이 나라가 잘되고 못되는데 무슨 책임이 있느냐고 할 것이다. 나라와 백성을 위해 밤낮을 가리지 않고 애쓴 사람들도 적지 않은데, 어째서 모든 사람들이 다 책임이 있느냐고 할지도 모른다. 그래서 어떤 사람들은 앞에서 지적한 것이 불공평하다고 할지 모른다. 그러나 애국지사를 자처하는 사람들까지도 그들의 책임을 다했다고 할 수 없다. 나라의 독립의 기초를 확고히 세우거나, 독립을 위해 목숨을 바친 사람들만이 그들의 책임을 다했다고 할 수 있다. 그렇지 못한 사람은 그동안 아무리 노력을 많이 했다 하더라도 나라의 운명을 바로 잡기 전에는 그 책임을 면할 수 없다.

우리는 나라와 백성을 위한 충성된 마음으로 잘못된 무리와 나쁜 자들을 공격하고, 그들의 죄악을 만천하에 드러내며, 연약한 애국동포들을 대신하여 흉악한 적들과 싸우다가 장렬히 죽어야 한다. 이것이 진정 영광된 죽음이요, 나라를 위한 죽음이다. 그런 죽음만이 하느님의 뜻을 저버리지 않는 것이며, 백성된 도리를 다하는 것이다. 그렇게 죽는 것은 죽는 것이 아니라 영원히 사는 것이다. 그러한 죽음이야말로 천추에 빛날 귀하고 영화로운 죽음이다. 이러한 사람을 누가 부러워하지 않으며 추앙하지 않겠는가.

그러나 사람들은 의로운 일을 위해 죽는다 하더라도 그것을 알아줄 사람이 없으므로 어리석은 죽음이 될 것이며, 후대에 그 명성이 알려지지도 않을 것이라 한다. 또 어떤 사람들은 자신이 의로운 일을 위해 죽더라도 뒤따를 사람이 없으니 자기 목숨만 헛되이 버리는 것이며, 아무 결과도 얻지 못할 것이라고 한다. 또 다른 사람은 내 몸이 죽어 한 알의 밀알이 될 수만 있다면 열 번이라도 죽는 것이 어렵지 않으나, 그런 결과를 가져오지 못하면 헛된 죽음이 되고 말 것이라고 우려한다.

　의를 위해 죽었다 하더라도 아무도 알아주지 않을 것이라는 것이 잘못된 생각이라는 것을 세 가지 측면에서 설명하고자 한다.

　첫째, 누가 충신이고 누가 역적(逆賊)인지 판단하는 것은 때와 장소에 따라 달라진다. 오늘의 충신이 내일은 역적이 되기도 하고, 이곳에서 칭송받는 사람이 다른 곳에서는 비난을 받기도 한다. 지식이 부족하여 제대로 판단하지 못하는 사람들은 그 시대 사람들의 영웅호걸을 중요하게 여긴다. 그러나 미래에는 그 사람이 간신이나 매국노로 지탄받게 될 수도 있다는 것은 깨닫지 못한다. 왜냐하면, 사람들은 당장 보고 듣는 것만으로 판단하며, 무엇이 의로운 것인지 알지 못하기 때문이다.

　오직 지혜롭고 거시적(巨視的) 안목을 가진 사람만이 세상인심을 초월하여 의로운 길을 갈 수 있다. 사람들은 그런 사람을 어리석다고 하기도 한다. 그러나 의로운 길을 가는 사람은 불의와 타협하지 않고 죽음도 두려워하지 않으며, 어떤 어려움에도 자신의 뜻을 굽히지 않는다. 그러한 사람은 몇십 년, 몇백 년 후에는 그 명성이 널리 알려질 것이다. 역사상 빛난 인물들 중에도 당시에는 별로 알려지지 않았으나 차차 세상에 알려져 높이 평가받게 된 경우가 많다.

　지금의 판단으로는 의로운 죽음이 인정받지 못할 것 같이 보일지 모른다. 그러나 의로운 길을 가는 것이 어렵기는 하지만 의롭게 죽는다면 반드시 높이 평가받게 될 것이다. 세상의 많은 사람이 보고 들은 바가 있으므로 의로운 죽음을 한 사람의 명성이 알려질 수밖에 없다. 그러므로 결코 세상이 사람들의 값진 죽음을 알지 못할 것이라고 염려할 필요가 없다.

둘째, 자신이 죽은 후 뒤따라 죽을 사람이 없을 것이라고 우려한다. 그러나 의로운 일을 위해 죽는 한 그런 걱정을 할 필요가 없다. 누가 자기를 따라 죽을 것인가를 염려하는 것은 죽을 각오가 되어 있지 않기 때문이다. 자기의 죽음이 영광스러운 일이라 믿는다면 남모르는 가운데 죽는 것이 더욱 영광스러운 것이다. 오히려 내가 다른 사람의 의로운 죽음에 함께 하지 못하는 것을 염려해야 한다. 자신이 의로운 일을 하는 사람에게 동조한다면, 다른 사람들도 나의 의로운 일을 뒤따르게 될 것이다. 내가 순수한 마음으로 다른 사람의 의로운 일에 동조하여 따르면, 다른 사람들도 나의 뜻에 동조하고 따를 것이다. 이것이 하늘의 법칙이다. 큰 뜻을 가지고 정의를 세우는 일에는 반드시 뒤를 잇는 사람이 나타나므로 뒤따를 사람이 없을까 염려할 필요가 없다.

셋째, 죽더라도 목적 달성에 실패하여 헛된 죽음이 되지 않을까 염려하지만 결단코 그렇지 않다. 사람이 세상을 위해 큰일을 도모할 때 성공할 것이냐 실패할 것이냐 하는 것보다는, 의로운 일인가 아닌가를 따져보는 것이 더욱 중요하다. 의를 위해 모든 것을 바쳐 씨앗을 뿌린다면, 늦고 빠름의 차이는 있겠지만 반드시 좋은 결과를 얻게 된다. 이것은 동서양 역사의 진리이다. 대장부는 넓고 영원한 하늘의 진리를 향해 굳게 나아갈 뿐이지 결과를 걱정할 필요가 없다.

모두들 아무런 노력도 하지 않고 일이 성취되기만을 바라기 때문에 죽는 것을 염려한다. 또한 자기들의 이해관계만 따진 결과 의를 위해 헌신하려는 용기가 약해진다. 그래서 아무런 노력도 하지 않고 남들이 해주기만을 기다린다. 모두가 남들이 해주기를 기다리기만 한다면 무슨 일이 이루어 질 수 있겠는가.

만일 모두가 자기들의 책임을 올바로 인식하고 목숨을 잃는 것을 두려워하지 않고 목적 달성을 위해 나아간다면 다른 사람들도 감동하여 뒤따를 것이다. 그렇게 되면 우리가 목적하는 바를 달성할 수 있다. 설령 당장 뒤따르는 사람이 없을지라도 나중에는 뒤따르는 사람이 반드시 나타날 것이다.

지금까지 설명한 바와 같이, 죽음을 회피하려는 세 가지 이유는 사실은 의로운 일을 위해 죽을 각오가 되어 있지 않기 때문이다. 이러한 이치를 깨닫지 못하고 영광스럽게 죽기를 회피하는 사람은 죽어서도 죄의식에서 벗어나지 못할 것이다. 이 시대에 태어나 살고 있는 사람은 그 누구라도 나라의 위급한 형편에 대한 책임을 회피할 수 없다. 모두가 이를 각성하여 깊이 인식해야 할 것이다.

이 나라 2천만 백성의 한 사람인 필자는 아무런 잘못이 없으므로 다른 사람들만 비난하려는 것이 아니다. 나 자신도 잘못이 많음을 알고, 부끄럽고 두려운 마음을 금할 수 없다. 그러나 이상에서 기록한 것은 모두가 자기의 잘못을 인정하고, 다른 사람들이 어떻게 하든지 상관하지 말고, 먼저 자기 책임을 다하기를 간절히 바라는 마음에서 비롯된 것이다.

2. 책임을 다하지 못하면 반드시 화를 당하게 된다

　사람이 나라에 대한 의무를 다하지 못한 잘못을 저지른 책임은 있을지라도 자신과 가정은 꾸려나갈 수 있을 것이다. 그것이 당장은 자기에게 이롭기 때문에 현명하다고 하거나 또는 영웅호걸이라고도 할 것이다. 그러나 끝내는 자기 자신과 가정을 제대로 꾸려나가지 못하게 된다. 지난날 권력을 누렸던 자들을 보라. 그 당시 위엄과 명성은 천지를 진동하고, 그것이 천만년 계속될 것 같았다. 사람들은 그들을 부러워하고 존경하기도 했다. 그러나 그들의 위엄과 명성은 하루아침에 사라졌다. 지금 그들의 영광을 어디에서 찾아볼 수 있는가.
　그들은 민심을 거역하고 러시아 공사관에 의지하여 천하에 두려울 것이 없는 것처럼 행세했다. 그들은 돈을 마구 찍어내어 백성들의 살림을 파탄지경에 빠뜨렸고, 외국 상사(商社)들에게도 큰 손해를 입혔다. 그들은 여러 차례 경고를 받았지만 자기들의 권리라고 주장하며 이를 무시했다. 그들은 불법으로 돈을 만들고 유통해 부당이득을 취했고, 농민들을 착취하고, 나아가 잔인하고 야만적인 형벌로 그들을 괴롭혔다. 그들은 또한 한 사람의 범죄에 대해 일가친척까지 처벌하는 연좌제(連坐制)를 되살리려고 온갖 수단을 동원했다. 사람을 잡아다가 죄가 있는지 없는지 재판도 하지 않고 4~5년간 감옥에 가두고, 불에 달군 인두로 살을 지지는 등, 온갖 방법으로 고문을 가하여 녹초로 만들거나 죽이기도 했다. 어떤 사람들은 징역형을 선고받은 지 한 달 정도 지나 갑자기 사형당하기도 했다. 죄 없는 사람을 증거를 조작하여 처벌하기도 했고, 온갖 고문으로 허위자백하게 만들었다.

부패하고 악랄한 관리들은 겉으로는 체통과 예절을 내세웠다. 먼 옛날의 전례(前例)를 찾거나 임금에게 상소(上訴)를 올리기에 분주했을 뿐만 아니라, 고루(固陋)한 형식에 얽매이기에 바빠 나라와 백성을 위해 일할 겨를도 없다. 백성들은 불의와 배고픔으로 울부짖고 있지만 관리들의 호사스러운 놀이와 잔치는 그칠 날이 없다. 관찰사(觀察使, 도지사)나 현감(縣監, 군수)은 민란(民亂, 백성들의 소요)만 일어나지 않으면 선정(善政, 훌륭한 행정)을 베푼 것으로 여기고 있다. 심지어는 남의 딸을 빼앗아 간다는 말까지 있으며, 날마다 기생들과 더불어 풍류(風流)에 빠져 있다. 그들의 취임 행사는 요란하기 짝이 없고, 양민들의 토지까지 빼앗는 등, 착취하는 것을 아무렇지도 않게 생각한다.

이외에도 부패하고 타락한 관리들의 행패는 이루 말할 수 없다. 가장 부패하고 나쁜 관리가 높게 평가받고, 그를 칭송하는 송덕비(頌德碑)가 즐비하다. 반면에 어진 관리는 오히려 인정받지 못하고 백성을 너무 위한다고 파면당하기도 한다. 재물과 농토를 빼앗긴 사람들은 분노하여 관청(官廳)에 진정하지만, 잘못된 것을 바로 잡기는커녕 오히려 그들에게 누명을 뒤집어씌워 중벌을 내린다. 그러니 죽임을 당하거나 고통받는 자들은 힘없고 무지한 백성뿐이다. 도적이라도 이름이 알려지고 재물이 많은 대도(大盜, 큰 도적)는 처벌받지 않으며, 오히려 부패한 관리들과 결탁하여 온갖 못된 짓을 하고 있다. 부패한 관리나 도적

할 것 없이 온 세상과 백성을 착취하는 대상으로 삼고 있으나 아무도 항거하지 못한다.

　고관들은 호화로운 저택을 짓고 전국 도처에 전답과 임야를 소유하여 그들의 권력이 만년이나 갈 것 같이 오만하게 행세했다. 그러나 정세가 바뀌자 그들이 먼저 화를 당해 거센 바람에 휘날리는 꽃과 같이 흩어졌다. 어떤 사람들은 외국으로 잡혀가기도 했다. 또는 이름을 고치고 한밤중에 도주하기도 했다. 갈 곳이 없는 자들은 돈으로 매수하여 외국인 주거지역에 피신하려 하나 하늘의 노여움을 받는 그들을 누가 받아 주겠는가.

　그들은 이 넓은 천지에 갈 곳도 없으며, 토지와 재물조차 보전할 수 없으니 이것이 천벌이 아니고 무엇인가. 하늘의 법은 너무도 분명하여 아무도 이를 피할 수 없다. 부패 무능한 관리들은 다른 사람들을 희생시켜 자기들의 목숨을 부지하려 하지만 결국은 자기들의 목숨까지 잃게 된다. 그들은 나라 살림을 축내 자기들의 재산을 늘렸지만 결국은 자기들의 가문도 허물고 말았다. 죄를 지은 그들이 어떻게 처벌을 피할 수 있겠는가.

　관리가 된 사람들은 오래된 제도를 개혁하여 나라를 새롭게 할 때이므로 자신들의 학식을 활용하여 나라를 발전시키기 위해 노력해야 한다. 그렇게 하면 나라를 부흥시킨 공신(功臣)으로 인정받게 되며, 그들의 명성은 오래도록 빛날 것이다. 나아가 세계적으로 유명한 지도자들과 어깨를 나란히 할 수 있을 것이다.

　나라의 기강을 세우는 사람은 특별한 사람이 아니다. 기회를 잘 포착하여 상황을 세밀히 검토하고, 최선을 다하여 업무를 수행하면 된다. 열심히 노력하여 부유하고 강력한 나라를 이룩하는 데 성공한다면 그 명성이 세계 여러 나라에서 추앙받게 되며, 그의 말 한마디는 세계여론에도 영향을 미치게 될 것이다. 먼 나라를 거론할 필요도 없다. 가까운 일본의 대신들은 나라 발전에 성공하여 선망의 대상이 되고 있다. 그렇게 하지는 못할망정 사리사욕에 급급하다가는 끝내 목숨까지 잃게 된다. 뿐만 아니라, 세상 사람들로부터 비난을 받고 의지할 곳도 없게 된다. 어찌 두렵고 가련한 일이 아니겠는가. 관직에 있는 사람들은 지금까지 지적한 것들에 대해 깊이 유념해야 할 것이다.

일반 백성에 대해 말하면, 그들은 당당한 내 나라를 나와는 상관없다고 하며 나라를 돌보거나 보호하지 않고 내버려두어 국정이 문란해지고, 사회의 기강이 무너져 온갖 잘못된 일들이 일어나게 하였다. 사회를 돌아보면 사치하고 방탕한 일들이 범람하고, 음탕하고 썩은 냄새가 진동한다. 일상 쓰는 의복과 생활용품 가운데 국산품은 점차 사라지고 외제품이 범람하고 있다. 그래서 물자는 늘어났지만 나라의 재물은 해외로 빠져 나가고 있다. 그 결과 백성의 생활은 더욱 찌들고 인심만 나빠져 도덕이 허물어지고, 친척 간에 다투는 일이 허다하다.

백성의 마음이 갈라져 2천만이 2천만 가지 다른 마음을 가지고 있다. 나라를 생각하는 마음은 없고 모두 자기 생각뿐이다. 부잣집 자식들은 주색잡기(酒色雜技, 술과 계집과 노름)에 빠져 방탕한 생활을 일삼고 있고, 가난한 집 자식들은 남을 속이고 빼앗더라도 당장 배불리 먹는 것만 생각한다. 거짓과 사기가 온 나라를 휩쓸고 있으며, 하루 종일 아무것도 하는 일 없이 빈둥거리는 사람들도 많다.

사람들에게 무엇이든지 배우거나 일하라고 하면 할 능력도 없거니와 체념에 빠져 "해서 무엇 하느냐"고 반문하며 아무것도 하지 않는다. 일은 하지 않고 먹고 살자니 나쁜 생각이나 하며, 궁지에 빠지면 무슨 짓이라도 하려고 한다. 그래서 사람을 죽이기도 하고 죽임을 당하기도 한다. 서로 죽이다보니 인구는 해마다 줄어들고 있지만 그것도 모르고 있다. 설령 안다 하더라도 하루하루 생활에 허덕이는 사람들이라 아무도 상관하지 않는다. 부자는 가난뱅이로 전락하고, 가난한 사람은 굶어죽게 되니 이 나라에서 누가 그 같은 죽음을 면할 수 있겠는가.

슬프다! 지금은 개명(開明)된 시대로 다른 나라 사람들은 부강하고 문명한 환경에서 안락한 삶을 누리고 있다. 하지만, 우리는 어찌하여 우리들 목숨이 타는 불이나 끓는 물속에 있는 것처럼 위급한 처지에 놓이게 되었는가.

다른 나라 사람들이 사는 것을 보면 그 나라가 누리는 영광과 번영은 말할 것도 없고, 보통 사람들이 사는 것을 보더라도 놀라울 따름이다. 그들은 모두 직업을 가지고 있으며, 그들의 재산을 한 푼이라도 빼앗아 가는 사람이 없다. 그들의 자유와 권리는 보호되며, 아무도 그것을 침해할 수 없다. 사람들은 서로 사랑하고 격려하는 가운데 행복해지고, 서로 돕고 위로하는 가운데 인정과 우애가 커진다.

상업과 무역을 권장하여 다른 나라로부터 재물과 금은보화(金銀寶貨)를 벌어들이고, 공업과 농업을 진흥시켜 생활이 풍요로워지면서 사람의 가치도 매우 소중히 여긴다. 기계는 편리하고 빨라서 사람의 수고를 덜어주며, 모든 사람이 골고루 교육을 받게 되고, 도덕과 신의를 소중히 여긴다. 누가 신사숙녀인지 자연히 드러나며, 순리가 통하고 법률이 공평하게 적용되어 나쁜 사람은 머리를 들지 못하고, 약한 사람이라도 두려울 것이 없다. 나라는 태평하고 백성은 즐거우며 부모·형제, 일가친척, 이웃 간에 행복을 나누니 진정 극락세계라 할 것이다.

 그런 나라는 자기 나라 사람 한두 명이 다른 나라로 가서 사는 곳이라도 영사를 파견하고 군함을 보내 자기 나라 사람들의 생명과 재산을 보호한다. 그러므로 그런 나라 사람들은 어디를 가든 최고의 대우를 받고 최대의 이익을 누리게 된다. 이 어찌 부러운 일이 아닌가. 그러나 그들이 그러한 대우를 누리는 것은 하늘에서 특권을 준 것이 아니다.

 이삼십 년, 사오십 년, 어떤 경우 백여 년 전 이 나라들은 우리나라보다 더 어려운 지경에 있었다. 그러나 교육이 보급되고 문명이 발달하면서 낡고 잘못된 것들은 버리고, 새로운 제도와 법률에 따라 사람들의 생각과 행동이 변하게 되었다. 그들은 태어나 남을 위해 살다 죽는 것이 사람된 도리라는 것을 알고 실천하게 되었다. 사람의 행복이나 불행이 남의 탓이 아니라 오롯이 자신의 노력에 달렸다고 믿었다.

 그러므로 우리가 우리의 책임을 다하지 못하면 책망을 받을 뿐만 아니라, 그로 인한 피해가 우리 모두에게 미치게 된다는 것을 알아야 한다.

3. 국민이 힘쓰면 문명부강한 나라를 만들 수 있다

　백성이 백성된 도리와 책임을 다하지 못하면 나라에 해가 되는 줄도 안다. 그러나 관리들이 그들의 책임을 제대로 수행하지 않고 나아가 백성이 백성된 책임을 다하는 것까지 막고 있는데, 과연 백성이 무엇을 할 수 있느냐고 반문할는지 모른다. 그에 답하기 전에 먼저 나라가 무엇인지 알아야 한다.
　나라라 하는 것은 여러 사람이 모여 사는 조직된 사회로, 여러 사람이 모여 의논하는 회의체에 비유할 수 있다. 그들은 큰 건물에 모여 몇 사람씩 짝을 지어 자유롭게 웃으며 이야기하고 토론도 한다. 토론만 하는 것이 아니라 때로는 난장판이 되어 싸우다가 사람까지 죽이는 위태로운 지경에 이르기도 한다. 이 같은 분쟁을 평화적으로 해결하기 위해 공정한 법과 규정이 필요하다. 이를 위해 적절한 사람을 선발하여 그로 하여금 법과 질서를 유지하도록 할 필요가 있다.
　이 같은 일들을 하기 위해서는 예산도 있어야 하고, 사무원들이 업무에 전념할 수 있도록 보수도 주어야 한다. 그러기 위해서는 그 조직의 회원들이 얼마씩 거두어 필요한 예산을 마련하여 사무원들이 관리하도록 한다. 그러므로 사무원들은 조직의 관리를 책임질 뿐 아니라, 회원 모두에게 공평하게 봉사해야 하는 공복(公僕)이다. 그들은 그 조직을 위해 헌신해야 하며, 또한 회원들을 위해 봉사함으로써 회원 모두가 만족할 수 있도록 해야 한다. 그들은 조직을 관리하는 업무를 담당하고 있지만, 그들에게 그런 업무를 부여한 것은 회원들이다.

사무원들이 일을 잘하면 회원들은 그들이 성공할 수 있도록 적극적으로 돕지만, 사무원들이 직분을 소홀히 하고 자기들의 이익만 탐한다면 회원들이 들고일어나 잘못을 바로잡고 사무원들도 갈아치워야 한다. 사무원들의 업무를 감독하지 않고 내버려 두면 정직하고 성실한 사무원들이 자기들의 책무를 다하려고 노력하여도 혼자의 힘으로는 어려울 때도 있다. 또한 감독 장치가 없으면 현명하고 성실한 사무원이라도 차츰 욕심이 생겨 잘못된 짓을 할 염려도 있다.

더구나 지혜와 품성은 유전되는 것이 아니다. 불행히도 청백리(淸白吏, 청렴한 관리)를 낳은 훌륭한 가문의 자녀 가운데 불량한 사람이 사무원이 되었다고 하자. 그가 일을 그르쳐 회원 모두에게 손해를 입히더라도 가문의 위세에 눌려 아무도 그를 막을 사람이 없다. 그러자 그는 탐욕이 생겨 정직 성실한 사람들을 몰아내고 그 조직을 망쳐 놓으며, 그 조직의 재산을 팔아서라도 주색잡기에 빠지게 된다. 이것은 흔히 일어나는 현상으로 사무원의 잘못만은 아니다. 그보다는 애초에 사무원들의 업무를 설정하고, 그들이 직분을 남용하지 못하도록 조치를 취하고 감독해야 할 회원들에게 더 큰 책임이 있다.

나라의 관리들은 단체의 사무원에, 그리고 백성은 회원에 비유할 수 있다. 백성의 뒷받침 없이 관리들의 권력이 어디서 나올 수 있으며, 백성이 관리들을 잘 감독한다면 그들이 어떻게 권한을 남용할 수 있겠는가. 근본적으로 백성이 백성된 책임을 다하지 못했으므로 그 같은 결과가 온 것이다. 백성이 책임을 다하지 않는 것은 나라가 자기들의 나라라는 것을 이해하지 못하기 때문이다. 그들은 나라를 위하는 것이 남을 위하는 것이라고 생각하고, 남을 위하는 것이 곧 자기 자신을 위하는 것이라는 것을 모르기 때문에 백성된 책임을 다하지 않는 것이다.

나라가 자기들의 나라라는 것을 이해했다면 나라에 어려움이 닥쳤는데 못 본체 할 수 있겠는가. 우리 집에 불이 났는데 남들이 와서 끄지 않는다고 우리도 끄지 않고 앉아만 있겠는가. 남들이 불을 꺼주든 아니든 나 혼자라도 불속으로 뛰어들어 아이 한 명이라도 구해내고, 가재도구 하나라도 꺼내려고 애쓸 것이다. 그러나 나라에 어려움이 닥쳤는데도 다른 사람들이 해결해주기를 기다리며 모른 체 하는 것은 나라의 운명이 자신의 운명과 밀접한 관계가 있다는 것도 모르고 있기 때문이며, 또한 나라를 사랑하는 마음도 없기 때문이다.

그러므로 나라를 해치는 자만이 나의 원수가 아니라 나라를 구할 수 없다고 포기한 자 또한 나의 원수이다. 내 마음속에 나라를 구하는 것을 기피할 생각이 조금이라도 있다면 내 마음 또한 나의 원수이다. 마찬가지로 나라에 해가 되는 일이 일어나도 막지 못하여 나라가 어려움에 빠졌고, 나라의 어려움이 나에게 해를 미치고 있으니 나를 해롭게 하는 마음이 어찌 나의 원수가 아니겠는가.

모두가 마음속에 있는 원수를 버리고 적극적인 마음을 가지고 나아간다면 어찌 백성이 약하고 힘이 없다고 할 수 있겠는가. 백성의 숫자는 얼마며 관리의 숫자는 얼마인가. 숫자로 볼 때 어느 쪽의 힘이 크며 영향력이 더 크기에 백성이 약하다고 하겠는가. 관리들이 쓰는 예산은 백성이 뒷받침해주지 않는다면 어디서 나오는가. 2천만 백성이 몇 백 명 관리들의 힘이 되어주고 있음에도 관리들은 오히려 백성을 못살게 굴고 재물을 빼앗아 간다. 그러나 백성들은 그 속박에서 벗어날 생각은 못하고 한탄만 하고 있으니 얼마나 어리석고 가련한 일인가.

지금부터 우리 마음을 돌아보아 조금이라도 "우리는 할 수 없다"는 생각이 있다면 이러한 생각을 버리고, 남들이 어찌하든 상관하지 말고 스스로 행동에 나서야 한다. 우리 스스로 나서지 않으면 아무것도 이룩할 수 없다는 신념을 가지고 최선을 다한다면 우리나라도 반드시 문명부강한 나라가 될 수 있을 것이다.

우리가 무엇을 해야 할 것인가는 뒤에서 다시 논할 것이다. 당장 시급한 것은 모든 사람이 "우리는 할 수 없다"는 마음을 버리고 적극적으로 나서도록 하는 것이다. 이처럼 백성들의 생각이 바뀌기 전에는 아무것도 이룰 수 없다. 백성들이 변한다면 이는 나라를 위해 씨를 뿌리는 것과 같다. 씨만 잘 뿌려 놓으면 반드시 풍성하게 수확할 수 있게 될 것이다.

4. 나라를 이롭게 하는 것이 참된 충성이다

　나라를 걱정하고 나라를 위해 충성하려는 사람들이 적지 않다. 그들은 나라를 위해 목숨까지 바치려는 의지가 다른 나라 사람들보다 약하지 않다. 다만 참된 충성이 무엇인지 잘 모르기 때문에 오히려 충성의 본뜻을 방해하기도 한다. 그러므로 먼저 충성과 반역간의 차이를 알아야 충성된 행동을 할 수 있을 것이다.

　우리나라 사람들은 임금의 뜻에 무조건 순종하는 것을 참된 충성으로 생각한다. 나라가 중대한 위기에 처해 있는데도 임금에게 올바른 말을 하지 못하고 임금의 눈치나 살피고 그의 말에 순종만 하고 있을 뿐이다. 고관들은 임금이 없는 자리에서는 "임금의 말씀이 문제가 있지만 우리가 감히 임금의 말씀을 거역하느냐?"하며 자기들은 임금의 말을 무조건 따를 수밖에 없다고 한다. 그러다가 일이 잘못되어 문책을 받으면 자신들은 임금의 뜻을 따랐을 뿐이기 때문에 아무 죄도 없다고 변명만 늘어놓는다. 충성스럽고 정직한 신하가 있어 죽음을 무릅쓰고 임금의 잘못된 지시를 변경할 것을 간청하면 오히려 역적으로 몰려 온갖 고초를 당하게 된다.

　고관들은 관직을 팔아먹고, 백성들의 재산을 빼앗아 윗사람에게 갖다 바쳐 더욱 출세한다. 그들은 믿을 수 없고 정의와 원칙을 무시하는 자들로 백성의 웃음거리가 되고 있다. 그들은 자기들의 행동을 합리화하기 위해 임금의 뜻만 들먹여 민심이 그들을 떠난 지 오래되었다. 그래서 나라가 이 같은 곤경에 처하게 되었고 임금까지도 위태롭게 되었다. 그런데도 이런 고관들이 오히려 충신으로 일컬어지고 있다. 맹자가 말하기를, 백성이 가장 중요하고, 그 다음 나라가 중요하며, 마지막으로 임금이 중요하다고 했다. 임금이 중요하지 않다는 것이 아니라 임금을 중히 여긴다면 백성과 나라를 먼저 부강하고 태평스럽게 만들어야 한다는 뜻이다.

충성된 신하는 임금의 겉모습을 섬기지 아니하고 뜻으로 섬긴다. 왕명을 거역해서라도 백성을 행복하게 하고 나라를 태평하게 하면 자연히 임금도 편안하게 된다. 이것이 올바른 신하의 도리이다. 비록 왕명을 거역하여 일가친척까지 화를 당하더라도 백성에게 해가 되는 일은 하지 않는 것이 참된 충성이다. 잠시 임금의 귀를 즐겁게 하기 위해 나라에 중대한 재앙이 되는 것을 모르는 체 하는 것은 참된 충성과는 반대되는 것이다.

어진 임금이 있더라도 신하들이 잘 보좌하여 국정의 시행착오를 줄일 때만이 백성이 행복하고 나라가 태평해질 수 있다. 아무리 뛰어난 임금이라도 나라의 당면한 어렵고 복잡한 일들을 혼자서 처리할 수 없다. 따라서 임금은 유능한 신하들의 보좌를 받아야 한다. 그렇기에 신하의 직책이 매우 중요한 것이다. 자기들에게 이처럼 중대한 책임이 있다는 것을 모르고 아무 생각 없이 임금이나 윗사람의 뜻을 무조건 따르기만 한다면 이는 매우 위험한 일이다.

신하가 원칙에 입각하여 바른 말씀으로 임금에게 조언한다면 임금의 치적은 빛나게 되고, 백성은 물론 다른 나라들로부터 칭송받게 된다. 백성은 태평성대에 살게 된 것을 자랑스럽게 여길 것이며, 그들이 누리는 모든 것을 임금의 은덕으로 여길 것이다. 평범한 사람일지라도 나라의 은혜를 입었다고 생각하고, 나라를 위해 목숨 바치는 것을 영광스럽게 여길 것이다. 그러한 나라에서는 민란(民亂)이 일어나지 않으며, 이웃 나라에서 침범하지 못할 것이다. 황실이 태평하고 백성들의 생활이 풍족해지는 것이 어진 임금이 바라는 바가 아니겠는가.

문명한 나라의 관리들은 직책에 따라 맡은 업무가 정해져 있어 각자의 직무를 스스로 책임지고 처리한다. 그래서 임금이 온갖 잡무에 관여하는 폐단이 없고 여가도 즐길 수 있다. 이러한 나라에서는 억울한 일을 당하는 사람들도 없고, 설령 불량한 생각을 가진 무리가 있더라도 법보다는 백성이 무서워 감히 반란을 꾀하지 못한다. 그 결과 임금은 거리낌 없이 여러 지방을 다니며 나라의 형편을 살피고 다른 나라를 방문하기도 한다. 남녀노소 할 것 없이 몰려나와 임금의 행차를 향하여 만세를 부르고 환영하니 감히 불순한 무리가 임금을 해칠 엄두도 내지 못한다. 이 어찌 임금에게 큰 기쁨이 아니겠는가.

이렇게 임금이 존경받고 환영받는 것은 그가 요순(堯舜, 중국 고대의 전설적인 훌륭한 임금)처럼 어질기 때문이 아니다. 그 보다는 신하들이 참된 충성의 근본을 알고, 제대로 된 정치제도를 만들어 놓았기 때문이다. 이와 대조적으로, 신하가 나라를 위태롭게 하면서 아첨으로 충성하는 척 한다면 국정은 문란해지고 민심은 떠나고 만다.

이렇게 볼 때, 나라를 이롭게 하는 사람이 참된 충신이요 나라를 해롭게 하는 사람은 역적이다. 몇 십 년 전의 우리나라 역사를 보아도 이 같은 사실을 깨닫게 될 것이다. 불행하게도 많은 사람들의 지식이 모자라고 충성과 반역의 근본을 알지 못하여 오늘에 이르러 잘못된 충성이 판치고 있다. 우리 모두 충성과 반역의 참뜻을 먼저 알아야 할 것이다.

5. 마음속의 독립정신을 굳게 하여야 한다

　이 책을 쓰는 목적은 전국 동포들에게 호소하여 모든 동포들이 힘을 합하여 명맥이 끊어질 위기에 처해 있는 대한제국의 독립과 권리를 보전하여 영원무궁하게 만들고자 함이다.
　앞서 말한 바와 같이 오늘날 이 나라에 사는 것이 거센 폭풍을 만난 배를 탄 사람들과 같다. 어찌 윗사람들에게만 위태롭고 백성들은 상관없다고 하며, 선원들을 돕지 않고 무심히 앉아 편안히 항해하기를 바라겠는가. 남녀노소 일제히 일어나 각자가 가진 물건을 모두 바다에 던져 배를 가볍게 만들어 무사히 목적지에 도착하도록 해야 할 것이다. 마찬가지로 모든 사람에게 대한제국의 자유와 독립을 지키기 위하여 목숨과 재물을 아끼지 말고, 이 나라의 파멸을 막아 2천만 동포의 생명을 구할 중대한 책임이 있다.
　사람마다 이 책임을 자기 어깨에 메고 있으니 꿈 깨고 정신 차려 어서 바삐 합심하여 나서서 일하세. 동포들아! 동포들아! 우리 대한 동포들아! 이때가 어느 때며 우리 사정이 얼마나 위급한가. 이 좋은 금수강산 어찌 아니 사랑하며, 보배로운 독립 국권(國權, 나라의 주권) 어찌 아니 보호하리.

아시아주 동쪽 끝 아름다운 반도에서 5천 년간 자주국(自主國)으로 예의를 숭상하고 평화를 사랑하며, 자랑스러운 역사와 문화를 지켜왔다. 남으로 큰 바다, 북으로 큰 대륙 중간의 온대지방에 위치하여 기후는 온화하고, 토지는 기름져 오곡이 풍성하고, 온갖 과일이 생산되며 수산물도 풍부하다. 금, 은, 철, 구리 등 지하자원이 많아 오래전부터 여러 나라가 탐을 냈다. 그러나 우리가 새 기술을 배우고 기계를 사용해 캐낸다면 우리 스스로 부강한 나라를 건설할 수 있을 것이다.

전국 방방곡곡이 명산대천(名山大川)으로 아름다운 경치는 견줄 데가 없다. 그러므로 유람하는 외국인들이 감탄하여 동양의 스위스라 한다. 사람들은 훤칠하고 순박하며 인정이 많다. 예절바르고 부모에 효도하며 형제간에 우애 있고, 나라에 충성하는 동방예의지국이다. 사농공상(士農工商) 가운데 한 가지 직업을 택해 종사하며, 전쟁이 드물어 백성은 두려움을 모르고 평화를 즐겨왔다.

국민성은 중국인의 관대함과 일본인의 강악(强惡)함을 겸비하여 끈질기기도 하고 단순한 면도 있다. 또한 영리하고 민첩하여 교육만 잘 시키고 잘 이끌어 주기만 한다면, 동양의 부강한 나라를 이루기 어렵지 않을 것이다. 어찌 인구가 적다하며 토지가 작다 하겠는가.

핀란드나 스위스 같은 나라는 우리 대한의 3분지 1밖에 안 된다. 그러나 강대국 사이에서 자주독립을 유지하며, 이웃 나라들과 대등한 문명을 자랑하고 있다. 우리는 이들보다 뛰어난 백성과 풍요로운 강토를 가지고 있는데, 어째서 다른 나라에 뒤떨어지기를 자처하는가.

오랜 압제(壓制)와 고루한 풍습이 우리도 모르는 사이에 사람들의 사기를 꺾어놓아 남들과 경쟁하려는 정신이 없어졌다. 우리들의 권리를 다른 나라 사람들에게 양보하고 뒤로 물러 앉아 편안하게 살고자 했다. 마침내 외국인들이 우리나라를 좌지우지(左之右之)하기에 이르렀다. 이 어찌 원통하고 애석하며 후회스럽지 아니한가.

만일 우리가 독립을 보전치 못한다면 우리의 책임을 다하지 못한 것은 말할 것도 없고, 장차 무슨 면목으로 세계를 대할 것이며, 무슨 말로 후손들에게 변명할 것인가. 슬프다! 동포들아 생각해 보라. 사람이 세상에 살면서 먹고 입는 것도 중요하지만 이것만 중히 여기는 것은 짐승과 다를 것이 없다. 그러면서 어떻게 사람다운 대접을 바랄 수 있겠는가.

우리 대한 동포들도 체격 조건이나 지혜가 그들보다 부족한 것이 없다. 그런데 어찌하여 우리도 다른 나라 사람들과 같은 높은 대접 받기를 원하지 않겠는가. 속담에 제 집 개도 남의 개에게 물리는 것을 보면 화가 난다고 했다. 하물며 우리가 다른 나라 사람들로부터 차별 대접을 받고 있는데, 어찌 울화가 치밀지 않으리오.

모두가 나라의 독립을 보전하기 위해 나서야 한다. 그것을 자신의 목숨보다 소중히 여겨 언제 어디서든 독립을 위해 죽는 것을 영광으로 여길 수 있어야 한다. 나아가서 이 같은 생각을 다른 사람에게 전하여 하루, 이틀, 1년, 2년 후에 전국의 모든 사람이 다 같은 생각을 가지도록 하는 것이 시급하고 중대한 일이다. 지금 우리나라에 독립이 있느니 없느니 하고 논란을 벌이고 있는 것은 외국이 침범할까 두려워함도 아니요, 정부가 보호할 능력이 없음을 염려해서도 아니다. 다만 백성들의 마음속에 독립이란 두 글자가 들어있지 않기 때문에 걱정하는 것이다.

어리석은 아내와 어린아이들이라도 그들의 마음속에 독립이라는 정신만 깊이 박혀 있다면, 2천만 동포가 다 죽어 없어지고 한 사람이라도 살아 있어 대한 독립을 지키겠다는 정신만 살아있다면, 독립이라는 말이 없어진들 무엇이 걱정이며 세계 만국이 능멸하기로 무엇이 두렵겠는가. 그러므로 백성들의 정신 속에 독립의 의지를 심어주는 것이 가장 시급한 일이다.

전국 모든 백성이 이 뜻을 알고 모두 함께 힘쓰기를 진정으로 바란다. 이 뜻을 이룰 수만 있다면 진실로 나의 목숨까지 바치는 것도 아끼지 않겠다.

6. 통상과 교류는 이로운 것이다

4백여 년 전까지만 해도 세계 각국은 모두 자기 나라 국경 안에서만 활동했고, 다른 나라들과 별로 접촉이 없었다. 멀리 항해하지 못하여 지구가 평평한 줄 알았으며, 하늘은 둥근 것으로 생각했다. 그래서 땅 끝은 바다요 바다 끝은 하늘이라 믿었다. 그런데 이탈리아 사람 콜럼버스가 1492년 처음으로 대서양을 건너 아메리카 대륙을 발견했다.

이때부터 지구가 둥근 줄 알게 되었고, 각국이 왕래하며 종교를 전파하고 무역도 하게 되었다. 자기 나라의 옛것과 다른 나라의 새것을 비교하여 교환했으며, 특히 자기 나라의 풍부한 물자를 그것이 귀한 나라에 가져가 더 비싼 값에 팔게 되었다. 이런 교류에 힘입어 다른 나라의 문화가 전파되었으며, 교육이 널리 보급되고 학문과 기술도 발전하게 되었다. 오늘날 세계에서 부강하고 문명한 나라들은 서로 통상하면서 교류하는 가운데 이렇게 발전된 수준에 이르게 된 것이다.

개명한 시대를 맞아 우리나라도 잘만 한다면 그들처럼 발전할 수 있고 행복해질 수 있다. 우리나라가 가장 늦게 개방되어 서양 사람들은 우리나라를 '은둔자의 나라'라고 부르고 있다. 속담에 "나중 난 뿔이 우뚝하다"는 말이 있듯이 우리가 잘 대응했더라면 우리도 발전할 수 있었을 것이다. 그러나 우리는 이 같은 세계의 흐름을 깨닫지 못하며 지난 20여 년간 아무런 발전도 하지 못하고 오히려 독립도 보전키 어렵게 되었다. 그러니 우리가 깨닫지 못한 것이 어찌 큰 잘못이 아니겠는가. 이처럼 통상과 교류는 모든 나라에 이익이 되는 것이지 어느 나라에는 이롭고 어느 나라에는 해로운 것이 아니다. 세계 여러 나라가 이웃이 되고 우방이 되는 것이니 어찌 즐겁지 않겠는가.

그러나 유감스럽게도 나라 간의 문명수준에 차이가 있어 강대국이 다른 나라의 영토를 점령하고, 주권(主權)을 짓밟는 일이 빈번히 일어나게 되었다. 그래서 다른 나라의 주권침해를 억제하고자 모든 나라에 통용되는 공법(公法, 국제법)을 제정하였다. 국제법에는 권리의 한계에 따라 독립국가, 연방국가, 속국(屬國), 그리고 속지(屬地, 식민지)로 구별하고 있다.

독립국이란 내치(內治, 국내정치)와 외교를 다른 나라의 간섭을 받지 않고 스스로 처리하는 나라이다. 아무리 작은 나라라도 스스로 모든 것을 잘 처리해 나간다면 강대국도 함부로 넘보지 못하고, 서로 평등한 지위를 누리게 되니 모두가 일등 국가이다.

연방국가란 두 나라 이상이 연합한 국가로 내정(內政)은 자주적으로 하되 국권(國權, 국가가 행사하는 권력)은 황제나 왕에게 속해 있다. 그러므로 전쟁을 하거나 외교에 대한 업무는 황제나 왕이 주관하지만 실제로는 독립국과 다를 것이 없다. 속국은 명목상 주권을 유지하고 있는 경우이며, 속지는 주권을 상실하고 다른 나라의 한 지방처럼 되어 점령국에서 총독을 보내 다스리는 지역을 말한다. 식민지는 나라 이름이 있든 없든 다른 나라에 복속(服屬)되어 외교와 내치를 점령국이 마음대로 한다.

학문과 교육에서도 식민지 사람들은 정치학과 법률학은 배우지 못하게 하며, 때로는 그들의 말도 쓰지 못하게 한다. 군대 복무, 세금 부담, 부역(賦役) 등에서 차별을 받으며, 연설이나 신문 잡지의 논설에서 패망한 나라에 대한 향수를 자아내거나 독립을 부추기는 내용은 엄격히 금지한다. 패망한 나라에 충성심을 계속 보이는 자가 있으면 감옥에 보내거나 척박한 지역이나 외딴 섬으로 귀양 보내 그곳에서 죽게 하는 등, 식민지 백성들이 옛 임금을 생각하거나 독립운동을 할 엄두도 내지 못하게 한다. 지난날 영화를 누렸던 왕자와 그 가족들은 점령국의 종노릇하며 사람다운 대접도 받지 못하니 심장을 가진 사람이라면 그러한 처지에서 살기 어렵다.

몇 년 전 인도의 승려 한 사람이 우리나라 사람을 만나 울며 하는 말이 무굴(Mughul)왕조의 잘못으로 나라를 잃어버리고 영국의 영원한 노예가 되었으니 그대들은 아무쪼록 잘들 하여 자손들에게 자기들과 같은 처지가 되지 않도록 하라고 했다고 한다. 나라가 한 번 잘못되면 후손들에게 두고두고 원망 받게 된다는 것을 인도를 통해 알 수 있다.

폴란드는 3백 년 전에는 부강했던 나라였다. 그러나 어리석은 임금과 간악한 신하들이 권력만 믿고 백성들을 살해하는 등, 나라를 혼란에 빠뜨리다가 사정이 어려워졌다. 그러자 영토를 떼어 주며 러시아로부터 군대를 지원받아 백성들을 탄압하고 못살게 굴며 자기 나라 사람들까지 팔아먹다가 나라까지 패망하게 되었다. 마침내 분노한 백성들이 군사를 일으켜 러시아군대에 대항하다가 그들에게 무자비하게 살해당하였으니 그 참혹한 광경은 이루 말할 수 없다. 그 후 폴란드는 러시아, 프랑스, 오스트리아 3국에 의해 분할·점령당했으니 폴란드 말년의 역사를 보면 얼마나 비참했는지 보는 자로 하여금 슬픈 눈물을 금할 수 없다.

  오늘날의 속국이란 옛날 우리가 알던 것과는 전혀 다른 것이다. 과거 우리나라는 중국의 연호(年號)를 쓰고 소위 조공(朝貢)이라 하여 매년 약간의 물품이나 보냈을 뿐이며, 그 외에는 중국으로부터 아무런 간섭도 받은 바 없어 자주 독립국과 다른 점이 없었다. 그러므로 우리가 알던 속국과 다르다는 사실을 시급히 깨달아야 할 것이다.

  옛날 우리나라가 교류한 나라는 중국과 일본뿐이었다. 세 나라는 인종, 풍속, 문자가 같은 뿌리에서 나왔고, 지리적으로 근접하여 백성들 간에 공통점이 많다. 비유를 들자면, 우리나라와 중국, 일본과의 관계는 한 집안 형제들이 이웃에 살며 다투기도 하고 화해하기도 하는, 그 승패와 득실을 볼 때 형과 아우 간의 세력 다툼에 불과했다. 과거에는 흥망성쇠도 아시아 동방 3국간에 일어난 일이라 이해득실이 3국간에 머물러 있었을 뿐이었다. 그러나 지금은 동서양이 만나고 6대주가 서로 교류하고 5색 인종이 섞여 살고 있으며, 여러 나라가 서로 경쟁하며 세력을 확장하고 문명의 우열을 다투고 있다. 그런데 문화, 정치, 학문 등 여러 면에서 유럽 사람들이 가장 앞서고 있다. 그들의 힘이 바닷물 밀려오듯 동양으로 뻗어오고 있으니 정신 차리지 않으면 살아남기 어려우며, 나라를 잃어버린 후에는 회복하기도 어렵다.

  외국 사람들이 우리나라에 해를 끼치거나 무엇을 빼앗으러 오는 것이 아니다. 통상하고 교류하여 서로 이롭게 하고자 하는 것이니, 그들을 막을 수도 없고 막을 이유도 없다. 우리는 이것을 깨닫고 옛날보다 몇 배 더 열심히 일하여 그들이 하는 것을 배우고 본떠서 그로부터 이익을 얻어 그들처럼 되어야 할 것이다. 그런데 우리는 그렇게 하기보다는 우리 것을 외국 사람들에게 내어주고, 그들의 마음대로 하도록 내버려두고, 그들의 설명은 듣지도 않고, 그들의 힘을 두려워하기만 하여 우리 스스로 머리를 숙이고 압제를 자청하고 있다. 그러면서 그들이 오지 않았다면 우리끼리 잘 살 수 있을 것으로 잘못 생각하고 온갖 수단을 동원하여 그들을 몰아내고 외부세계와 단절하고자 한다. 그것은 외국 사람들을 방해하는 일일 뿐만 아니라 우리나라까지 위태롭게 하는 것이다. 왜냐하면 그들이 어느 한 나라의 편협한 고집에 세계 공통의 이익을 저버리고 물러가지 않을 것이기 때문이다.

외국 사람들이 우리를 대화로 설득하는 데 실패하면 결국 강압적인 방법으로 우리의 권리를 제약(制約)하려 할 것이다. 이것이 바로 우리의 독립을 훼손하는 원인이다. 그런 사실을 깨닫지 못하고 계속해서 외국 사람들을 방해하고 해치고자 한다면 끝내 나라의 독립을 잃어버릴지 모른다. 한번 주권을 잃어버리면 오늘 같은 세계정세로 볼 때, 그것을 회복하기는 매우 어려울 것이다. 이는 우리나라가 다른 나라의 속국이 되는 길이니 우리는 시급히 깨달아 대비해야 한다.

7. 독립국과 중립국의 차이

　독립국, 연방국, 속국, 식민지라는 네 가지 국가 유형 외에 영세중립국이라는 것이 있다. 영세중립국은 주변 강대국들의 동의를 얻어 외교적으로 어느 나라에도 치우치지 않는 것으로, 여러 나라에 둘러싸여 있더라도 자주독립을 유지하는 나라이다. 다시 말하면, 중립국은 어느 나라와도 동맹을 맺지 않으며, 다른 나라를 적대시하거나 전쟁을 하지 않는다. 중립국은 자국의 영토와 주권을 보호하고, 이웃 나라들 간의 분쟁에 관여하지 않으며, 모든 나라와 공평한 관계를 유지하여 다른 나라로부터 침략을 받지 않고 항구적인 평화를 보전하고자 한다. 중립국은 이웃 나라 간에 전쟁이 일어나 그중 한 나라가 자기 나라를 침범하게 될 때에는 영세중립국의 권리를 보전하기 위해 스스로의 힘으로 막아낼 수 있어야 한다.
　중립국은 속국이나 식민지보다는 훨씬 나아서 자주독립을 보전하고 평화를 유지할 수 있다. 그러나 자유롭게 행동할 수 없으므로 다른 나라들과 군사적, 경제적으로 경쟁하기는 어렵다. 어찌 당당한 내 나라를 가지고 중립국이 되어 다른 나라의 제약을 받겠는가.
　5~6년 전 우리나라의 어떤 대신(大臣, 장관)이 일본에 가서 우리나

라를 중립국으로 만들 생각으로 비밀리에 교섭하다가 왔다고 한다. 무슨 생각으로 그렇게 했는지 모르지만 아마도 그 사람도 우리나라의 정세가 위태로운 것을 알았던 모양이다. 진정으로 나라의 위태로움을 염려한다면 죽기를 각오하고 모든 힘을 다해 각자의 책임을 다함으로써 독립국으로서의 기초를 튼튼히 만드는 것이 옳을 것이다. 그러한 자세는 우리나라가 독립국임을 세계만방에 선포한 지금은 말할 것도 없거니와, 만에 하나 독립을 잃은 후에라도 우리 모두의 행동을 이끄는 불변의 원칙이 되어야 할 것이다.

훌륭한 사람들이 나서서 나라를 바로잡는다면 어느 나라도 우리를 업신여기지 못할 것이니 이것이 온전한 독립국이다. 그런데 백성들을 일깨워 나라의 기초를 튼튼히 하기보다는 그들의 권력을 부지하기 위해 중립이라는 명분을 내세워 나라의 독립을 훼손하고, 완전한 독립국보다 못한 중립국으로 나라의 지위를 낮추려하니 분노와 가증스러움을 금할 수 없다.

어찌 한두 사람이 나라의 주권을 버릴 생각을 할 수 있겠는가. 이 모든 것은 백성들이 무지몽매하기 때문이다. 우리 모두는 어서 깨어나 이 같은 과오를 되풀이하지 말아야 할 것이다. 영세중립국 논란에 대해 어떤 사람들은 중립국에도 여러 가지 형태가 있고, 중립의 정도에도 차이가 있다고 한다. 그러나 우리는 중립이라는 생각을 결코 하지도 말고, 독립 국가를 영원히 보전할 결의를 더욱 굳게 해야 할 것이다.

보호국이라 함은 내치(內治)와 외교를 스스로 해결할 수 없어 위기에 직면하게 되었을 때 한 나라 또는 몇 나라가 협의하여 그 나라의 내치와 외교를 대신하여 다른 나라의 침범을 막아서 국권을 보호하게 된다. 이러한 나라는 이름은 남아있을지 모르나 사실은 속국 또는 식민지와 다를 바 없다. 자기 나라를 다른 나라의 속국으로 전락시켜 온갖 멸시와 고통을 받으며 오로지 목숨만 부지하는 것을 다행으로 여기는 자들에게는 보호국처럼 좋은 것이 없을 것이다.

다른 나라로부터 보호받는 것을 다행으로 아는 사람은 사람다운 사람이라 할 수 없다. 사람으로 태어나서 그런 슬프고 기막힌 처지를 어찌 계속 참을 것이며, 원통하고 눈물이 쏟아져 어찌 견디겠는가. 차라리 고향을 떠나 걸식하며 떠돌아다니다가 죽는 것이 나을 것이다. 그러므로 나라의 백성이 된 자로서 마땅히 우리나라를 우리 손으로 번영시켜 너그러운 주인이 되어 외국 손님들을 초청하여 함께 즐기며, 그들과 동등한 대접을 받도록 힘써야 할 것이다.

8. 국민이 깨어 있어야 나라를 보전할 수 있다

　국제법은 어느 한 나라가 정한 것도, 모든 나라의 법관들이 모여 만든 것도 아니지만, 개명(開明)한 나라들은 국제법을 존중하기 때문에 그들은 힘을 함부로 행사하지 않는다. 어느 한두 나라가 약한 나라를 위협하는 등, 불법행동을 하면 작은 나라는 국제법에 따라 그것을 거부할 권리가 있다. 약한 나라가 그 같은 부당한 요구를 거부하지 못할 때는 다른 나라들이 국제법에 따라 항의하고 중지시킬 것이니 국제법의 위력은 이처럼 대단하다.
　세계 여러 나라는 종교나 문명에서 차이가 있으므로, 어떤 나라가 그들의 힘만 믿고 국제법을 무시하고 개화하지 못한 나라의 주권을 침해하는 경우가 있다. 개화하지 못한 나라들은 국제법을 알지 못하여 자기 나라의 권리가 다른 나라에 의해 침해당한 줄을 깨닫지 못하고, 오히려 국제법이 대포 한 문(門)보다 허약하다고 여긴다. 그리고 국제법이 아니라 힘으로 대응하게 되면 강한 나라도 힘으로 맞서게 되어 위태로운 사태로 발전될 우려가 있다.
　이처럼 개화하지 못한 나라가 독립권을 가지는 것은 철모르는 아이에게 칼을 쥐여 준 것과 같이 위험하다. 아이가 다치지 않게 하기 위해 칼을 빼앗아야 하는 것과 같이 개화하지 못한 나라는 나라가 크든 작든, 힘이 세든 약하든 국제법의 보호를 받지 못하여 주권을 지키지 못하는데, 그것은 국제법이 불공평하기 때문이 아니다.

국제법은 인류 보편적 진리에 따라 모든 나라와 모든 백성들에게 똑같은 이익과 권리를 보장하는 데 목적이 있다. 여러 나라의 문명수준이 비슷하게 되면 국제법은 모든 나라에 적용될 것이지만, 만일 한두 나라라도 개명하지 못하면 이 나라들은 국제법의 보호를 제대로 받지 못하게 된다. 개명한 나라들은 모든 나라와 모든 백성들 간에 서로 개방하고 교류하는 것이 공통된 이익이라 믿으며, 그것은 자기들의 좋은 점을 세계 모든 나라와 함께 누리고자 하기 때문이다.

개화하지 못한 나라에서는 이를 깨닫지 못하고 다른 나라에 대해 관심도 없을 뿐 아니라 다른 나라도 자기 나라에 대해 관심이 없다고 생각하며, 다른 나라와의 교류를 거부하고 고립되어 살고자 한다. 이것이 어찌 독립된 나라의 권리라고 주장할 수 있으며, 또한 그 같은 주장이 다른 나라들로부터 도전받지 않겠는가.

따라서 국제사회는 개화하지 못한 나라의 잘못된 생각을 바꾸게 하여 국제법을 따르도록 하는 것이 불가피하게 된다. 이것이 바로 개화하지 못한 나라의 자주와 독립이 침해받게 되는 주된 원인이다. 만약 개화하지 못한 나라가 다른 나라의 권유로 개화하고 국제법을 따르게 된다면 다른 나라들이 계속 간섭할 이유도 없다. 그러나 개화하지 못한 나라가 이러한 사실을 깨닫지 못하고 계속 개화를 거부한다면 결국 나라는 파탄이 나고, 속국이나 식민지로 전락하고 말 것이다.

다른 나라에서는 학문과 지혜가 더욱 발달되어 과거에 없었던 물건들을 만들어 쓰고 있다. 예를 들면, 전보(電報)나 비행선(飛行船)과 같이 오늘날 세상에 무한한 이익을 주는 것도 있다. 그처럼 상상치도 못했던 발명품에 대해 처음 듣는 사람은 믿을 수 없을 것이다. 무지한 사람들은 그 같은 물건들이 마술이나 주술(呪術)을 통해 만들어 진 것으로 여길는지도 모른다. 그러나 사실은 지식을 통해 사물의 원리를 탐구하여 번개와 공기의 힘을 기계에 활용한 결과일 뿐이다. 어린아이라도 그것을 배우면 알 것이요, 과학의 원리를 따라 그런 물건들을 만들 수 있으니 결코 신기하거나 이상하게 여길 일이 아니다.

　가장 중요한 것은 지식의 발달이다. 서양 사람들은 지식의 축적을 통해 다른 나라 사람들이 알지 못했던 것을 처음 발견한 것에 대해 큰 자부심을 가지고 있다. 우리나라 사람도 지식을 넓히면 다른 사람들이 발견한 전기나 공기 같은 것을 쓰기만 하는 것이 아니라, 수천수만 가지 다양한 것을 발견하여 공기나 전기와 같이 유용하게 쓰이게 될 것이다.

　오늘날 문명부강한 나라인 영국이나 미국 사람들도 1~2백년 또는 3~4백 년 전에는 우리보다도 개화하지 못하고 어리석었다. 그러나 세계가 개방되면서 지식과 기술이 한없이 발달됨에 따라 지금은 우리보다 몇 배나 앞서 있어서 우리가 상상도 못할 일들을 성취하게 되었다. 그러한 나라에 태어난 사람들은 모두가 그 같은 번영과 발전의 혜택을 누리고 있다. 보통 사람들이 쓰는 물건까지도 모두가 독특하고 유용하게 만들어 내니 자연히 인구는 증가하며, 물자공급원도 부족할 리가 없다.

　유럽이라는 좁은 지역에 수많은 사람들이 살고 있어서 그들은 살 곳을 찾아 사방으로 흩어졌으며, 그러한 가운데 미국대륙을 발견했다. 그곳은 기후도 온화하고 토지도 비옥하며 생산물이 풍부한 곳이 많아 살기에 적합한 곳이 많았다. 그러나 그곳에 살던 원주민들은 반쯤 개화하거나 아주 미개한 야만인종으로서, 옛날에 살던 방식대로 살려 했을 뿐이다.

우리나라를 돌아보아도 나라를 세운 지 4~5천 년 동안 금, 은, 석탄 등을 캐내어 제대로 활용하는 방법을 잘 몰라 외국인들이 와서 광산을 개발하고 있으며, 토지를 내버려두어 국토의 삼분의 일을 겨우 경작하고 있을 뿐이다. 기계로 개간하면 그 이익이 무한할 것이나 아직도 많은 땅이 버려져 있다. 그런데도 인구가 많아서 많은 사람이 죽어야만 살 곳도 있겠고 빈곤도 면할 수 있다고 한다. 수많은 자원을 썩혀두고 활용할 줄 모르면서 자원이 부족하다고 한탄하고 있다. 새로운 문물을 배우기 위해 개방을 하는 것을 반대하고 낙후된 상태로 살려 하니 이것이 과연 합당한 것인가. 결코 그렇지 않으니 여기에는 세 가지 이유가 있다.

첫째, 하느님께서 인간이 활용하도록 창조하신 것을 내버려두거나 다른 사람들까지 사용하지 못하게 하는 것은 옳지 않기 때문이다.

둘째, 다른 나라는 토지와 물자가 부족하여 일상생활에 필요한 물자도 획득할 수 없는 반면, 우리나라에 쓰지 않고 놀리는 자원이 많다면 두 나라가 서로 협력하여 그런 자원을 활용하여 두 나라 모두에게 이익이 되게 하는 것이 도리에 맞는 일이다. 그럼에도 이기적인 생각으로 다른 나라 사람들의 어려움을 모르는 체 하며, 그들과 협력하고 교류하기를 거부할 수 있겠는가.

셋째, 쇄국(鎖國)정책을 고수하여 나라를 개방하지 않으며, 실질적인 것을 등한시하고 다른 나라처럼 값지고 편리한 물건을 만드는 것을 가치 없는 일로 여기니 안타깝고 애석한 일이다. 그런 나라 사람들은 개화한 세계의 이로움을 누리지 못하고 편리한 기계의 도움도 받지 못하며, 백 년이나 천 년이 지나도록 지옥 같은 세상에서 고통받을 것이다. 바다 건너 저편에 극락 같은 문명세계가 존재하는 것도 까마득하게 모르고, 오히려 우리의 풍속과 형편이 세계 제일이라 여길 것이니 얼마나 불행한 일인가. 어느 정도 강제적 수단을 동원하더라도 사람들이 세상 형편을 보고 스스로 깨닫게 해야 함에도 나라를 개방하지 않는 것은 잘못된 것이다.

지금까지 개화의 필요성에 대한 세 가지 이유를 설명했다. 따라서 개화의 혜택이 얼마나 큰지 짐작할 수 있을 것이다.

개화한 나라는 개화 이전과는 다르다. 모든 백성의 자유와 권리가 존중되고 모든 사람의 이익을 차별 없이 보호해 준다. 그러므로 모든 사람이 한없는 즐거움을 누리게 된다.

개화는 종이에 물 스며들 듯이 스스로 퍼지므로 그것을 막을 수 없다. 그럼에도 백성들을 억누르고 옛 법과 제도를 강요한다면, 모르는 사이에 퍼지는 개화의 힘과 점차 커지고 있는 백성들의 힘이 합쳐져서 더 이상 억제할 수 없게 되는 것을 모르고 억누르려고만 한다면 폭발하고 말 것이다.

9. 자주와 독립의 중요성

자주와 독립이 이처럼 중요하며 그 이익이 작지 않으므로 마땅히 논의할 필요가 있다. 자주란 한 사람 또는 한 나라가 자기들의 문제를 스스로 처리하는 것을 말하며, 독립이란 홀로 서서 남에게 의지하지 않는 것을 말하니, 자주와 독립은 인간의 타고난 권리라 할 수 있다. 세상에서 높다 낮다, 귀하다 천하다 하는 것은 사회 환경에 따라 사람들이 구별하는 것이다. 귀하고 높은 자나 약하고 천한 자도 모두 귀와 눈과 입과 코는 물론 팔다리를 가지고 태어난다. 하느님은 누구나 자기 일을 하고 자기 자신을 보호할 수 있도록 똑같은 모습으로 창조하신 것이다.

몸의 모든 부분은 사람이 사는 데 필요한 도구이다. 몸의 각 부분이 이처럼 소중하지만 어떤 사람들은 그 중요성을 알지 못하고 있다. 비유를 들자면, 시계를 가진 사람이 항상 시계를 볼 때는 그것이 소중한 줄 모르다가 시계가 없어진 후에는 그것이 긴요한 것이라는 것을 절실히 느끼듯이, 우리 몸의 각 부분도 그것이 없어지면 얼마나 소중한 것인가를 절실히 느끼게 된다. 가령 손과 팔이 없으면 좋은 음식이 옆에 있어도 집어먹지 못하며, 눈이 없으면 아름다운 자연과 밝은 빛을 보지 못하며, 호랑이나 무서운 적이 다가오거나 엄청난 재앙이 눈앞에 닥쳐도 알지 못하며, 귀가 없으면 아름다운 음악이나 무서운 천둥소리를 듣지 못하며, 발과 다리가 없으면 밀려오는 파도처럼 큰 위험이 닥칠지라도 피하지 못할 것이다. 이처럼 사람의 몸에 있는 어떤 부분도 소중하지 않은 것이 없다.

다른 사람이 먹여주고 입혀주고 또한 대신하여 듣고 보고 다니고 생각해 준다면, 그 사람은 누가 돌봐주지 않으면 하루도 살 수 없다. 이러한 사람이 있다면 이것은 곧 사람의 몸에 있는 사마귀나 혹과 같아서 살아있는 것이 죽는 것보다 못하며, 다른 사람에게 짐만 되니 차라리 죽는 것이 나을 것이다.

이렇게 몸의 각 부분이 얼마나 중요한 것인지는 알면서도 제대로 쓸 줄 모른다면 없는 것과 마찬가지이다. 몸의 각 부분을 바로 쓰는 것은 자신의 권리를 보호하는 데 있다. 자신의 권리를 보호하자면 자신의 문제를 남에게 의지하지 않고 자기 능력으로 해결해야 한다. 자신의 권리를 보호하지 못하는 사람은 자기 몸의 모든 부분이 없는 사람과 마찬가지로 그런 사람은 혼자 힘으로 살지 못한다. 지금 세계 사람들이 자주권을 보호하는 것을 그들의 목숨보다 더 중요하게 여기는 것은 바로 그 때문이다.

개명한 나라의 사람들은 자기들의 권리를 보호하기 위해 목숨까지 아끼지 않는다. 어린아이까지도 자신의 문제는 스스로 해결하도록 가르쳐 남에게 의지하는 것을 부끄럽게 여긴다. 심지어는 부모에게 의존해서도 안 된다고 생각한다. 그래서 다른 사람으로부터 강요당하거나 힘에 굴복당하지 않으려고 한다. 다른 사람이 붙들어 주는 것을 부끄럽게 여겨 성년(成年)이 되면 먹고 입는 것부터 스스로 벌어서 해결하고자 한다. 부모가 재산이 많아서 자식에게 물려주려 해도 물려받지 않고, 그 재산으로 병원이나 학교를 지어 가난한 사람들을 무료로 치료해주고 공부도 시켜준다. 그들은 자신도 교육을 받고 일을 하면 부모와 같은 위치에 오를 수 있다고 말한다. 또한, 스스로 성공하지 못하고 부모의 사업을 물려받아 편히 놀고먹는 것을 부끄럽게 생각한다.

어떤 직업이든지 소중한 것으로 여기며, 일하지 않고 편히 지내는 사람은 사회에서 비정상적인 사람 또는 인간쓰레기라고 생각한다. 그래서 아무리 신분이 높은 사람이라도 놀고먹지는 않는다. 이렇게 사람을 가르치니 모두가 열심히 공부하고 일하며, 사람이 잘살고 못사는 것은 각자에게 달렸다고 믿는다. 이러한 나라에서는 벼슬이 떨어지면 굶어 죽겠다고 걱정하는 관리도 없을 것이요, 많은 가족을 먹여 살릴 수 없어 벼슬 한자리 달라고 애걸하는 사람도 없을 것이다.

그러한 나라에서는 남의 집 사랑방에서 밥 얻어먹고 하는 일없이 세월을 보내는 손님도 없고, 가난한 친척, 친구, 사돈의 팔촌까지 떼를 지어 남의 집에 아첨하고 얹혀살며, 구박을 받지만 부끄러운 줄 모르며 알더라도 모르는 체 하는 사람도 없다. 모두가 타고난 손발을 써서 자기 몫을 다 하고자 한다. 더 나아가 사람들은 교육을 통해 다른 사람들을 도와주는 것을 매우 가치 있는 것으로 여긴다. 가령 천만 명 인구가 있는 나라에서 천만 명 모두가 자기들의 몸과 마음으로 사회와 국가를 위해 일하니, 참으로 사람다운 사람들이 사는 사회라 할 것이다.

오늘날 다른 나라 사람들이 잘 살게 된 것은 모두가 자주권을 중요하게 여겼기 때문이니 자주권은 이처럼 중요한 것이다. 나라를 세우고 정부를 수립하여 법률을 제정하는 것은 모든 사람의 권리를 보호하기 위한 것이다. 그렇지 않으면 약한 자는 강한 자에게 유린당할 것이며, 그러므로 법을 아무도 자기의 권리를 보호하지 못할 것이다. 그러므로 법을 모든 사람의 권리를 보호할 수 있도록 공평하게 제정하여 모든 사람에게 속한 권리를 빼앗을 수 없게 하는 것이니, 이것이 국가를 설립한 근본 목적이라 할 수 있다. 어떻게 높고 귀한 사람만 권리가 있고 천하고 약한 사람은 권리가 없다 하겠는가. 이러한 이치는 시간을 초월하여 변치 않는 것이며 모든 나라에서 인정되고 있다.

누구에게나 똑같은 권리가 있듯이 모든 나라도 같은 권리를 가지고 있다. 한 나라가 자주와 독립의 소중함을 모르고 다른 나라에 보호를 요청하거나 다른 나라의 도움에 의지하려는 것은 팔다리가 없는 사람과 같다. 팔다리가 없는 사람이 어떻게 홀로 서서 스스로를 보호할 수 있겠는가. 다른 사람이 붙들어 주면 일어났다가 놓으면 도로 쓰러지며, 다른 사람이 먹여주면 살고 그렇지 않으면 죽을 것이다.

이와 마찬가지로 다른 나라의 보호를 받는 나라는 이름만은 독립국일지 모르나 사실은 독립을 잃은 것이다. 비유하자면, 꼭두각시 같아서 다른 나라가 시키는 대로 할 뿐이니 그것은 스스로 활동하는 것이 아니라 남의 손바닥에서 놀 뿐이다. 마침내는 꼭두각시를 움직이는 사람이 싫증나서 주머니에 넣으면 밖에 있을 때도 제 힘으로 움직이지 못하였는데 어떻게 주머니 속에서 나올 수 있겠으며, 밖으로 나오려 하더라도 나올 수 있게 가만히 두겠는가.

슬프다! 나라의 자주와 독립을 보호할 책임을 함께 진 형제들아! 정신 차려 들어보라. 외국 정치인들이 우리나라 국민성을 연구하고 하는 말이 이 나라는 독립심이 없다고 하니 뼈가 없는데 핏줄이 어떻게 생기겠는가.

　우리가 이 말을 옳은 말이라 하여 스스로 뼈 없는 체 하는 것이 옳겠는가. 결코 그렇지 않으며 천만번 그렇지 않다. 우리나라 사람들이 오랫동안 압제에 눌려 살다보니 버릇이 되어 스스로 생각하지 못하기 때문이다. 우리도 제대로 교육받고 자주의 중요성을 깨달으면 힘을 발휘할 수 있다.

　동방에서 4천여 년 동안 예절을 숭상하고 자주독립을 지켜왔으며, 임금에게 충성하고 나라를 사랑해온 민족으로 우리의 빛나는 역사를 돌아보면 충신과 열사가 수없이 많았다. 우리 국민성에서 부족한 것이 무엇인가. 다만 백성들이 교육을 받지 못하여 무지한 가운데 의심이 생겨 어떻게 해야 할지 모를 뿐이다.

　동포들이여! 잠도 깨고 꿈도 깨어 개명하여 어서 빨리 우리들의 권리를 되찾아 외국 사람들로부터 당하는 수모를 막아보세. 보세! 보세! 하여보세! 함께 일들 하여보세!

13. 새로운 것과 전통의 구별

　문명개화(文明開化)라 함은 사람의 지혜를 개발하여 없던 것을 만들어 내며, 있던 것을 향상시키며 좋은 것은 더 좋게 만드는 것이다. 증기선을 만들어 과거에 다니지 못했던 큰 바다를 쉽게 항해하며, 철로를 부설하여 먼 거리를 빠르게 왕래하고, 석유를 뽑아내어 등불을 밝히다가 그보다 작지만 쓰기에 편리한 전등(電燈)과 전지등(電池燈)을 만들어 쓰고, 전보선을 가설하여 먼 곳까지 문자를 순식간에 주고받으며, 전화를 만들어 언어로 주고받고 있다.
　나아가 무선전신을 발명하여 전선도 없이 소식을 주고받을 수 있게 되어 머지않아 전선이 완전히 없어지게 될지도 모른다. 수많은 농기구와 옷감 짜는 기계를 만들어 수많은 사람들이 땀 흘리고 하던 일을 기계를 이용하여 한두 사람이 쉽게 해내며, 매일 신기한 것들을 만들어 내고 있으니 앞으로 백 년 동안 얼마나 많은 변화와 발전이 있을지 짐작하기 어렵다. 이렇게 하여 세계와 교류하지 못한 나라가 없으며 알려지지 곳이 없으니, 이것은 다만 겉으로만 드러난 것이다.
　이 같은 물질적 변화는 누구나 쉽게 보고 이해할 수 있으므로 훌륭하다고 칭찬한다. 하지만, 교육과 학문의 근원을 살펴볼 때, 기계나 다른 제조된 물건들은 기술의 일부에 불과한 것이다. 잘 짜인 정치와 법률, 제도와 윤리도덕은 높은 수준에 이르렀다. 이에 대한 것은 다음에 간략히 설명하겠지만, 그들의 부강(富强)과 문명은 모두 교육에서 비롯된 것이므로 살펴보지 않을 수 없다.

전 세계의 인종을 개화 수준에 따라 세 가지로 구분하는데 인종 간 차이점이 분명하게 드러난다. 더 개화한 사람들은 편안하고 즐겁게 살며 다른 나라 사람들처럼 교류하려 하지만 그 목적이 남을 해치고 자기들의 이익만을 얻고자 하는 것이 아니라 개화하지 못한 사람들도 자기들처럼 개화하게 하고 발전되게 하여 함께 이익을 누리고자 하는 것이다. 그 뜻이 좋기도 하지만 하느님의 뜻에도 합당한 것이므로 사람의 힘으로 막을 수 없다.

미개한 사람들은 남의 것은 보기도 듣기도 싫다고 하면서 편리한 기계와 진귀한 물건을 보면 사서 쓰기는 먼저 한다. 남의 기술은 배우려 하지 않고, 쓸데없는 물건을 사들여 귀한 돈만 탕진하며, 개화하지 못한 세상에서 어둡게 사는 것을 편하게 여기다가 마침내 멸망을 초래할 것이다.

비유를 들자면, 밭에 좋은 씨를 뿌리면 처음은 잘되다가 해마다 그 씨를 받아 그 땅에 다시 심으면 점차 씨의 좋은 성질은 줄어들어 마침내는 잡초같이 되고, 새로운 씨가 번성하여 온 밭을 다 차지하게 된다. 인종이 섞여 사는 것도 이와 같은 이치이다. 하루바삐 새 기운을 받지 않으면 외국 사람들의 세력이 나라를 좌우하게 될 것이다. 그 결과 원주민은 몇 대를 지나지 않아 멸종하게 될지도 모른다.

13. 새로운 것과 전통의 구별

14. 세 가지 정치제도의 구별

　사람이란 모여살기 마련이요, 여럿이 모이면 다툼이 생기기 마련이다. 만일 사람들이 서로 죽이고 못살게 군다면 하루도 편히 살 사람이 없을 것이다. 그러므로 사람들은 한 무리씩 모여 경계를 만들고, 나라를 설립하여 정치와 법률을 마련하고, 다스릴 자를 정하여 사람들의 생명과 재산을 보호하였으니 이것이 나라를 설립하게 된 목적이다.
　어떤 나라는 나라를 설립하는 목적을 자세히 밝혀 어느 한 사람의 권리도 침해당하지 않도록 하는가 하면, 어떤 나라는 국가 본래의 목적을 잊어버리고, 마침내 백성들을 소나 말같이 굴레를 씌워 끌고 다니고, 때리면 때리는 대로 맞고 죽으라고 하면 죽으면서 오히려 충성이라 하기도 하고, 또는 도리(道理)라고도 한다. 이러한 나라에서 백성들은 나라는 위에서 다스리는 몇 사람을 위하여 존재하는 것으로 여기고 있다. 이것이 곧 나라를 나누는 정치제도의 차이점이다.

　정치는 전제(專制)정치, 입헌군주(立憲君主)정치, 민주정치의 세 가지로 나눌 수 있다. 전제정치란 임금이 마음대로 하는 정치로 우리나라, 청나라 그리고 러시아가 이런 정치 하에 있는 나라들이다. 이러한 정치는 먼 옛날 나라가 처음 생길 당시 인심과 풍속이 좋아서 다스릴 필요조차 없던 시대에 생긴 것이다.

그러나 세월이 변하여 인심과 풍속이 사나워져 사악한 일들이 수없이 일어나 더 이상 덕으로만 다스릴 수 없는 지경에 이르게 된 세상에는 절대로 적합하지 않은 제도이다. 세상은 변했으나 법이 이에 따라 변하지 않으면 어려서 입던 옷을 어른이 되어 입으면 맞지 않는 것과 같다. 더구나 성스러운 임금과 충성스러운 신하들이 항상 있으라는 법도 없다. 불행하게도 어리석은 임금과 간악한 신하가 권력을 마음대로 휘두른다면 모든 백성들이 고통을 받게 되고, 나라까지 위태롭게 될 것이다. 이보다 더 위험한 일이 어디 또 있겠는가.

이는 세상에도 큰 불행이지만 임금에게도 행복이 될 수 없다. 이러한 나라일수록 내란이 자주 일어나며, 나라의 운명이 위험에 처하는 것이다. 러시아는 크고 강한 나라지만 백성들이 국권(國權)을 바로 잡으려고 수시로 들고 일어나 난리를 일으켰다. 그러므로 러시아에서도 몇 년 전부터 정치제도를 바꾸려 하고 있다. 이것이 전제정치를 하는 나라의 위태한 실상이다.

입헌군주정치는 임금을 두고 신하가 받든다는 점에서 전제정치와 다르지 않으나, 임금의 권력행사에 제한을 둔다. 즉 상원, 하원과 같은 의회(議會, 국회)를 설치하고 국민들이 투표를 통해 명망 있는 사람들을 국민들의 대표로 선출하여 나라의 중요한 문제를 토론하여 결정하게 한다.

재정(財政)문제를 예로 들면, 국가 예산은 국민들을 잘살게 하기 위해 국민들로부터 거두어들인 것으로 임금이나 재상들이 마음대로 쓸 수 있는 것이 아니다. 국가예산은 학교를 세워 교육도 하고 도로도 정비하고 가로등을 달아 밤에 국민들의 왕래를 편하게 하며, 경찰관을 두어 도적과 범법자를 검거하고 군대를 양성하여 전쟁이 나면 국민들의 생명과 재산을 보호하며, 중앙과 지방관청 관리들의 봉급과 경비를 위해 쓰라는 것이다.

만일 국민들이 돈만 내고 그것이 어떻게 쓰이는지 제대로 감독하지 않는다면 몇 사람의 권력자들이 자신을 위해 산에 가서 기도를 하든지, 자기 부인이나 기생들의 놀이 비용으로 쓴다든지, 또는 그들의 금고에 넣어 장사도 하고 비싼 선물로 생색을 내고 가족들을 호강시키다가 위기가 닥치면 외국공관으로 몰려가 자기들의 목숨이나 보전하려 할 것이다. 이러한 나라에서는 틀림없이 여러 가지 어려움이 생길 것이다.

그러므로 국가예산은 의회에서 의원들이 국민을 대신하여 한 푼이라도 나라를 위해 쓰도록 논의한다. 즉, 하원(下院)에서 승인되면 상원으로 보내고 상원에서 찬성하면 비로소 임금의 결재를 얻어 나라가 쓸 예산으로 확정하여 발표함으로써 백성들이 자세히 알 수 있도록 한다. 모든 국민에게 관계되는 일은 이처럼 신중히 처리하고 있다.

영국, 독일을 위시하여 유럽 몇몇 나라와 일본이 이 같은 입헌군주국으로 나라와 왕실이 평안하며 국민들은 무궁한 혜택을 입고 있다. 이러한 나라일수록 내란이 없으며, 임금을 해치려는 사람이 없어 임금은 아무런 걱정 없이 나라 안을 이곳저곳 돌아다니며 국민들이 사는 것을 살펴보기도 한다. 이러한 정치가 오늘날 가장 합당한 것이다. 그러므로 임금의 권리를 제한한다거나, 국민들이 반역할 수 있는 습성을 기른다는 이유로 이 같은 정치제도를 거부해서는 안 될 것이다.

민주정치라 함은 국민이 주인이 되는 정치라는 뜻이다. 나라의 최고 지도자는 임금이 아니라 대통령이라 하며, 국민들이 추천하고 지지하여 그 자리에 앉힌다. 그러고도 염려가 되어 임기를 4~5년, 또는 8~9년으로 정하고 임기가 다 되면 다시 뽑아 연임시키거나 다른 사람을 선출하기도 한다. 모든 관리들의 권한은 자세하게 규정하여 한두 사람이 마음대로 할 수 없도록 하고 있다.

이러한 정부를 국민의, 국민을 위한, 국민에 의해 수립된 정부라 한다. 이러한 원칙에 따라 정부를 세웠으므로 국민들은 정부를 자기들의 집처럼 생각하며, 관리들은 국민들을 주인처럼 섬기고 보호하며 돕기 위해 최선을 다한다. 미국, 프랑스 등 몇몇 부강한 나라들이 이 같은 정치를 택하고 있다.

세 가지 정치 중에서 민주정치가 가장 좋은 정치라 할 것이다. 그러나 동양에서는 그 같은 정치가 합당하지도 못할 뿐 아니라 매우 위험한 사상이다. 그것이 왜 위험한 것인지는 다음에 설명하겠으나, 무슨 정치를 하든지 정부를 세우는 근본 목적을 잊지 않아야 정부와 백성이 모두 편안할 수 있을 것이다.

15. 미국 국민들이 누리는 권리

　미국의 정치제도를 살펴보면, 상원(上院)과 하원(下院)이 있어 전국 국민들을 대표하고 있다. 정부는 입법·행정·사법으로 나뉘어 각기 다른 권리가 주어진다. 입법부는 법을 제정하는 권한을 가지는 대신 다른 권리는 가지지 못하며, 행정부는 법을 집행만 하고 사법부는 법률에 대해 판단만 한다. 즉 어느 쪽도 두 가지 권리를 동시에 갖지 못하게 권리를 분산해 서로 견제하고 있다.
　모든 권력은 국민으로부터 나오며, 중앙정부의 권리를 설정하거나 나라의 중요한 일을 결정할 때는 모든 국민이 투표하여 득표한 수에 따라 결정한다. 각 지방의 일은 그 지방주민들이 모여서 같은 방법으로 주민에 관한 중요한 일을 결정한다. 법은 모든 사람에게 평등하게 적용되며, 권리를 행사할 수 있는 연령이 되었을 때 적용된다. 따라서 한두 사람의 집권자가 사람들의 권리를 빼앗거나 마음대로 바꿀 수 없다. 법률들을 수록한 법전을 만들어 전국에 배포하여 누구든지 알 수 있게 하여 철저하게 지키며, 한두 가지라도 법을 위반한 것이 있어 누가 피해자가 되든지 모든 국민들은 자기의 목숨을 끊는 것처럼 매우 중요한 문제로 생각하고 있다.

그러므로 관리가 된 자는 공평하고 정직하게 일을 처리하여 자격이 없는 사람에게 관직을 주거나 억울한 누명을 씌워 재산을 빼앗는 등 불법적인 행동은 할 생각도 하지 않는다. 만일 관리가 그런 짓을 하려 해도 국민들이 그것을 용납하지 않는다. 이것이 관리들과 국민들이 일체가 되어 평화와 행복을 보장케 하는 근본이다.

이러한 나라의 국민은 건물의 주춧돌 같아서 하나라도 흔들리면 건물 전체가 기울어지므로 정부에서도 국민들에게 학문과 지식을 권장하며, 법률을 알게 하여 각자의 권리를 잃지 않도록 하고 있다. 국민들도 지식을 넓혀서 다른 사람으로부터 손해를 입지 않고 법률을 몰라서 권리를 침해당하지 않으며, 다른 사람으로부터 압제를 받지 않고 나아가 약자의 권리까지 보호하려 노력하고 있다.

어느 누구도 그 같은 국민들의 권리를 침해할 수 없으며, 어느 누구도 일반 국민이 배상을 청구할 수 있는 권리를 거부할 수 없다. 그러한 나라야말로 행복하고 평화롭다 할 것이니 이것이 바로 지상낙원이다.

자기 집과 토지와 재산이 자기 것이라고 믿지 못하며, 자기의 처와 자식이 자기 것이 아니며, 자신의 생명이 자기 것이라고 믿지 못하고 다른 사람에게 희생이 되는 나라에 사는 사람들은 미국 사람들이 누리는 한없는 행복을 부럽게 여기지 않을 수 없을 것이다. 그들과 똑같은 권리를 갖게 되기를 어찌 원하지 않겠는가. 관리된 자로서 어찌하여 그 더러운 재물이나 벼슬만 중히 여기며, 백성된 자로서 어찌하여 토지와 재산만을 귀중히 여겨 이처럼 무궁한 행복을 구하지 않으리오. 모두 다 어두운 세상에 살며 무지해서 그러하니 무지로 인한 결과가 이처럼 무섭다.

다른 나라가 그런 행복을 누리는 것은 본디부터 있었던 것도 아니고 우연히 생긴 것도 아니다. 그들의 조상들이 압제를 더 이상 견디지 못하고 궐기하여 자손들에게 무궁한 기초를 물려주기 위하여 한없이 피를 흘리고 많은 재물을 바치는 것을 감수했으며, 그 후손들은 그 기초를 잘 지키고 보존했기 때문이다.

16. 미국 독립의 역사

 과거에는 서양 여러 나라들도 의회의 규칙은 있었지만 헌법이 없었으므로 전제정치에 의해 나라를 다스렸다. 처음에는 큰 문제가 없었으나 사람들이 변하면서 법의 폐단(弊端)이 많아져 지난 1~2백 년 동안 수많은 분쟁이 일어나 백성들이 도탄(塗炭)에 빠지게 되었다. 한두 권력자의 권력 다툼이 국가간 전쟁으로 비화되어 무고한 사람들이 파리 목숨처럼 죽었으며, 권력자들은 권력을 빙자하여 세상을 혼란에 빠뜨려서 백성들이 말할 수 없는 고통을 받게 되었다.

 아메리카 대륙이 발견되었을 당시 유럽 사람들은 대서양을 건너면 야만인들만 가끔 모여 살 뿐이며, 무한한 양의 금·은과 구리와 철이 널려 있고, 들짐승들이 뛰노는 한없이 넓고 기름진 땅에 도달할 수 있으리라 생각했다. 그들은 또한 이 땅은 자기들과 같은 불쌍한 사람들을 위해 하느님이 예비하신 땅이라 믿었다.
 그들은 신천지에 건너가 힘들여 개간하면 무시무시한 압제를 벗어나 행복하게 살다가 자손들에게 물려줄 수 있을 것으로 믿었다. 그래서 사람들은 조국과 고향을 버리고 대서양을 건너가 나무를 잘라내고 농토를 개간하며, 맹수들을 몰아내고 원주민들과 싸우는 가운데 수많은 사람들이 죽으며 어렵게 정착지를 개척했던 것이다. 이처럼 수없는 난관을 극복하여 그 같은 평화롭고 복된 터전을 마련했으니 고생 끝에 영광이라고 참으로 다행한 일이었다. 그 같은 고통을 겪은 사람들에게 측은한 마음이 있어야 하지만, 집권자들은 백성들을 오히려 더 괴롭혔다.

이때 영국이 아메리카 대륙을 그들의 영토로 삼고, 그 백성을 영국의 백성으로 만들자 정착민들은 영국이 잘 대접해 주기를 기대하고 있었다. 그러나 영국이 그곳에 관리들을 보내 다스리기 시작하며 그전보다 더 포악하게 다루어 정착민들을 영국의 노예처럼 대했다. 모든 물자에 과중한 세금을 부과했고, 재판에서 일방적으로 부당한 판결을 내리는 등 영국인들의 학정은 이루 말할 수 없었다. 정착민들은 여러 나라에서 온 학식 있는 사람들로, 그들을 노예처럼 다루는 데 불만을 품고 신천지를 찾아 대서양을 건너온 사람들이었다. 그들은 목숨이나 부지하려고 압제를 달게 받고 있던 사람들과는 크게 달랐다.

용기 있는 사람들이 도처에서 들고 일어나 목숨을 걸고 영국에 대항하면서 전쟁이 일어났다. 당시 형편은 관리들은 말할 것도 없고 군인들과 일반 백성들도 충성스러운 영국의 신민(臣民)이므로, 왕명을 거역하는 것은 역적이라 했다. 그러므로 영국 관리들은 항거하는 대로 진압하여 모든 세력이 영국의 장악 하에 있었다. 그리하여 영국에 대항하여 일어난 자들은 상업에 종사하거나 농사를 짓는 힘없는 백성들뿐이었다.

힘없는 백성들이 어떻게 강대한 영국에 대항하여 싸우기를 결심했는가. 그들은 말하기를, 모든 사람은 평등하며, 따라서 노예대접을 달게 받는 사람은 곧 자신의 권리를 잃어버린 사람이니 목숨을 바치고 피를 흘려 복된 터전을 마련하여 자손들에게 물려주는 것이 옳다. 관직이나 월급에 눈먼 사람들이 영국에 종노릇하는 것을 충성으로 알고 우리들을 총검으로 제압하려하니 우리들은 목숨을 바쳐 독립을 위해 투쟁해야 한다고 주장했다.

그들은 피끓는 열정으로 죽음도 두려워하지 않고 전진했다. 그들은 정세를 살피거나 적군과 아군의 힘을 비교할 여유도 없이 독립을 위하여 영광스럽게 죽고자 했다. 농부들은 호미와 낫을 들고 나섰으며, 부녀와 아이들은 몽둥이라도 들고 나와 앞사람이 쓰러지면 뒷사람이 앞으로 나와 싸웠다. 그들은 농사를 짓거나 다른 생업에 종사하면서 8년 동안 이러한 방법으로 투쟁했으니 이로 인해 죽은 생명이 얼마이며 없어진 재물은 얼마인가.

처음에 몇 사람이 일어났을 때에는 이렇게까지 될 줄은 모르고 자기들만 죽고 말리라 생각했으나, 이렇게 죽으려는 사람이 계속 늘어남에 따라 각국에서는 그들을 미친 사람들이라 비판했다. 그러나 점차 그들의 투쟁에 감동하는 사람들이 많아지자 프랑스는 군대를 보내 그들의 독립투쟁을 도왔다. 결국 영국은 물러가고 미국은 독립하여 영원무궁한 자유의 기초를 세워 세계 일류 문명국가로 발전했다.

미국 독립의 역사를 보아서 알 수 있듯이, 충성심이 넘치는 우리 동포들은 미국 독립의 역사를 배우고 깨달아야 할 것이 한없이 많다. 누구든지 순수한 마음에서 노예상태를 벗어나기 위해 목숨을 바치려 한다면 뜻밖에 용기가 생기고, 불가능하다고 믿던 것도 이룰 수 있을 것이다. 미국 국민이 얻은 값진 권리는 남들이 도와주거나 아무 노력 없이 이루어진 것이 아니라, 수많은 피와 재물을 희생하며 힘겹게 쟁취한 것이다. 이는 곧 힘들여 얻은 재물이 오래 유지되는 것과 같은 이치이다.

슬프다! 우리 대한 동포들도 미국 독립의 역사를 보고 당연히 감동할 것이다. 우리는 과연 미국 사람들처럼 그런 권리를 누리고 있다 할 수 있는가. 또는 앞으로 터전을 마련하여 그런 권리를 쟁취하려 하는가. 우리는 그런 권리를 무시하고 생명만을 부지하기 위해 노예처럼 사는 것에 만족하겠는가. 우리는 원칙을 정하고 이에 따라 목표를 세워 그것을 쟁취하기 위해 최선을 다해야 할 것이며, 이를 결코 가볍게 여기지 말아야 할 것이다.

17. 미국 독립선언문

　미국 독립전쟁은 영국의 압제에서 영원히 벗어나고 다시는 압제가 나타나지 않도록 정치적 폐단의 근본을 없애려고 한, 목숨을 건 투쟁이었다. 그들은 권력이 몇 사람에게 집중되는 것은 위험한 것이라고 판단하고 모든 국민이 함께 통제할 수 있는 정치제도를 만들고자 했다. 한 사람의 안녕복지는 그 자신에게 달렸으니 다른 사람의 도움을 바라지도 말고, 다른 사람에게 책임을 떠넘기며 원망할 것도 없다고 믿었다.

　모든 사람은 나라의 흥망성쇠가 각자에게 달렸다는 것을 알았고, 나라를 잘 다스리려면 먼저 각자가 자기 문제를 잘 처리함으로써 다른 사람들의 간섭을 받지 않아야 한다는 것을 알게 되었다. 그들은 자유를 위한 권리를 목숨보다 소중히 여기며, 그들 스스로 이 권리를 존중하는 마음을 기르며 조상들로부터 물려받은 가장 소중한 유산으로 여겼다.

　미국 사람들이 이러한 기초를 세운 지 130년밖에 되지 않았으나 다음 세대들은 이 권리를 지키기만 한 것이 아니라 계속 확대하여 더 훌륭한 제도로 발전시켰다. 조상들의 독립투쟁을 기념하여 수도를 워싱턴이라 하였는 바, 이는 워싱턴이 독립운동 지도자였으며 초대 대통령이었기 때문이다. 그는 세계적인 정치개혁의 창시자로서 여러 나라에서 추앙받고 있다.

7월 4일은 미국이 독립을 선포한 날로, 이날은 미국에서 가장 중요한 기념일이다. 해마다 이날 전국 공직자들과 국민들은 일하지 않고 집집마다 국기를 게양하고 등(燈)을 다는 등, 온 나라가 경축하고 있다. 그들은 독립전쟁에서 죽은 장병들의 무덤에 가서 꽃다발을 바치고 추모하며 만세를 부르고 감격하여 눈물을 아끼지 않는다. 심지어 외국에 나가 있는 한두 사람이라도 독립기념일을 경축한다. 나라를 사랑하는 마음을 가진 사람은 누구나 그들이 그렇게 경축하는 것을 보고 감동하지 않을 수 없을 것이다.

미국 독립선언문 일부를 아래에 소개한다. 이것은 1776년 7월 4일, 아메리카 합중국 여러 주의 대표들이 모여 영국을 배척하고 독립을 선언한 글이다. 오늘날 세계 많은 나라 사람들이 미국 독립선언문을 마음에 새기고 암송하는 것은 미국 독립정신을 본받아 자기 나라 독립을 위한 열정을 키우고자 함이니, 우리 대한동포들이 가장 주목해야 할 것이다.

"인류 역사에서 한 민족이 다른 민족과의 정치적 결합을 해체하고 세계 여러 나라 사이에서 자연법과 자연의 신의 법이 부여한 독립, 평등의 지위를 차지하는 것이 필요하게 되었을 때, 인류의 신념에 대한 올바른 존경은 그들로 하여금 독립할 수밖에 없도록 원인들을 선언할 것을 요구한다.

우리들은 다음과 같은 것을 자명한 진리라고 생각한다. 즉, 모든 사람은 평등하게 태어났으며, 창조주는 몇 개의 양도할 수 없는 권리를 부여했으며, 그 권리 중에는 생명과 자유와 행복 추구가 있다. 이 권리를 보호하기 위하여 인류는 정부를 조직했으며, 이 정부의 정당한 권력은 인민의 동의에서 비롯된다. 또 어떠한 형태의 정부이든 이러한 목적을 파괴할 때에는 언제든지 정부를 변혁 내지 폐지하여 인민의 안전과 행복을 가장 효과적으로 가져올 수 있는, 그러한 원칙에 바탕을 둔 새로운 정부를 만드는 것은 인민의 권리이다. 진실로, 사소하고 일시적인 원인들 때문에 오랜 역사를 지닌 정부를 바꿔서는 안 된다는 신중함과 그에 따른 모든 경험은 인간 자신들에게 익숙한 방식을 없애버림으로써 바로 잡고자 하는 흐름보다는 악을 참을 수 있을 때까지 참고자 하는 흐름이 있음을 보여줘 왔다.

그러나 오랫동안에 걸친 학대와 착취가 변함없이 동일한 목적을 추구하고 인민을 절대 전제 정치 밑에 예속시키려는 계획을 분명히 했을 때에는, 그런 정부를 타도하고 미래 안전을 위해서 새로운 보호자를 마련하는 것은 그들의 권리이자 의무이다. 이와 같은 것이 지금까지 식민지가 견디어 온 고통이었고, 이제야 종래의 정부 체제를 변혁해야 할 필요성이 바로 여기에 있다.……

……그래서 우리 미합중국 대표들은 총회에서 우리의 정직한 의도를 세계의 최고 심판에 호소하며, 이 식민지의 선량한 인민의 이름과 권능으로써 엄숙하게 공표하고 선언한다. 이 연합 식민지는 자유 독립 국가이며, 마땅히 권리에 자유 독립 국가여야 한다. 이들은 영국 왕권에 대한 모든 충성의 의무에서 해방되며, 대영제국과의 모든 정치적 관계는 모조리 그리고 마땅히 끝내야 하며, 자유 독립 국가로서 전쟁을 개시하고, 평화협정을 맺으며, 동맹 관계를 맺고, 통상 관계를 수립하며, 독립 국가가 마땅히 해야 할 모든 행동과 일들을 할 수 있는 완전한 권리를 가진다. 그리고 하느님의 섭리에 따른 가호를 굳게 믿으면서, 이 선언을 지지할 것을 우리의 생명

과 재산, 신성한 명예를 걸고서 서로 맹세한다."

이 선언문이 모든 미국 국민으로 하여금 궐기하게 하여 수많은 희생을 무릅쓰고 독립의 기초를 세웠으므로, 이것을 선언한 날을 독립기념일로 삼았다.

이 선언문의 구절구절이 영국의 압제에 대한 분노로 가득차서 사람들의 용기를 불러일으켰으며, 그중에서 가장 중요한 내용은 모든 사람은 평등하게 태어났다고 한 구절이다. 이 한 구절이 다른 모든 내용의 기초가 되었다. 이로 말미암아 모든 사람은 다른 사람과 똑같은 권리를 가진다는 것을 누구든지 알게 되었으며, 그 권리를 목숨보다 소중하게 여기며 건국의 기초를 세웠다. 이 같은 평등의 원리에 따라 정치제도가 설립되고 국민들의 권리도 규정했다.

오늘날 세계 각국 사람들이 이 선언문을 사랑하며 읽으니, 이는 가벼이 여길 일이 아니다. 미국 독립이 선언될 당시 만일 모든 미국 사람들이 어리석어 아랫사람은 윗사람의 희생물이 되고, 약한 나라는 강한 나라의 노예가 되어 섬기는 것을 당연한 것으로 여기고, 인권이라고 말하는 것조차 역적이며 죽일 놈이라 했다면 독립선언문을 아무리 많이 찍어내었던들 무슨 소용이 있었겠는가. 그러므로 독립선언문 내용도 위대하지만 백성들이 깨어있었다는 것 또한 매우 중요한 것이다.

어느 나라든지 백성이 모두 썩어 활력을 잃어버리면 여러 해 동안 교육을 통해 활력을 회복해야만 개화가 스스로 뿌리내릴 수 있다. 그렇게 하기 전에는 어떤 제도나 주의(主義)도 세울 수 없으며, 설사 우연히 어떤 제도를 들여온다 하더라도 쉽게 쓰러질 것이니 그것은 제대로 뿌리내렸다 할 수 없을 것이다.

18. 미국의 남북전쟁

　미국 국민들은 이처럼 어렵게 쟁취한 독립을 대대로 물려받아 각자는 자기 권리를 지키고 남의 권리를 침해하지 아니하며, 다른 사람들의 권리를 보호하는 것을 자기의 권리를 보호하는 것 같이 여겼다. 다른 나라 백성이나 정부의 자율권(自律權)을 위해 노력한 것이 얼마나 많은지 역사책에 잘 나타나 있다. 그중 대표적인 것을 소개한다.
　미국 건국 초기에는 자원은 풍부했지만 인력은 부족했다. 이때 대서양을 건너 무역을 하는 사람들이 아프리카 해변에 배를 정박하고 흑인들을 돈을 주고 사기도 하고, 무기로 위협하여 잡아들이기도 했다. 그중에 나이가 적당하고 노동하기에 적합한 청년들과 여자들을 몇 백 명씩 배에 실어 대서양을 건너 미국 남부지방에 와서 비싼 값을 받고 팔아 많은 이익을 남겼다. 많은 사람들이 그들을 사서 노예로 삼았다. 비록 말은 통하지 않고 생긴 것은 흉하나 건강하여 일도 잘하고, 먹고 입히는 것도 어렵지 않았다. 이처럼 값싸고 편리하니 그들을 사서 노예로 부리고자 하는 사람이 많았다.
　노예 무역상이 해마다 늘어 43년 전(1861년)에는 미국 남부지방의 노예 수는 무려 4백만 명에 이르렀다. 그들은 가족과 고향을 잃고 낯

선 사람들에게 잡혀서 바다를 건너왔다. 여러 달 배를 타고 오는 동안 배 안에서 죽은 자도 수없이 많았고, 기후와 풍토에 적응하지 못하여 병든 자도 많았다. 노예를 소유한 사람들은 소처럼 부려 먹으려고 돈을 주고 사 온 것이므로 사람처럼 다루지 않았던 것이다. 노예들의 형편을 생각하면 가련하기 짝이 없다.

　이에 미국 북부지방 사람들은 모든 사람은 평등하며, 흑인들도 생김새는 다르고 지능이 부족할지 모르나 다른 사람들처럼 하느님이 주신 같은 권리를 누릴 자격이 있다면서 노예제도를 반대했다. 그들은 자기들의 권리는 소중히 여기면서 남의 권리를 무시하는 것은 도리에 어긋나는 것이며, 사람을 사고파는 것은 우리의 형제를 물건이나 가축으로 취급하는 것이나 마찬가지니 문명사회에서 이 같은 일은 용납될 수 없다고 분노했다.

　흑인들을 노예로 삼아 강제노동을 시키거나 사고파는 것을 금지하고, 그들을 해방시켜 모든 사람에게 평등하고 자유로운 삶을 보장해야 한다는 글을 써서 발표하자 이에 동조하는 사람들이 급속히 늘어났다. 노예를 해방시키라는 주장에 대해 남부지방 사람들이 자신들은 노예를 사서 부릴 권리를 가지고 있으므로 누구도 간섭할 수 없다고 주장하자 양측의 대립이 전쟁으로 확대되고 말았다.

　몇 년 동안의 치열한 전쟁 끝에 남부지방이 패배하고 북부지방이 이겼다. 마침내 1863년 노예해방이 선언되면서 불쌍한 흑인들이 모두 속박의 굴레를 벗어나 자유를 얻었다. 그들이 얼마나 기뻐했는지 이루 헤아릴 수 없으며, 그 은총은 사방에 미치었다. 1865년 제13차 헌법개정안을 통해 노예제도는 폐지되었다. 세계 여러 나라가 미국의 뒤를 좇아서 노예제도를 폐지하였으나 오늘날 종을 부리는 풍속을 폐지하지 않은 나라는 청나라와 우리나라밖에 없다.

　오늘날 모든 나라에서 사람은 평등한 권리를 가지고 남에게 의지하거나 남을 위해 살지 않고 자기 힘으로 살고 있으며, 나라를 위해 일할 때도 아무런 차별을 받지 않는다. 사람을 고용할 때는 일하는 시간, 일의 성격, 임금을 정하며 그 이외에는 아무런 제한도 받지 않는다. 이것은 남의 집에서 일하는 사람이나 회사 사무원이나 공무원에게 똑같이 적용되는 원칙이다. 그러므로 사람은 자기 나라 법률에 의해 속박은 받으나, 다른 사람들로부터 속박받는 자는 없다. 이러한 나라에서는 백성의 수가 만 명일 것 같으면 만 명 모두 살아서 활동하는 기계처럼 활발하게 나라를 받들고 보호한다. 그러한 나라가 어찌 강력하지 않으며, 다른 나라가 쉽게 넘볼 수가 있겠는가.

　그렇지 못한 나라에서는 여러 계급으로 나뉘어져 있어, 높은 계급에서부터 시작하여 차차 아래 계급에 얽매이다가 마침내 모든 사람이 한두 사람에게 얽매여 그들의 손발같이 될 뿐이다. 그런 나라는 백성이 1백만 명 있을지라도 사실은 한 사람만 있는 것과 마찬가지이다. 그런 나라에 자유롭게 활동하는 1~2만 명의 백성이 힘을 합쳐 침공하면 어찌 막을 수 있겠는가. 노예제도를 폐지하고 모든 사람들에게 동등한 권리를 보장하는 것이 부강하고 문명한 나라로 가는 유일한 길이다. 이처럼 사람들에게 자유를 보장하고 평등하게 대우하는 효과는 실로 엄청나며, 그 근본은 모든 사람이 평등하게 태어났다는 것을 깊이 깨닫고 그 권리를 확실히 지킨 힘에서 비롯된 것이다.

　우리는 미국 사람들이 자기 권리를 보호한 힘으로 남의 권리까지 회복하여 이같이 빛나는 역사적 업적을 이룩한 것이 얼마나 힘든 일이었는지 깊이 생각해야 할 것이다. 흑인들의 권리를 위하여 동포끼리 전쟁을 일으켜 백만 명이나 죽거나 다치고, 재산피해도 30억만 원에 달했다. 자유가 무엇인지 모르는 나라에서는 미국 사람들을 미친 사람들이라 할 것이다. 그러나 그들의 인간을 생각하는 어진 마음과 사랑이 얼마나 대단한 것인지 짐작할 수 있다.

슬프다. 우리 대한 형제들아! 익숙했던 옛날 법에서 벗어나, 세계에서 통용되는 공평하고 정당한 사상으로 바꿔 생각해 보시오. 외국 사람들은 남의 권리 보호하기를 이렇게 힘쓰건만 우리는 어찌하여 우리나라의 당당한 권리를 찾으려 하지 않고, 내 나라 동포를 압제하고 학대하여 노예 취급하는 것을 당연히 여기는가. 우리나라도 1894년 갑오경장 당시 노예제도를 폐지하고 새로운 법을 만들었으나, 관리들과 백성들이 그 참된 뜻을 깨닫지 못하여 옛 법을 버리면 세상의 이치를 어기는 줄로 알아 노예폐지법이 아직도 시행되지 못하고 있다. 이 문제가 이처럼 중요하여 설명해야 할 것이 한없이 많으나 앞에서 설명한 것만 보아도 노예제도를 폐지하는 것이 얼마나 중요한 것인지 짐작할 수 있을 것이다.

우리도 어서 바삐 깨달아 남의 노예 대접도 받지 말고 다른 사람을 노예로 삼지도 말며, 우리가 다른 사람을 대할 때 자기 자신을 대하듯 하여 어느 누구도 평등한 권리가 침해당하지 않도록 해야 할 것이다.

지금 세상은 옛날과 달라서 여러 나라가 서로 개방하고 교류하는 까닭에 자유로운 나라로 다른 나라 사람들이 몰려간다. 이는 물이 아래로 흐르는 것 같이 자연스러운 이치이다. 이것을 알지 못하고 내 나라 백성들만 압제하여 나라 밖으로 나가지 못하게 한다면, 이는 병속에 고기를 넣어 바닷물 속에 넣어둔 것과 같다. 고기가 병 밖으로 나가는 것을 어떻게 막을 수 있겠는가.

19. 자유와 평등을 쟁취한 프랑스혁명

미국이 독립을 선언할 당시 유럽 각국은 전제정치로 백성들의 고통이 극도에 달했다. 백성들은 집권자들을 호랑이처럼 무서워하며, 그들을 원수같이 미워했다. 백성들의 원성이 높아도 집권자들은 자기들의 권력만 믿고 백성들을 계속 억눌렀다. 당시 형편으로 볼 때 백성들의 힘이 완전히 사라진 것 같이 보였으나 그들은 그렇게 나약하지 않았고, 교육과 학문을 통해 정신력이 강해졌기 때문에 압제 아래서도 침묵만 지키고 있지 않았다.

프랑스는 전제정치로 인한 폐단이 가장 극심했다. 황제는 자기 뜻에 따라 백성들이 죽고 사는 것이 결정된다고 믿고 있어서 그의 말 한마디나 글 한 장이 곧 법이 되었으며, 이를 어기는 자는 반역죄로 엄히 다스렸다. 그러므로 백성들은 혜택을 받으려고 아부하고 순종하며, 대신들은 황제로부터 동물 취급을 받아도 아무렇지 않게 여겼으며, 관리들은 권력을 남용하여 사람들을 죽이고 재물을 약탈하나 아무도 이를 막지 못했다.

이 같은 지경에 달했으니 법이 무슨 소용이 있겠는가. 재판은 청탁과 뇌물로 결정되었다. 어떤 사람은 40년 동안 자기가 무슨 죄를 지었는지도 모르고 감옥에 갇혀 있었다. 따라서 무슨 시비가 있으면 법정으로 가지 않고 두 사람이 칼을 들고 대결해서 결판을 내는 것이 더 나을 것이라고 믿어 그런 대결이 성행했으니 이로 미루어 당시 사정을 짐작할 수 있다. 15만 명 귀족들이 권력을 잡고 나라를 뒤흔들었으므로 백성들은 자기들의 권리를 말하지 못하고, 하늘을 향해 울부짖었을 뿐이다.

프랑스 사람들은 미국 사람들이 들고 일어나 독립 정부를 세워 정치적 폐단을 없애고 어진 정치를 한다는 소식을 듣고, 그처럼 아름다운 뜻과 공평한 제도에 모두 감동하고 부러워하게 되었다. 민심이 동요하자 집권자들은 백성들을 더욱 엄격히 단속하여 법률이나 정치에 대해 비판하지 못하게 했다. 미국 사람들은 얼토당토 않는 주장을 하며 신민의 본분을 벗어났으니 탄압당하고 말살당하는 화를 면치 못할 것이라고 했다. 그리고 백성은 나라 일에 간여할 권리가 없다고 하며 미국 사람들과 접촉하지 못하도록 했다.

그러나 프랑스 지식인들은 처벌을 각오하고 미국의 새로운 정치제도를 소개하는 글을 신문에 발표하여 많은 사람들에게 이를 알렸다. 이로 인해 프랑스에서는 정치적 논쟁이 일어났으며, 많은 사람들이 정부의 명령을 거역하고 자원하여 미국에 건너가 미국 독립을 위해 싸웠다. 프랑스 정부는 민심을 달래기 위해 미국 독립전쟁에 군대를 파견하여 미국 사람들과 함께 싸웠다.

이렇게 하여 미국에서 발생된 자유평등 사상이 프랑스에서 걷잡을 수 없을 정도로 신속히 전파되었다. 유명한 학자들이 갖가지 정치적 폐단을 낱낱이 폭로하자 민심이 크게 동요하여 더 이상 힘으로 억누를 수 없게 되었다.

 정세가 폭발 지경에 이르자 집권자들은 하는 수 없이 백성들의 요구를 시행하겠다고 약속했다. 이 소식에 백성들의 기쁨은 가뭄 끝에 단비가 내린 것 같았다. 당시 권력자들이 민심에 순종하여 약속한 대로 시행했다면 안정을 되찾았을 것이다. 그러나 그들은 겉으로는 민심을 존중하는 체하면서 백성들이 안심한 틈을 타서 또다시 탄압에 나섰다.

 백성들이 크게 분노하여 사방에서 들고 일어났다. 어차피 죽을 바에는 과감히 죽는 것이 나을 것이라 하며, 남녀노소 할 것 없이 구름처럼 몰려들었다. 이에 군인들이 총을 쏘고 창으로 찔러 사람들을 죽이자 더욱 분노하여 더 많은 사람들이 물밀듯 몰려들었다. 군중들이 무기를 만들어 군인들에게 대항했다, 그러나 군인들은 용병과 같아서 충성심은 없고 겁만 많았다. 마침내 군인들은 그들의 부모형제가 자신들의 총 끝에 쓰러지며 계속 대항하는 것을 보고 감동했다. 더구나 그들은 권력자들의 잘못으로 민심이 완전히 돌아섰다는 것을 알고 있었다. 어떤 군인들은 군복을 벗어던지고 도망갔으며, 어떤 군인들은 총구를 반대쪽으로 돌렸다. 그래서 온 나라가 모두 백성들의 편이 되었다.

 바스티유(Bastille)라는 감옥이 있었는데 해자(垓子)로 둘러싸여 있으며 다리 하나로 외부와 연결되어 있었다. 대포와 군대를 두어 출입자를 감시하고 있어 날아다니는 새도 침투하기 어려웠다. 그 안에는 사람들을 고문하는 수백 가지 도구들이 있었다. 이처럼 철옹성같이 지어 그 속에 한 번 들어간 사람은 하늘도 해도 달도 보지 못하고 흔적도 없이 사라지니, 그 속에서 다시 나온 사람이 드물었다 한다. 역대

황실과 귀족들이 이 감옥을 백성을 노략질하는 함정으로 만들었으니, 그 앞을 지나가는 사람들이 어떻게 분노하지 않았겠는가.

이때 백성들은 이곳에서 자기 조상들이 대대로 억울한 죽임을 당하고 뼈만 추려낸 곳이니 이 감옥을 부수자고 하며 일시에 몰려가 해자를 메워 평지로 만들고 감옥으로 쳐들어갔다. 황제와 대신들이 겁에 질려 온갖 방법으로 민심을 가라앉히고자 했으나 그들을 진정시킬 수 없었다.

백성들은 황제를 자신의 목숨을 위해 수많은 사람을 죽인 포악한 임금으로 하느님 앞에 죄인이요, 백성들의 원수라 여겼다. 지금은 백성들의 분노가 극에 달해 어쩔 수 없이 백성들의 뜻을 받아들이겠다고 하면서도 그 마음은 소란에 가담한 군중들을 한 사람도 남기지 않고 처벌할 것이라고 생각했다. 그러므로 황제가 절대로 권좌에 남아있어서는 안 되며, 황족이나 귀족들도 자기들만 알고 백성들의 고통은 상관하지 않았으며, 천하의 폭군으로 하여금 악정을 행하게 했던 자들이라고 여겼다.

그러므로 오랫동안 쌓인 분노가 폭발하면서 군중들은 왕당파(王黨派)와 귀족들을 붙잡아 모조리 죽였으며, 무고한 그들의 부녀자와 아이들까지 희생되었다. 그러한 가운데 훌륭했던 관리들도 희생되었으니 그 끔찍한 광경을 충분히 짐작 할 수 있을 것이다.

프랑스혁명사를 읽은 사람들은 프랑스 백성들이 잔혹하다고 비판하지만, 오늘날 나라를 다스리는 사람들은 프랑스혁명 이전의 권력자들을 거울로 삼아야 할 것이다. 그 후 오랫동안 프랑스 정치는 혼란을 거듭하다가 백성들의 지식이 늘어나자 마침내 미국 제도를 본받아 민주국가가 되어 지금은 세계의 강대국이 되었다. 그들도 그처럼 어려운 과정을 거쳐 오늘에 이른 것이다. 되돌아 보건대, 집권자들이 세상의 정세에 어두워 백성을 탄압만 하면 되는 줄 알고 밖에서 들어오는 새로운 기운은 알지 못하여 백성들과 충돌이 불가피했던 것이다. 오늘날 나라를 다스리는 사람은 이를 경계해야 할 것이다.

20. 입헌정치의 장점

　프랑스혁명으로 정치개혁 분위기가 확산하면서 다른 유럽 국가들도 민주공화국이 되었다. 여러 나라의 집권자들은 이러한 세계의 변화를 보고 그들의 정치제도에 문제점이 많다는 것을 깨달았으며, 백성들의 저항을 막기 위해 억압하는 것은 프랑스혁명과 같은 무서운 사건으로 폭발하게 된다는 것도 알게 되었다. 그래서 그들은 스스로 정치제도를 변화시켜 백성들에게 기본권을 허용하여 백성들과 충돌이 일어나지 않게 함으로써 나라가 안정되고 번영하게 되었다. 다시 말하면, 그들은 헌법을 채택하여 헌법에 따라 다스리게 된 것이다.
　유럽 여러 나라를 모두 살펴볼 수 없으므로 영국을 살펴보고자 한다. 1백 년 전만 해도 영국은 세 개의 작은 섬으로 구성된 나라로서 그다지 부강한 나라가 아니었다. 예부터 왕족과 귀족들이 권력을 마음대로 휘둘러 정치는 프랑스보다 더 폐단이 많았다. 영국 사람들은 본디 똑똑하고 남에게 지지 않으려는 기질이 있어 프랑스혁명에 영향을 받아 정치개혁을 요구하는 목소리가 높아졌다. 뛰어난 재상들이 이런 변화를 잘 판단하고 정치적 폐단을 스스로 제거했다. 새로운 법에 따라 의회의 상하 양원 규모를 변경하고 백성들에게 상당한 권리를 허용하고, 왕실과 귀족들이 가졌던 특권들을 폐지하여 누구나 공평한 이익을 누릴 수 있게 했다.

그들은 또한 백성들로 하여금 나랏일에 참여하게 했다. 예를 들면 법률과 재정(財政) 등, 국가의 중요한 문제는 백성의 대표들이 모인 상하원에서 먼저 결정하여 윗분(왕 또는 수상)의 결재를 받아 시행했다. 법에 따라 나랏일이 처리되면서 귀족이나 관리들이 권력을 남용할 수 없게 되었다. 다시 말하면, 사람마다 각각 책임과 권한을 가지고 있어 자기의 책임과 권한을 벗어나면 대신(大臣, 장관)이라도 탄핵을 받거나 비판의 대상이 되었다. 왕실을 특별히 존경하고 받들 뿐이며, 그 외에는 신분상의 차이가 없이 법 앞에 모두가 평등하니 집권세력이나 백성들에게 다 같이 이로운 제도였다. 가령 백성들에게 포악한 짓을 하려해도 법을 어기면서 할 수 없으니 백성들이 피해를 보지 않게 되었다. 백성들이 피해를 입지 않으니 자연스럽게 임금을 존경하는 마음이 생겨 부모처럼 받들고 보호하니 왕을 해치려는 자가 있더라도 감히 행동에 나서지 못했다. 또한 다른 나라가 영국 주권을 침탈하려 해도 영국 사람들의 저항이 두려워 그렇게 하지 못했다. 이처럼 새로운 정치제도는 왕실과 나라와 백성에게 영원한 평화와 행복을 보장했으니, 이 어찌 아름다운 제도가 아닌가.

영국이 이러한 제도 덕분에 40~50년 만에 세계 여러 곳에 식민지를 두어 해가 지지 않는 부강한 나라가 되었다. 영국이 무력이나 힘만으로 빼앗았다고 한다면 몇 십 년 만에 그런 나라를 이룩할 수 없었을 것이다. 영국은 식민지 백성들을 그전보다 더 잘 대해 주었다. 예를 들면, 빅토리아 여왕이 환갑잔치를 할 때 원시부족들을 포함하여 모든 식민지 백성들까지 참가하여 경축하고, 기금을 모아 빅토리아 여왕의

치적을 기념하는 병원과 학교를 설립했으니 이처럼 평화와 행복이 넘치는 곳이 없었다.

　임금과 국민이 함께 행복을 즐긴다는 것이 무엇인지 모르는 고통받고 있는 사람들이라도 영국 사정을 들으면 감동하게 될 것이다. 영국 사정을 더 이상 상세히 말할 수 없으나 지금까지 말한 것만으로도 감동을 불러일으키기에 충분하다. 어찌 다른 나라 사람들이 행복하고 평화로운 것이 부럽지 않겠는가. 영국 사람들이 정치제도를 개혁하지 않았다면 그 행복과 평화는 지속되기 어려웠을 것이다. 먼저 제도를 잘 만들어 두면 모든 국민이 잘못하거나 무지하기 전에는 큰 난관이 없이 국민의 기쁨과 행복이 영원히 보장되니 어찌 즐겁지 않겠는가.

　유럽의 여러 나라들도 모두 헌법을 채택했다. 영토와 인구가 작은 나라들까지도 그들의 주권을 보호하며, 나라 발전을 위해 경쟁하게 되었으니 이미 모두 헌법을 채택했기 때문이다. 동양에 있는 일본도 40년 전에는 그리 알려지지 않았던 조그만 섬나라에 불과했다. 그러나 정치를 변화시키고 서양 제도를 본받으며 날로 발전하여 오늘날 강대국들과 경쟁하기에 이르렀다. 일본이 이처럼 발전한 것은 입헌정치를 받아들여 관리와 국민이 나라 일을 함께 의논했기 때문이다.

　나라와 왕실을 보호하고 국민 안락을 바란다면 마땅히 정치제도를 고치고 헌법을 채택하여 집권자와 백성이 모두 안전할 수 있도록 해야 할 것이다. 어진 사람들에게는 적이 없다. 모든 국민과 이익을 함께 하자는 것이 어찌 훌륭한 정치가 아니겠는가. 올바른 정치(민주정치)의 힘이 계속 커져서 동양으로 파도처럼 밀려들어오는데 누가 홀로 막을 수 있겠는가. 이것은 모두가 관심을 기울여야 할 일이다. 이를 위해 정치변화에 실패하여 멸망한 나라들에 대해 논하고자 한다.

21. 나라의 흥망성쇠는 정치제도에 달렸다

6대주를 비교해볼 때 유럽은 가장 작지만 세계에서 가장 발전한 지역이다. 그 이유는 유럽 국가들이 헌법을 제정하여 공화국이 되는 등 정치를 개혁했으며, 이에 따라 사람들의 의식이 발달했기 때문이다.

유럽에서 동쪽으로 오면 과거 수천 년 동안 부강했던 큰 나라들 중 전제정치를 벗어나지 못하여 패망한 나라들이 있다. 유럽 동쪽 끝 터키는 대단히 강성했던 나라였으나 날로 쇠퇴하여 간신히 유지되고 있을 뿐이며, 아프리카 북쪽에 있는 이집트는 세계에서 가장 오래되고 땅덩어리도 컸던 나라이나 지금은 이름만 남아 영국 지배하에 있다. 아시아대륙 서쪽 끝 페르시아(1935년 이란으로 나라 이름을 바꿈)도 옛날부터 유명했던 큰 나라였으나 남아있던 작은 영토도 지키지 못했다.

인도는 오랫동안 강대한 나라로 땅도 넓고 인구도 많으나 40~50년 전에 영국 지배를 받게 되었다. 인도로부터 청나라 남쪽에 이르는 해안을 따라 태국, 버마(미얀마), 안남(베트남) 등 여러 나라가 차례로 없어졌는데, 태국은 이름만 겨우 유지하다가 그 나라 임금이 각성하고 적극적으로 개혁하고자 하여 왕자를 각국에 유람시키고 영국에 유학도 보냈다. 또한 총명한 젊은이들을 선발하여 교육하고 낡은 제도를 고치고자 노력하자 여러 나라가 칭찬하며 돕고자 했다. 그러나 백성들이 무지하여 왕이 혼자서 개혁하기 어렵다고 한탄한다고 한다.

청나라는 영토가 넓고 비옥한, 세계 역사상 가장 오래된 나라이다. 중국은 인구가 많아 세계 인구의 10분의 1이 될 정도로 강대한 나라였다. 그러나 이 나라는 지금 주권을 보전하지 못하여 여러 나라로부터 침탈을 당하다가 청일전쟁(淸日戰爭)에서 조그마한 일본에게 패하였다. 그들은 오랫동안 중국 영토였으며 청나라 왕조의 고향인 만주를 지키지 못하였다. 지금은 각국이 일본에 압력을 가하여 만주를 회복하기에 이르렀다. 청나라가 지금까지 나라를 유지할 수 있었던 것은 각국의 이해가 달라 서로 견제했기 때문이다. 이런 상황이 몇 년 더 지속된다면 나라가 패망할 위기에 처하게 될 것이다. 뜻있는 사람들이 나서서 헌법을 도입하자고 주장했던 것도 바로 이 때문이다.

그밖에 멸망한 나라가 많이 있지만, 위에서 말한 몇 나라의 경우를 보더라도 나라의 흥망은 정치제도를 고치느냐 아니냐에 크게 달려있다는 것을 알 수 있다. 지금까지 대체로 전제정치 하에서는 나라가 점차 쇠약해지고, 입헌정치 하에서는 나라가 점차 강성해진다는 것을 여러 차례 강조했다.

첫째, 전제정치는 무엇보다도 백성의 자유를 박탈하므로 백성의 불평불만이 쌓여 서로 증오하고 분열해 싸우다 나라가 스스로 패망하게 되기 때문이다.

둘째, 전제정치는 사람들의 생각을 발달하지 못하게 하여 각자가 남들처럼 잘 살기 위해 노력하지 않고, 윗사람이 시키는 대로 순종하게 되어 외국 사람들이 들어와 자기들 것을 빼앗을지라도 저항할 정신이 없게 된다.

  셋째, 전제정치에서는 백성이 자기들은 나라와는 아무런 상관이 없는 것으로 알고, 또한 나라는 자기들 것이 아닌 것으로 알고 나라를 지키려하지 않는다. 외국 사람들이 와서 고위관리 몇 사람을 매수하거나 협박하여 장악하면 총 한 방 쏘지 않고 백성까지도 스스로 딸려 들어가게 된다. 이것이 전제정치에서 비롯되는 위험 중에서 가장 위험한 것이다.

  헌법에 따른 정치를 하는 나라들은 국민에게 마음대로 생각하고 말할 수 있는 자유를 줄 뿐만 아니라 법률로 보호하고 있어 아무 걱정할 필요가 없다. 그런 나라의 국민은 활기가 넘치며 다른 사람보다 뒤떨어지는 것을 싫어한다. 국민이 다른 나라 국민보다 나은데 그 나라가 어찌 다른 나라보다 못하겠는가.

  한 나라는 다른 나라와 경쟁하면서 쉴 새 없이 발전하여 마침내 일류 국가가 되며, 또한 국민 모두가 자기 나라로 알고 나라를 사랑하며 나라에 기여하고 나라를 보호하고자 한다. 모든 사람이 나라의 힘을 기르고 영광을 가져오고자 하니 이러한 나라를 감히 침범하려는 나라가 어디 있겠는가. 이렇게 함으로써 나라는 계속 발전되어 부강한 나라가 되는 것이다.

  우리나라가 지금 이 지경에 이르게 된 것은 정치를 개혁하지 못했기 때문이다. 청나라같이 강대했던 나라도 오늘날 영토와 주권을 지키기 어려운 지경에 이르렀다. 우리나라는 중국의 10분의 1도 안 되는 작은 나라로 다른 나라의 영향력 아래 있으니 과연 홀로 설 수 있는 날이 있을지 판단하기 어렵다. 이 땅에 사는 사람은 누구든지 개혁을 서둘러야 한다. 나라의 지도자들은 이 문제를 깊이 생각해야 할 것이다. 그중에서도 우리나라에 가장 합당한 정치제도를 채택해야하므로 그것을 좀 더 설명하고자 한다.

22. 정치제도의 성패는 국민 수준에 달렸다

지금까지 나라의 흥망성쇠는 그 나라의 정치제도에 크게 달렸다는 것을 설명했다. 이로 미루어 보건대 정치제도를 개혁하는 것이 시급하다는 것을 알 수 있다. 그러나 정치제도의 성패는 또한 그 나라 국민의 민도에 달려있다는 것을 알아야 한다. 국민의 의식수준은 알지 못하고 외국 정치제도를 도입하기만 하면 나라가 잘될 수 있다고 할지 모른다.

굽어진 나뭇가지가 쉽게 펴지지 않고 앉아서만 자란 아이가 갑자기 오래 걸을 수 없는 것처럼, 오랜 전제정치의 압제 아래 살았던 사람들은 압제를 당연한 것으로 받아들인다. 만일 그들을 평등하게 대하면 권력을 가진 사람들은 이를 받아들이지 않을 것이며, 백성들도 오히려 더 잘못된 것으로 여기게 될 것이다.

예를 들면, 신분이 높은 사람이 미천한 사람에게 존댓말을 하거나, 또는 지방현감(군수)이 평복을 하고 보통 사람들과 어울린다면 백성은 풍속을 흐린다 하면서 매우 놀랄 것이다. 양반과 평민 구분을 없애고 노복(奴僕)제도를 폐지하려 하면 사회질서를 어지럽힌다 하여 한사코 반대할 것이다. 백성이 관리의 불법행위를 고발하려 하면 풍속을 해친다고 비난받게 될 것이다. 이와 비슷한 사례는 수없이 많다. 훌륭한 관리가 있어 모든 백성에게 이로운 제도를 도입하여 시행하고자 하면 오히려 반역죄로 몰려 화를 당하게 될 것이다.

국민의식 수준이 낮은 나라에는 권력자들에 의한 압제와 백성들에 의한 압제 두 가지가 있다. 권력자들에 의한 압제는 당연히 정치적인 특권에서 비롯된 것이며, 백성들에 의한 압제는 관습에서 나온 것이다. 권력자가 개혁을 주장하면 백성들이 전통적인 관습을 옹호하며 개혁을 반대하기 때문이다. 그러므로 권력자들의 압제가 크다 하나 사실은 나쁜 관습으로 인한 백성들의 압제가 더 중요한 문제이다.

사람들이 낡은 관습에 억눌려 자유로운 생각을 하지 못하므로 권력자들은 이런 관습을 이용하여 압제를 하며 특권을 누리고 있는 것이다. 만약 보통 사람들이 관습의 굴레에서 벗어나 압제로부터 벗어나는 것이 정당하다는 생각을 하게 되면 더 이상 그들을 압제하지 못할 것이다.

수천 년 동안 지속적으로 악화된 나쁜 관습 때문에 사람들의 마음은 옴짝달싹 못하는 신세가 되고 말았다. 다른 나라 사람들이 수백 년 동안 연구하여 발전시킨 새로운 제도를 그들에게 갑자기 실시하면 어찌 충돌이 일어나지 않을 것이며, 갖가지 어려움에 부딪히지 않겠는가.

그러므로 영국과 프랑스 같은 강대국에서도 교육과 학문의 진흥을 통해 사람들이 깨어날 때까지 기다려야 했다. 그들은 옛것과 새것 등 여러 가지 제도를 면밀히 검토하여 국민 수준에 적합한 제도를 채택했던 것이다. 그들은 신분이 높은 사람들과 서민들 모두에게 큰 부담이 없는 제도를 채택함으로써 정치개혁이 순조롭게 진행될 수 있었다.

그러므로 우리도 헌법제도를 연구하여 지체 없이 시행해야 할 것이나 점진적으로 변화시키는 것이 황실이나 백성 모두에게 영원한 평화와 행복을 가져올 수 있을 것이다. 이 책을 통해 헌법 채택을 주장함으로써 더 큰 벌을 받을지 모르지만, 이 몸이 가루가 된다 해도 두렵지 아니하며 중단하지 않을 것이다. 오로지 원하는 바는 이 책의 독자들이 숨이 막히고 기운이 떨어지고 목숨이 떨어질 지경에 처한 우리나라의 위급한 처지를 깨닫는 것이다.

23. 국민의 마음이 먼저 자유로워야 한다

　헌법을 만들어 사용하는 것이 그렇게 어렵지도 않고 헌법에 의한 정치가 시급하지만, 우리나라 사람들의 수준을 고려할 때 결코 쉽지 않다. 서양의 여러 나라들은 설립된 지 오래되지 않아 나쁜 관습이 깊이 뿌리내리지 않았지만, 동양 사람들은 수천 년에 걸쳐 나쁜 관습이 깊이 뿌리박혀 학문이나 교육의 힘으로 그 같은 폐습을 쉽게 뿌리 뽑기 어렵기 때문이다.

　그러므로 자유라는 새로운 이념으로 사람들을 오랜 관습의 굴레에서 벗어나게 하여 좋은 것과 나쁜 것을 구분할 수 있게 해야 할 것이다. 마음이 자유롭지 못하고 낡은 관습에 빠져있으면서 몸만 자유롭기 원한다면 결코 성공하지 못할 것이다. 세상에 수많은 일들이 모두 사람의 마음에서 비롯된 것이니 사람이 마음으로 하고자 한다면 되지 않을 일이 없을 것이다.

　속담에 이르기를 "부뚜막 소금도 집어넣어야 짜다"고 했듯이 아무리 쉬운 것도 하려고 하지 않으면 결코 이룰 수 없다. 지금 우리나라 사람들은 자신을 억누르고 있는 마음의 결박을 풀지 못하여 아무것도 하려는 생각이 없다. 아무것도 하지 않으면서 어찌 스스로 무엇이 이루어지기를 바라겠는가. 여기서 결박당하고 있는 마음상태가 어떤 것인지 자세히 설명하고자 한다.

첫째, 양반과 상민(常民)간 구분을 허물어뜨리지 못하고 있다. 사람은 상, 중, 하 구분 없이 태어난다. 상민도 같은 사람이고 나라의 백성이다. 상민이 성공하여 많은 사람들에게 도움이 된다면 그들이 하는 일이라고 무시할 것인가. 그들이 임금을 위하여 목숨까지 바치는데 양반 자손이 아니라고 그 충성심을 하찮게 볼 것인가. 오늘날 양반들의 시조는 어떤 사람이었으며, 어떻게 생겼는가. 예로부터 이름난 충신, 학자, 영웅들이 모두 양반이나 이름난 가문 출신인가.

사람은 모두 평등하게 태어났으나 노력하는 데 따라 사람의 가치가 달라지는 것이다. 똑같이 태어났더라도 도덕과 품행을 잘 닦고 무언가 이룩해서 많은 사람들을 이롭게 한다면 훌륭한 사람이 된다. 전쟁에 나가 나라와 백성을 지키는 데 공을 세우면 남이(南怡) 장군이나 이순신(李舜臣) 장군처럼 칭송받게 될 것이다. 자기 부모나 조상보다 못한 것을 부끄럽게 여긴다면 그들처럼 성공한 사람이 되지 않을까 염려할 것 없다. 우리는 어찌하여 자기 가문에 이름난 조상이 한 사람만 있으면 그 사람을 하느님같이 모시는가. 다른 사람은 그처럼 될 수 없다고 생각하게 만들고, 조상 이름을 들먹이며 자기의 신분을 높이려고 한다. 그 때문에 조상 이름에 의지하여 잘 살려 하니 스스로 노력하려는 의욕이 없어질 뿐만 아니라 사람의 생각이 얕아져서 발전하고자 하는 정신이 사라지며, 나아가 인재가 태어날 수 없어 나라를 점점 약하게 만드는 것이다.

모든 사람에게 평등하게 개방되어야 할 관직은 사실은 소수가 독점하고 있다. 관직이 이 정승(총리)이나 김 판서(장관)의 전유물이 되어 병신이나 무식한 사람이라도 이름난 양반 가문의 자손이면 벼슬을 주어 부귀영화를 누리게 하고, 백성들을 자기 집 종처럼 마음대로 하고 있으니 백성들이 학문과 재주를 길러 무엇에 쓰겠는가.

양반 자제들은 배우지도 않고 식견도 좁아져서 날이 갈수록 자신의 직분이 무엇인지, 지켜야 할 도리가 무엇인지도 모르게 되었다. 그들이 어려서부터 배운 것이라고는 남을 억압하고 호령하는 것뿐이다. 그들은 권력을 남용하여 모든 사람들의 기를 꺾으며, 저 혼자만 사람이고 다른 사람들은 물건 취급하고 있다. 백성의 재물은 자기 것처럼 마음대로 빼앗고, 미천한 사람들의 여자까지 빼앗아 가기도 한다.

백성들은 그들이 잘살고 못사는 것은 오롯이 양반 손에 달렸다고 믿어 양반을 받들고 돕는 것이 그들의 도리라고 여기고 있다. 비록 뛰어난 사람이 있더라도 개천에서 난 용이라 하며 그 능력을 인정하지 않는다. 따라서 일반 백성은 학식이 아무리 뛰어나도 감히 벼슬자리를 넘보지 못한다. 일반 백성의 자식들은 아무리 총명해도 경륜(經綸)을 펼칠 수 없으므로 힘써 노력할 필요가 없다며 배우기를 힘쓰지 않으니 수없이 많은 아까운 인재들이 버려지고 있다.

전국을 통틀어 양반은 전 국민의 천분의 일도 안 된다. 양반들이 모두 나라를 위해 일한다 할지라도 나머지 9백 9십 9는 모두 양반들을 위해 사는 사람들이니 나라에서는 9백 9십 9의 백성을 잃어버린 것이나 마찬가지다. 이처럼 우수한 백성들을 잃어버려 나라는 날마다 쇠퇴하여 이 지경에 이르렀으나 백성들은 이를 깨닫지 못하고 개혁하려 하지 않는다.

이름난 가문의 자손이 높은 벼슬을 했다 하면 그 사람이 어떤 인품과 능력을 가진 사람인지 따져보지도 않고 사람들은 그가 당연히 일을 잘할 것으로 생각한다. 반면, 아무 정치적 배경도 없고 변변치 못한 가문 출신이 관직에 오르면 그가 아무리 학식과 능력이 뛰어나다 하더라도 사람들은 그를 존경하기는커녕 하루빨리 물러나기를 바라고 있다. 이러한 여건에서 누가 관직에 오르기 위해 학문과 재능을 닦으려 노력하겠는가. 보통 사람들은 차라리 무능한 양반 밑에서 종노릇하기를 원할 것이다. 이것은 그들의 마음이 남의 굴레에서 벗어나지 못했기 때문이다.

둘째, 사람들 스스로 생각하고 판단하지 못하고 있다. 그들은 어떤 일에 닥치거나 무슨 말을 들을 때 무엇이 유익하고 해로운지 스스로 판단하지 못한다. 항상 일어난 상황이나 말하는 사람의 신분에 따라 갈대처럼 흔들리며, 영향력 있는 한두 사람의 눈치를 보고 그들을 따르며, 다른 수많은 사람들의 의견은 무시하니 어떻게 원리원칙이 서 있는 사회가 되겠는가.

사람들이 있는 한 시비가 없을 수 없으니, 시비란 자신은 옳고 상대방은 그르다고 해서 생기는 것이다. 누가 옳고 그른지 공정하게 판정할 수 있다면 무슨 시비가 있겠는가. 사람은 누구나 시비를 분간하는 지혜를 가지고 있다. 이것은 거울 같아서 깨끗이 닦지 못하면 제대로 보이지 않듯이, 계속 시비를 잘못 가리게 되면 판단기준이 흐려져서 원리원칙이 무너지게 된다. 만약 잘못한 쪽이 이기고 정당한 쪽이 진다면 문제의 중요성에 따라 큰 혼란이 일어날 것이니, 이 어찌 위태로운 세상이 아니며 사람들이 염려하지 않겠는가.

그러므로 교육을 하는 근본 목적은 사람이 가진 지혜의 본성을 거울처럼 맑게 닦아 세상만사를 있는 그대로 거울처럼 비추게 하여 잘 잘못과 우열을 가리게 하려는 것이다. 이런 이유로 개명한 나라에서는 교육과 학문을 매우 중시한다. 그러나 사람의 지혜가 아무리 뛰어나다 하더라도 한두 사람이 경솔하게 결정한다면 잘못된 판단이 내려질 수도 있다.

무슨 일이든지 여러 사람이 모여 각자 의견을 내놓고 토론하여 찬성 또는 반대로 결정한다면 더 나은 판단을 내릴 수 있다. 가령, 열 사람 중에서 여섯 사람은 옳다 하고 다른 네 사람은 틀린다 하면 여섯 사람의 의견대로 결정되는 것과 같이, 몇 명이든 몇 만 명이든 이런 제도를 따른다면 여러 사람들의 지혜를 모아 결정하는 것이니 무슨 실수가 있겠는가. 이것이 곧 문명한 나라에서 인재를 선발하여 나라를 다스리는 공평한 제도이며, 이로써 부당한 결정을 막을 수 있다.

이렇게 제도를 공정하게 운용하기 위해서는 결정에 참가하는 모든 사람들이 각자 의견을 다른 사람들의 의견에 구애되지 않고 자유롭게 말할 수 있어야 한다. 만약 그들이 무엇이 옳은지 모르고, 한두 명 영향력 있는 사람의 의견에 따라 결정을 한다면 이 제도는 영향력 있는 자들의 뜻을 정당화하는 수단으로 전락할 수 있다. 가령, 열한 명이 한 가지 문제를 결정할 때 다섯 사람은 찬성하고 다섯 사람이 반대한다면 나머지 한 사람에게 오롯이 그 결정이 달렸으니 그 사람의 판단이 얼마나 중요한가. 그 사람이 옳은 판단을 하는 것이 이처럼 중요한 것은 그가 잘못된 판단을 하면 위태로운 결과를 가져올 수 있기 때문이다.

이름난 양반의 말이라면 아무 생각도 하지 않고 무조건 옳다하고, 상민이 한 말이면 아무리 좋은 의견이라도 듣지도 않으려하니 어찌

바른 생각을 할 수 있겠는가. 찬성과 반대 의견을 물으면, 나는 남들이 하는 대로 할 것이니 다른 사람에게 먼저 물어보라 하거나, 이것도 좋고 저것도 좋다고 하거나, 내 의견은 이러하지만 저 사람의 의견이 저러하니 그 의견에 따르겠다거나, 남들이 그러하니 나도 따를 수밖에 없다고 한다. 이처럼 찬반 양쪽의 눈치를 보며 자신이 어떤 의견도 내지 않으면 시비를 제대로 가릴 수 없게 된다.

한두 사람이 이러한 것이 아니라 모든 백성이 이러하니 사소한 일도 의논하여 결정할 수 없을 것이며, 더욱이 나라의 중요한 일을 제대로 결정할 수 없을 것이다. 이러한 나라에서 어떻게 공평한 결론을 기대할 수 있을 것이며, 어찌 폐단이 생기지 않겠는가. 이 모두가 생각이 자유롭지 못하기 때문에 나타나는 현상이다.

셋째, 관리들에게 무조건 복종하는 노예근성을 버리지 못하고 있다. 고위관리에게 지위와 권한이 주어진 것은 그 사람을 위한 것이 아니라, 여러 사람을 위해 일하도록 하려고 한 것이다. 그러므로 관직(官職)은 일을 처리할 때 사리사욕을 채우려 하거나 한쪽으로 치우침 없이 공평하게 처리해야 한다. 누구든지 많은 사람에게 도움이 되는 일을 하면 사람들은 그를 존경하고 그의 의견을 따르게 된다. 그러므로 지위에 권력이 뒤따르는 것이 아니라 그 사람의 능력에 따라 영향력이 달라진다. 이러한 영향력은 억지로 막을 수도 없고 또한 억지로 줄 수도 없다.

사람들은 이런 이치를 깨닫지 못하고 어떤 자리에 권력과 명예가 있는 것으로 잘못 알고 있다. 그들은 어떤 지위가 있어야 말에 무게가 있고, 또한 그것을 존중해야 한다고 믿고 있다. 어떤 일을 하고자 하는 사람이 사회를 위해 최선을 다하기보다는 수단방법을 가리지 않고 권력의 자리에 오르고자 한다면, 정직한 자는 도태(淘汰)되고 간악한 자들이 높은 자리를 차지하게 되어 그 자리는 불신받는 자리가 되고 만다. 따라서 명망(名望) 있는 사람이 그 자리에 앉더라도 사람들은 그를 믿지 않을 것이며, 분명한 사실도 의심하고 진실한 말도 믿지 않게 된다.

오늘날 우리나라 고위관리들은 이처럼 불신을 받고 있어 제대로 능력을 발휘할 수 없게 되었다. 그럼에도 어리석은 백성들은 이를 깨닫지 못하고 비록 어리석고 무능한 관리라 하더라도 그들이 하기 전에는 백성은 아무리 재주와 능력이 뛰어날지라도 아무것도 할 수 없으며, 한다고 해도 성공할 수 없다고 생각하고 있다. 관리는 나라를 팔아먹어도 막으면 안 되는 줄로 알고, 평민은 우리나라를 영국이나 미국 같은 나라로 만들 수 있는 방법이 있어도 도와주면 안 되는 것으로 알고 오로지 관리들의 말만 무조건 따르고 있으니 이것이 노예근성이 아니고 무엇인가. 이러니 어찌 백성으로서의 도리를 할 수 있겠는가.

넷째, 권력에 의존하기 좋아하는 습성이 있다. 사람은 마땅히 능력을 길러 다른 사람이 나에게 의지하게 해야 할 것이나, 어떤 사람들은 이런 이치를 모르고 남에게 의지할 기회를 찾는 데 분주하니 천하에 이보다 더럽고 천박함이 어디 또 있겠는가.

옛날부터 뜻있는 자는 어떤 어려움이 닥쳐도 자신의 소신을 굽히지 않았다. 정몽주(鄭夢周)는 고려왕조를 무너트리려는 정변을 막으려 목숨까지 바쳤으며, 조선왕조의 박태보(朴泰輔)는 불에 달군 인두로 지져도 자기 뜻을 굽히지 않았다.[1] 최근 우리 역사를 보더라도, 반란군

---

1) 박태보(1654~1689)는 사간원의 관리로 임금이 왕비를 평민으로 폐위하려 하자 끝까지 반대했으며 이로 인해 귀양길에 죽었다.

이 궁궐로 쳐들어올 때 담배장수가 담배 썰던 칼을 들고 그들을 막으려 했다하여 지금까지 칭찬이 자자하다. 우리 역사에서 이런 사례는 수없이 많다.

역사상 이름난 사람들은 단지 자기 목숨을 보존하는 데 집착했던 것이 아니라 보다 높은 뜻을 소중히 여겼다. 그들은 뜻을 버리면 몸은 살아 있어도 죽은 것이나 마찬가지라고 여기고 목숨까지 바쳐가며 뜻을 지켰다. 그리하여 그들의 이름은 몇 백 년, 몇 천 년이 지나도 기억되니 이것이 사람으로 태어나 살아가는 근본이다.

사람들의 생각이 차차 타락해져서 마침내 영광스러운 것이 무엇인지 옳고 그른 것이 무엇인지 모르고, 음식이나 쾌락을 탐내고 사는 것에만 급급하다. 그들의 천박한 태도와 부패한 행동은 말할 수도 없어서 바로 잡기 어려운 지경에 이르렀다. 그들은 비난을 받고 망신을 당해도 상관하지 않고 자신에게 이익이 되는 길만 쫓고 있다. 나쁜 세력에게 맞서며 사악한 것을 극복하고 의로운 것을 지키고자 하는 사람들이 없는 사회에서 어찌 의로운 것이 승리할 수 있을 것이며, 사회가 스스로 활력을 회복할 수 있을 것인가.

세상은 의로운 것과 악한 것이 끊임없이 싸우고 있는 큰 전쟁판이라 할 수 있다. 개명한 나라에서는 의로운 쪽을 도와 싸우는 사람이 많으므로 옳은 쪽이 인정받지만, 그렇지 못한 나라에서는 악한 쪽이 판을 치게 된다. 처음에는 악한 쪽이 강하고 의로운 쪽이 약해 보인다. 그러나 누구든지 진리를 바로 깨달아 약한 처지에 있더라도 굳게 지키면 반드시 승리할 것이다.

이런 이치를 모르고 언제든지 강한 쪽 편만 든다면 동화에 나오는 박쥐와 다를 바 없다. 박쥐는 길짐승(기어 다니는 동물)과 날아다니는 새가 싸우자 어느 쪽이 이길 것인가 살피고 있다가 기는 동물이 이기면 날개를 감추고 길짐승 쪽에 서며, 날짐승(날아다니는 짐승)이 이기는 것 같으면 날개를 펴서 새들 쪽에 섰다. 시간이 지나 기는 동물과 새가 모두 박쥐가 무엇을 노리는지 알고 자기들에게 오는 것을 거부했다. 박쥐처럼 행동하는 사람은 세상에서 추방했다가 선과 악이 싸워서 결판이 난 다음에 사회로 돌아오게 해야 할 것이다. 비록 박쥐와 같은 사람들이 사회에 큰 해를 끼치지 않는다 할지라도 어떻게 그들에게 책임 있는 자리를 맡길 것이며, 시민으로서의 권리를 누리도록 할 수 있겠는가. 이는 권력에 의지하는 마음에서 비롯된 폐단이다.

다섯째, 사람이 사사로운 생각에서 벗어나지 못했기 때문이다. 사사로운 생각이란 자신만을 위하는 마음에서 생긴다. 살기 위하여 위험한 것을 피하고 이로운 것을 추구하는 것은 동물의 공통 특성으로 이를 무시할 수 없다. 그러므로 살기 위하여 자신을 보호하는 것을 사사로운 생각이라 할 수는 없다. 그러나 남을 해롭게 하면서 자신만을 이롭게 하려한다면 남에게만 해로운 것이 아니라 자기 자신에게도 해로운 것이니, 이것이 바로 사사로운 생각이다. 남을 이롭게 하면서 자신에게도 이익이 되게 하는 것을 공익(公益)이라 하니, 공익을 참된 이익으로 여기는 자는 사회에 공헌하는 것을 본분으로 삼을 것이다. 왜냐하면 우리 모두의 행복과 안전이 사회전체에 달렸기 때문이다.

사회란 사람들이 모여서 된 것이니 두세 사람이 모여도 사회요, 도시나 나라나 온 세계가 모두 사회이다. 사람은 짐승과 달라서 혼자서 살 수 없고 여럿이 모여서 규정과 질서를 정하고 서로 의존하기 위해 사회를 만든 것이다. 가령 몇 집이 모여 사는 작은 마을도 분쟁이 많으면 아무도 안심하지 못할 것이며, 한 사회가 풍성하게 잘 살면 그곳에 사는 사람은 누구도 먹고 입는 것을 걱정할 필요가 없다. 나라도 큰 사회이므로 이와 같다.

사회와 그 속에 살고 있는 사람들 간의 관계에 대해 아는 민족들은 나라를 잘살게 하는 것이 곧 자기 집을 잘살게 하는 것이며, 나라를 평화롭게 하는 것이 가정의 평화를 보장하는 것이라는 사실을 알기 때문에 공동체의 이익을 지키는 것을 국민된 책임으로 알고 있다. 이것을 모르는 국민들은 자기 한 몸만 보전할 수 있으면 사회 없이도 살 수 있다고 믿으며, 자기 한 몸만 편안하면 사회가 위험에 처해도 평화를 누릴 수 있다고 믿는다.

사람들의 생각이 얕아서 자기의 이익과 자기의 원수만 신경을 쓰고 그 사회의 공통된 이익과 공통된 원수는 상관치 않는다. 이처럼 모든 일을 자신과 관련된 이해관계에 따라 생각하니, 이는 마음이 사사로운 생각에서 벗어나지 못했기 때문이다. 이러한 생각을 가진 자가 나라 일을 다룬다면 누가 사회에 이로운 사람인지 어떤 일이 사회에 유익한 것인지 판단하지 않고, 자기 자신과 가까운 사람들에게 이익이 되느냐 아니냐에 따라 처리할 것이므로 사회는 위태로운 지경에 빠지게 된다.

여섯째, 낡은 습관을 버리지 못했기 때문이다. 사람이 어떤 문제를 고려할 때 항상 여러 가지 대안을 비교하여 그중에 가장 좋은 것을 택할 줄 알아야 일이 제대로 해결될 수 있다. 비교하고자 하는 생각이 먼저 있어야 하며, 설령 비교할 생각이 있더라도 자신이 먼저 알고 있던 것만이 좋다는 좁은 생각에서 벗어나지 못한다면 아무리 비교해도 좋은 것을 받아들이기 어렵다. 그러므로 누구든지 옛날에 좋게 여기던 것이 좋지 않다는 것을 깨달은 후에야 비로소 올바른 판단을 내릴 수 있게 된다.

오늘의 세계는 모든 나라들이 지혜를 총동원하여 갖가지 편리하고 발달된 방법들을 가지고 경쟁하면서 하루가 다르게 발전하고 있다. 과거에 좋았던 것을 더 좋은 것으로 개량하며, 자기들에게 없었던 것을 다른 사람들로부터 배워서 더 나은 것을 만들어 내고 있다. 이처럼 나라 간에 학문과 기술로 경쟁하므로 과거에 앞섰던 나라가 보다 발전된 것을 배우는 데 게을리한다면 다른 나라에 뒤떨어지게 된다. 새로운 것이 계속 개발되면서 문명의 발전이 끝이 없으니 새것을 받아들이는 나라는 다른 나라들처럼 번성하지만, 예전 것만 고집하는 나라는 쇠퇴하고 만다.

우리나라가 지금 이 같은 상황에 처하여 있은 즉, 목마른 사람이 샘물 찾듯이 새것을 추구해야 할 것이다. 이것을 깨닫지 못하고 예전 것 지키기를 목숨같이 아끼며, 과거에 수립된 전통이라 하여 그것이 좋은 전통인지 아닌지 상관하지 않고 있다. 그들은 또한 우리 것은 천하에 제일 좋은 것이라고 여기며 조상 때부터 내려온 것이면 언제부터 있었는지, 지금 세상에 합당한 것인지, 다른 나라에도 이러한 것이 있는지 생각하지도 않고, 당연히 고칠 생각도 하지 않는다.

모든 것은 시간이 지나면 변할 수밖에 없고, 변치 않으려고 한다 해서 변하지 않을 수 없다. 오늘날 일상생활에 사용하고 있는 물건들을 십 년 전과 비교해도 놀랄 만큼 발전된 것을 알 수 있다. 그러나 끝내 우물 속에 있는 물고기 신세를 면하지 못하여 우물 속에서 본 하늘이 제일 넓다고 믿고 있으니, 태산에 올라가 사방을 둘러본 자의 말을 어찌 의심하지 않고 믿겠는가. 마찬가지로 몽매한 사람은 새로운 것을 싫어하며, 온갖 방법으로 개혁을 반대한다. 이러한 생각으로 나라 일을 처리한다면, 새로운 것을 받아들이려 하지 않을 뿐 아니라 과거에 집착하여 결국 나라에 큰 재앙을 가져오게 될 것이다.

일곱째, 거짓말하는 나쁜 습관에 젖어 있다. 진실이란 모든 일의 근원이요 모든 행동의 으뜸이다. 진실이 없으면 옳은 말이라도 믿는 자가 없을 것이며, 훌륭한 사람의 충고라도 따를 자가 없게 된다. 속아서 따른다고 해도 머지않아 진실이 드러날 것이니 거짓이 드러나면 누가 다시 믿겠는가. 다른 사람들이 믿지 않으면 그들의 도움을 받지 못할 것이다. 다른 사람의 협조가 없으면 여러 사람이 함께 해야 할 일은 생각지도 못하고, 그러한 여건에서 큰일은 성취하지 못하게 될 것이다.

우리나라는 아무것도 되는 것이 없이 점점 쇠퇴하고 있는 반면 다른 나라들은 날마다 큰 사업을 벌여 부강하게 되고 있는 것은, 근본적으로 진실 되게 행동하느냐 아니냐의 차이 때문이다. 지금 우리나라와 청나라를 망치고 있는 것은 다름 아닌 거짓말 때문이니 거짓말하는 악습을 말하자면 끝이 없다.

인간 만사에 거짓말과 기만술이 판을 치며 그것을 권모술수라 하여 필요한 처세술로 인식하고 있다. 거짓이 없을 수 없으며, 그것이 없이는 문제를 해결할 수 없다고 말하기도 한다. 친구를 대하고 나라를 다스리며 다른 나라와 교섭하는데도 갖가지 거짓말을 동원하고 있다. 남에게 말할 때 진심을 감추며, 남의 이야기를 들을 때도 그대로 받아들이지 않고 의심부터 한다. 그래서 다른 사람의 정직한 말도 속이는 것으로 여기고, 내가 한 진실한 말도 다른 사람들이 믿지 않는다. 그러므로 단 두 사람 사이의 사사로운 일조차도 믿고 논의할 수 없으니 어찌 나라의 큰일을 논의하여 결정할 수 있겠는가.

우리나라와 청나라는 거짓말 천지라 하여 다른 나라에서 공사나

영사를 임명하면 정직한 사람들은 부임하기를 주저하는데, 그 이유는 진실이 통하지 않아 제대로 된 결정을 내릴 수 없기 때문이다. 참으로 부끄럽고 통탄스러운 일이다. 이 두 나라에서는 거짓으로 인해 일을 해결할 수 없기 때문에 마침내 외국인들이 무력으로 위협하자 그들은 뇌물을 주어 외국인들을 달래려 하니 이것이 오히려 화근이 된다는 것을 깨닫지 못한다.

사회는 공공윤리가 무너져 활력이 없어지고, 거짓이 판을 치니 백성들이 어찌 자기들의 권리를 주장할 수 있겠는가. 사기와 기만이 만연하여 그 폐단을 막을 길이 없는 지경에 이르렀다. 이 같은 악습을 버리지 못한 가운데 나라 일을 논의할 수 있는 권리를 갖게 된다면 협잡, 뇌물, 아첨만 늘어날 것이다. 그 같은 폐단을 막기 위해 엄격한 법을 제정한다 하더라도 법을 집행하는 사람들은 어떻게 믿을 수 있겠는가.

여덟째, 사람이 만물을 다스리는 권리가 있다는 것을 알지 못하고 있다. 하느님이 천지만물을 그 모양과 색깔을 기묘하고 섬세하게 창조하셨으나 그것을 사람이 활용하지 못하면 버려진 것이 될 뿐이다. 그러므로 하느님이 인간을 창조할 때 영혼을 부여하여 세상 만물을 다스릴 수 있는 지혜와 능력을 주셨다. 그러므로 사람의 지혜가 지속적으로 발달되어 주변에 있는 것들을 더 잘 사용할 수 있게 되었다.

종교와 정치도 모두 동양에 뿌리를 두고 있으며, 서양 사람들이 그것을 가져다가 향상시켰으나 우리는 그것을 배우면서 "서양의 것"이라 하고 있다. 그러나 격물학(格物學, 물리학)과 화학을 예로 들자면, 우리는 서양 사람들이 그처럼 정밀하게 발전시켜 놓은 것을 보고 탄복하고 있지만, 그 같은 학문은 동양의 격물치지(格物致知, 사물을 탐구하여 지식을 넓힘)의 원리에서 비롯된 것이다.

우리가 이 원리를 논하고 있었을 먼 옛날, 서양 사람들은 그것에 대해 생각도 하지 못했던 것이다. 만일 우리가 이를 꾸준히 연구했더라면 크게 발전해 서양 사람들이 우리를 따라오려고 애쓰게 되었을 것이다. 그러나 우리는 선각자(先覺者, 남보다 앞서 깨달은 사람)의 말만 중요하게 여길 줄 알았지 그것을 더욱 연구하여 향상시키지 못했다. 그 결과 우리의 선각자들은 서양의 선각자들보다 덜 존경받게 되었으니, 선각자들을 받들려고 한 것이 오히려 낮추는 결과를 가져오고 말았다.

우리가 물을 마실 때 그 물이 어디서 왔으며, 과일을 먹을 때 어느 나무에서 딴 것인지 묻는 것이 타고난 성품이다. 그러나 우리는 이러한 성품을 버리고, 세상 만물에 대한 이치와 근본을 탐구하지 않았다. 하느님이 사람으로 하여금 이용하도록 창조하신 것들을 탐구하여 활용할 생각은 하지 않고 그대로 내버려 두어 마침내 서양 사람들이 이들을 탐구하여 여러 가지 유용한 물건들을 만들려고 한다.

그 이유를 살펴보자면, 사람과 세상 만물의 근본에 대한 무지로 말미암아 어리석은 생각을 하기 때문이다. 세상 만물을 탐구하지 않을 뿐 아니라 만물을 사람보다 더 신성하게 여겨 해와 달과 별은 말할 것도 없고 산천초목, 날짐승, 곤충 등 모든 것을 숭배의 대상으로 삼았다.

이처럼 온갖 나쁜 풍습과 미신이 사람들의 마음을 결박하고 있다. 하잘것없는 동물이나 산천초목에 매달리고 헛된 생각에 빠져있는 사람들에게 나라 일을 논의하는 권리를 주었을 때 그들이 진보와 번영을 위한 중요한 일들을 제대로 할 수 있겠는가. 이것이 바로 사람에게 만물을 다스릴 수 있는 권리가 있다는 것을 알지 못하는 데서 오는 폐단이다.

이상 여덟 가지는 사람의 마음을 결박하여 자주권(自主權, 아무런 속박이나 간섭을 받지 아니하고 스스로의 문제를 스스로 결정하고 처리할 수 있는 권리)을 귀하게 여길 줄 모르는 데서 오는 폐단이다. 이것을 깨뜨리지 않고는 백성으로서의 권리를 제대로 행사하여 나라의 발전에 기여하기 어렵다. 사람마다 내가 먼저 이런 나쁜 관습에서 벗어난 후 다른 사람들을 계몽하는 것을 책임으로 삼아야 하겠다. 그것을 알기 위해서는 신학문이 아니면 안 된다.

신학문이라 함은 몇 천 년 전에 어리석게 믿던 것을 내던지고 누구나 볼 수 있고 만질 수 있으며 마음으로 깨닫고 확신이 서는, 분명한 증거와 확실한 실체를 기초로 하는 학문이다. 오랜 옛날에는 서양 사람들도 큰 코끼리가 해를 지고 달린다거나 무슨 귀신이 들고 다닌다고 믿었다. 이것은 우리나라에서 어떤 괴물이 해를 먹어서 일식이 되며, 옥토끼가 달 속에서 약을 찧는다는 말과 같다.

자연에서 일어나는 현상에 대한 이런 잘못된 생각을 버리고, 진리를 찾아내고 지식을 향상시켜 우리의 사고를 더욱 발달시키면 세상 만물의 원리를 더욱 분명히 이해할 수 있을 것이다. 벼락을 피하고 폭우가 쏟아지는 것을 예방하며, 물과 불을 인공적으로 만들고 그 자리에서 변하게 하는 등, 이처럼 신기한 일을 사람마다 배워서 자기 눈으로 보고 자기 손으로 만들면 된다. 개화한 사회에서는 천문, 지리, 화학 등 온갖 학문이 날마다 발전하여 새로운 발명을 하고 있다. 이러한 학문들을 알지 못하면 사물의 원리를 파악할 수 없으며, 원리를 모르면 어리석은 생각을 깨뜨리지 못하게 된다. 어찌 우리가 인간의 타고난 정신적 능력과 만물을 다스릴 존귀한 지위에 있음을 알면서 타고난 권리를 활용하지 않겠는가.

그러므로 우리 동포들에게 가장 시급한 것이 신학문을 배우는 것이다. 그러나 신학문에 힘입어 자유의 권리만 알고 자유의 한계가 있는 것을 알지 못한다면, 우리는 그러한 권리를 얻지 못할 것이다. 그러므로 권리의 한계에 대해 설명하고자 한다.

24. 자유에도 한계가 있다

　사람에게 주어진 자유는 아무런 제한 없이 행사하는 것이 마땅할까. 결단코 그렇지 않다. 무지한 짐승들도 지능의 차이에 따라 크고 작은 제한을 받는데, 어찌 사람만 그 자유에 한계가 없겠는가.
　사람은 만물 중에 지능이 가장 발달돼 있기 때문에 그 책임 또한 가장 무겁다. 가령 부모는 자식을 먹이고 입히고 기르며 교육시키는 책임이 있지만, 이 같은 부모된 책임이 자식을 함부로 다룰 수 있는 권리까지 준 것은 아니다. 자식은 부모에게 의지하며 부모의 말에 순종함이 마땅하며, 자기 마음에 맞지 않는다고 부모 말을 거역하는 것은 자유로운 권리에 속하는 것이 아니다. 모든 사람은 책임에 따라 권리가 있고, 또한 권리를 행사하는 데 책임이 따른다.
　먼 옛날 야만시대에는 힘이 강한 자가 마음대로 하였으며, 그 권력에 한계가 없는 것으로 생각했다. 그러나 점차 개명하고 도덕이 발달하면서 힘이 곧 권력이 되던 현상이 사라지고, 법률을 만들어 권력을 제한하게 되었다. 이를테면, 사람들이 땅을 똑같이 나누어 집을 지으려할 때 모두가 자기 몫의 땅을 조금도 내놓지 않으려 한다면, 가운데 땅을 받은 사람은 길이 없어 밖으로 나오지 못하게 된다. 그러므로 마땅히 모든 사람들이 조금씩 땅을 내놓아 길도 내고, 공원도 만들어야 마을 전체를 살기 좋은 곳으로 만들 수 있을 것이다.

만일 사람들이 자기들의 재산권만을 주장하며 땅을 양보하지 않는다고 그 문제를 언제까지나 방치할 것인가. 자기 권리만 주장한다면 그중에 힘 있는 자가 나타나 사람들을 때리고 땅을 빼앗는 일이 일어날 것이다. 나라를 세운 것도 이와 비슷하다. 나라 안에 있는 모든 사람이 권리만 주장하고 공공의 이익을 등한시한다면, 개인의 권리를 보호하려는 것이 오히려 권리를 훼손시키는 결과를 초래하게 된다.

그러므로 법률을 제정할 때 모든 사람들이 편리하도록 법률의 한계를 설정하게 된다. 만약 어떤 사람이 자기 권리를 보호하기 위해 법률을 위반한다면, 그 사람의 행동으로 다른 사람들의 권리가 침해당하게 된다. 따라서 그들은 그것을 용납하려 하지 않을 것이다. 그러므로 자기의 권리를 소중히 여기는 사람은 법률을 먼저 알아야 한다. 법을 알게 되면 모든 사람들은 각자 어떻게 행동할 것인가 알게 된다. 그들이 법률을 어기지 않는 한 아무도 그들의 권리 행사를 방해하지 않을 것이다. 국법뿐만 아니라 일이십 명이 모이는 작은 단체에서도 회칙이 있어 아무리 영향력 있는 회원이라도 이 단체에 가입하면 그 회칙을 준수해야 한다.

마찬가지로 전 세계에 공통으로 적용되는 공법(公法, 국제법)이 있다. 사람들이 자기들의 권리를 보호하고 스스로 다스려 남의 지배를 받지 않듯이, 나라 또한 자기 나라의 권리를 보호하고 스스로 책임을 다해야 다른 나라의 지배를 받지 않게 된다.

지금까지 자신의 권리를 보호하는 것이 나라의 주권을 지키는 것과 어떤 관계가 있는가를 설명했다. 우리는 우리나라의 자주독립이 어떤 형편에 있는지 먼저 알아야 어떻게 해야 할 것인지 판단할 수 있을 것이다. 우리나라가 처한 형편을 알려면 지난 역사를 먼저 살펴볼 필요가 있다.

25. 우리의 자랑스러운 독립의 발자취

단군 이래 5천 년 동안 우리나라는 당당한 독립강대국이었다. 수나라 양제(煬帝)가 1백3십만 대군을 거느리고 고구려를 침공했을 때 그 중 30만여 명이 압록강을 건너 평양까지 이르렀으나, 을지문덕(乙支文德) 장군이 지휘하는 고구려군에 패하여 겨우 2천6백여 명이 살아 도망갔을 뿐이다. 우리 역사를 보면 이 같이 빛나는 발자취가 여러 번 있었음을 알 수 있으며, 이로써 우리나라가 강하고 자랑스러운 나라였다는 것을 알 수 있다. 그러나 우리는 중국 역사만 공부하여 초나라와 한나라 간의 8년 전쟁이나 삼국지(三國志)에 나오는 적벽대전(赤壁大戰)이나 읊조리며, 우리나라의 영광스러운 승리는 그만큼 중요하게 여기는 자가 많지 않다.

그 후 당나라 태종(599~649)이 10만 3천의 병력을 거느리고 우리나라를 침노했을 당시 요동지방은 고구려가 통치하고 있었다. 당 태종은 요동은 본디 중국 땅이나 고구려가 점령한 것이니 되찾아야 한다고 말하고, 설인귀(薛仁貴)를 선봉장(先鋒將, 앞에서 공격하는 장수)으로 삼았다. 설인귀는 본디 우리나라 사람이나 우리나라가 그 같은 인재를 발탁하여 쓰지 않았기 때문에 중국으로 가서 이름난 장수가 되었다. 만약 고구려가 그를 장수로 썼다면 중국이 크게 위태로웠을 것이다. 당 태종은 연개소문 지휘하의 고구려군대에 패하여 도망갔다.

당나라 헌종 시절에 절도사(도지사에 해당) 이사도(李師道)가 반란을 일으키자 당 헌종은 신라에 사신을 보내어 구원병을 보내줄 것을 요청했다. 그러자 신라 헌덕왕은 819년 김웅원 장군으로 하여금 병력 3만을 이끌고 가서 돕게 했다. 송나라 영종(1032~1067)은 우리나라에 사신을 통해 의복, 금·은·보석, 그릇 등 선물을 보내며 양국 간 긴밀한 교류를 요청했다. 이에 두 나라 사이에 사신이 서로 왕래하며 사신들을 융숭하게 대접했다. 우리나라의 높은 학문을 우러러보아 뛰어난 학자들을 사신으로 보냈고, 그들의 예절 또한 매우 공손했다고 한다.

우리나라는 때로는 군사력으로 때로는 외교술로 동방에서 강력한 나라들과 세력을 다투었으니 유럽 강대국에 둘러싸인 작은 나라들과는 비교가 되지 않는다. 지금 유럽의 작은 나라들은 강대국에 둘러싸여 있지만, 강대국들끼리 견제하며 균형을 유지하고 있기 때문에 독립을 유지하고 있다. 만약 강대국끼리 견제하는 것이 없었다면, 약소국은 어느 나라도 강대국과 싸워 생존하지 못했을 것이다.

우리나라는 옛날부터 인접한 나라는 중국과 일본 두 나라뿐이었다. 일본은 바다로 막혀있어 접촉이 빈번하지 못했으나 중국은 육지로 연결되어 있어 밀접한 관계가 유지되었다. 오랜 옛날부터 중국은 강대국이어서 동양에서 이에 맞설 나라가 없었으며, 중국이 군사를 일으켜 침공하면 우리를 도와줄 나라가 없었다. 그러나 앞에서 살펴본 것 같이 우리나라가 홀로 싸워도 여러 차례 승리한 것을 보면 우리나라가 결코 약했다고 할 수 없다. 우리나라가 인재를 양성하여 국력배양에 힘썼다면 조그마한 섬나라인 영국이 오늘날 세계 강대국이 된 것을 부러워하지 않았을 것이며, 주나라 문왕(文王)이 고작 100리를 지배하면서 세계를 지배했다고 자랑스럽게 말하지 않았을 것이다.[1]

그런데 우리나라는 멀리 내다보지 못하고 나라 안에서 세력다툼만 하며 서로 시기하고 피해를 주었으며, 따라서 영웅을 길러서 쓰지 않고 버렸던 것이다. 부패한 선비들이 윤리도덕을 앞세워 사람들의 마음을 결박하고, 활력을 잃게 하여 마침내 스스로 일어설 수 없는 지경에 이르게 했다.

임진년(1592년)에 일본의 풍신수길(豊臣秀吉, 도요토미 히데요시)은 우리나라의 취약함을 알고 군사를 일으켜 침공했다. 각 지방에서 유능한 장수와 충신들이 일어나 싸우다가 죽은 자도 많고, 승전한 자도 많았다. 그들 중에는 이순신(1545~1598), 유성룡(柳成龍, 1542~1607), 김덕령(金德齡, 1567~1596), 김응서(金應瑞, 1564~1624), 강홍립(姜弘立, 1560~1627) 등 유명한 장수들과 충신들이 있었다. 그러나 그들은 시기와 비방으로 성공할 수 있는 위치에 오르지 못했거나, 그러한 위치에 올랐다고 하더라도 자신의 역량을 발휘할 수 있는 권한을 갖지 못했다. 이러한 가운데 왜군은 아무런 저항도 받지 않고 쳐들어와 나라가 위태로운 지경에 이르렀으나 명나라 장수 이여송(李如松)의 지원을 받아 왜군을 격퇴할 수 있었다.

병자년(1636)에 이르러 우리나라가 임진왜란의 후유증을 미처 회복하지 못한 가운데 만주족이 세운 청나라가 침공하여 부득이 머리를 굽혔으나, 그러한 가운데도 목숨을 걸고 이를 반대하다가 평화를 반대하는 세력으로 몰려 죽은 자도 많았다. 세자와 다른 왕자들은 적군

---

[1] 주나라 문왕은 기원전 12세기 중국을 다스리던 왕이다.

에 잡혀가 몽매한 만주사람들에게 말할 수 없는 고통을 받았다. 윤집(尹集), 오달제(吳達濟), 홍익한(洪翼漢) 세 충신은 그들에게 잡혀가서 모진 고문을 받았지만 그들을 꾸짖으며 충절을 굽히지 않고 죽었으며, 지금까지도 이들 삼학사(三學士)의 이름을 모르는 사람이 없다.

그 후 3백 년 동안 소위 조공(朝貢)이라 하여 해마다 한차례 특산물과 사신을 중국에 보냈으니, 5천 년 역사에 이처럼 부끄러운 일이 없었다. 용기 있는 사람들은 분노의 눈물을 금치 못했으며, 어진 임금과 충신들이 병자호란(丙子胡亂)[2]의 치욕을 씻고자 북벌(北伐, 청나라에 복수를 하려는 것)을 계획했으나 뜻을 이루지 못했다. 그것은 중국을 숭상하는 선비들이 중국에 대항하는 것은 하늘을 거역하는 것이라는 망령된 주장을 내세웠기 때문이다.

청나라가 우리나라를 자주독립국이라고 분명히 선언했던 갑오경장(甲午更張) 이후에도 청나라를 등지고 독립국이 되는 것은 배반이라 하며, 중국의 연호(年號)[3]가 아닌 우리 임금의 연호인 건양(建陽, 고종황제의 초기 연호)이나 광무(光武, 고종황제의 연호)에 기초한 달력은 보지 않는다는 자들까지 있었다. 유학(儒學)을 숭상하는 자들의 폐해가 이처럼 심하니 분노를 금할 수 없다.

---

2) 병자호란은 1636년 12월부터 1637년 1월까지 50일 사이에 있었던 전란으로 중국의 명나라를 무너뜨린 청나라가 대군을 끌고 침입하여 인조임금은 남한산성으로 피난하여 대항했으나 끝내 굴복하고 말았다.
3) 임금이 즉위한 해에 붙인 명칭.

26. 고루한 편견에 사로잡힌 청나라

　요순 이후로 중국은 문명이 발달되어 문화와 정치가 높은 수준에 이르자 교만해져서 자기들만이 문명국이요 이웃 나라는 동이(東夷), 서융(西戎), 남만(南蠻), 북적(北狄)이라 하여 동서남북 지역에 있는 모든 민족을 오랑캐라 하였다. 한나라 고조(高祖) 때부터 중국은 교만하여 세상에 중국만 문명한 나라이고 다른 나라는 야만한 나라라고 하여 주변 국가들과 교류하는 것을 엄금했으니, 이처럼 고루하고 편견에 사로잡힌 나라가 또 어디에 있겠는가.

　다른 강력한 나라가 있을 때 청나라는 마땅히 그 나라가 얼마나 크며, 어떻게 강한지 자기 나라와 비교하고 탐구하여 자기 나라를 더 부강하게 만들어야 쇠퇴하기에 이르지 않았을 것이다. 만약 다른 나라가 미개한 나라여서 청나라와 비교할 가치가 없다면, 청나라는 자기 나라를 개방하여 그들이 중국문화를 받아들이게 함으로써 그들도 문명의 혜택을 누릴 수 있도록 했어야 한다. 이것이 합당한 일이며, 그 결과 청나라의 영향력도 더욱 커졌을 것이다.

　다른 나라가 가진 것은 보기도 싫고 자기 나라 것은 남에게 보이기도 싫다는 것은 이 세상과 자기 나라와는 아무 상관이 없다는 것과 마찬가지다. 이상한 사람이나 이상한 복장을 한 사람이 나타나면 잡아 죽이고, 자기 나라 사람이 다른 나라에 가면 잡아 죽이는 것을 법으로 정했으니, 이처럼 편협하고 나쁜 제도가 어디 있겠는가.

이러한 제도를 오랫동안 유지해 오던 중 60년 전 영국과 프랑스가 통상을 요구하자 그들을 서양 오랑캐라 하여 그들의 요구를 거부했다. 영국이 군대를 보내 북경으로 진입하여 궁궐에 불을 지르자 청나라는 위기에 빠져 하는 수 없이 통상을 허락하고 광동에 외국인들이 살도록 허락했다.

영국 사신이 북경에 들어갈 때 한자를 알지 못하므로 사신의 수레에 영국이 항복하러 온다고 한자로 써 붙여 사람들을 속였다. 그리고 중국의 사기(史記, 역사를 기록한 책)에는 언제 어느 때 영국이 조공하러 왔다고 기록하여 백성들을 속여 사태를 무마하려는 어리석은 짓을 했다.

청나라는 서양 각국이 강력한 힘을 가졌다는 것은 알았으나 그 나라들이 어디 있으며, 얼마나 큰 나라이고, 어떤 정부와 법을 가지고 있으며, 그들이 어떤 사람들이고 어떤 풍습을 가지고 있는지 알지 못했다. 무지에서 의심이 생기고, 의심하는 가운데 겁이 나서 서양 사람들을 만나면 앞에서는 무서워하다가 돌아서면 서양의 오랑캐라며 얕보는 말을 했다. 누구든지 서양 사람들의 문화와 풍속에 대해 알고자 하면 이단종교를 배운다, 또는 외국인과 내통한다고 비난했다.

중국인들은 서양 사람들이 중국 사람들에게 약을 먹여 정신을 잃게 하고, 어린아이를 잡아서 쪄먹고, 사람의 눈을 뺀다는 소문을 퍼뜨렸다. 무지한 사람들이니 의심도 강하여 관리들은 서양 사람들을 잡아 죽이고, 백성들은 그들을 죽이거나 못살게 굴어 몰아내었다. 지배층이나 백성이나 세계정세에 깜깜하여 지도상에 중국 영토가 어떻게 생겼는지 어디에 국경이 있는지 아는 사람도 없었고, 알려고 하지도 않았다.

러시아가 이 같은 사정을 알고 영국과 프랑스는 영토를 탐내는 욕심 많고 위험한 나라이지만, 러시아는 광대한 영토를 가진 부강한 나라로 남의 것을 빼앗을 의도가 없다면서 비밀리에 청나라 정부를 꾀었다. 그리고 청나라가 러시아와 협력하면 두 나라는 이웃 나라로 서로 돕기도 쉽고, 두려워할 것이 없다고 했다.

청나라가 러시아를 어느 정도 믿는 듯하자 러시아는 누에가 뽕잎을 먹듯이 해마다 청나라 영토를 조금씩 차지했다. 그러나 청나라 사람들은 자기 나라의 국경을 모르기 때문에 러시아가 우기면 옛날부터 국경이 그런 줄로만 알았다. 이렇게 청나라 사람들은 흑룡강(러시아에서는 아무르강)에서 우리나라 북동쪽 국경에 이르기까지 중국의 2~3개성에 해당하는 넓은 땅을 잃어버렸다. 그러나 청나라 사람들은 자기 나라의 영토를 잃은 줄도 모르고 있으니, 이처럼 동양의 정세는 위급한 지경에 놓여있다.

27. 일본이 흥성하게 된 이유

　일본은 옛날부터 강인하고 무기를 소중히 여겼으나 백성이 깨이지 못하여 이상한 풍속이 많았다. 일본은 고립된 섬나라이기 때문에 외부의 침략으로부터 보호받고 있어 자기중심적 국민성을 키워 남에게 굽히는 것은 수치스럽게 여겼다. 그러므로 그들이 남에게 패배하거나 굴욕을 당하면 자기 손으로 배를 갈라서 죽는 '하라키리'라는 풍속이 있다. 그들은 수치를 당하고 구차스럽게 살기보다는 영광스럽게 죽는 것이 낫다면서 한두 명에서 50~60명까지 남녀노소가 집단적으로 꿇어앉아 머리를 굽혀 서로 작별인사를 나누고, 그 자리에서 배를 가르고 엎어져 죽는다. 그러한 일이 빈번히 있었으나 최근에 와서 차차 없어졌다. 그 잔인한 성품은 칭찬할 바 아니나 남에게 지기 싫어하는 정신은 본받을만하다.
　일본인들의 정신이 이처럼 강인하여 아무리 강한 나라라도 그들을 함부로 다룰 수 없으니, 이 같은 국민성은 자기 나라 독립을 지키는 데 적합하다. 그들의 풍속은 상류계층을 존경하고 예절이 엄격하며, 사무라이는 칼을 차고 다니는데 이것은 무례한 자를 죽이려는 목적이다. 사람의 목숨을 초개같이 여기는 독한 성품과 미개한 풍속을 가진 나라가 2천5백 년 동안 내려오면서 한 가문에서 대대로 임금 자리를 이어 받았으니, 이 같은 예는 다른 나라 역사에서 찾아보기 어렵다. 그들은 우리나라와 중국 변방을 빈번히 침범하며 괴롭혔다.

백제에서 왕인(王仁)이 건너가 일본왕자의 스승이 되어 논어(論語), 천자문(千字文) 같은 책들을 가르쳐 주었으며, 일본문자인 '가나'를 창안하여 일본문자로 사용했다. 그 후 우리나라가 일본에 금동불상과 불경을 전해 주면서 일본에 불교가 전파된 것이다. 또한 우리나라 사람들이 건너가서 천문(天文, 천체에서 일어나는 현상)과 달력 만드는 법, 의술, 악공(樂工), 질그릇과 기와 굽는 기술, 간장, 술, 옷 만드는 방법을 가르쳐 주었다. 이처럼 처음에는 미개했으나 우리나라로부터 배워서 문화수준을 어느 정도 높일 수 있게 되었다.

서양 사람들이 일본의 존재를 알게 된 후부터 가끔 와서 통상을 요구했으나 일본은 이를 거절했다. 1853년에 이르러 미국이 군함을 보내 통상을 강요하자 일본은 마지못해 개방하게 되었다. 그 후 일본은 사신과 학자들을 서양에 보내 정세를 살피고, 유럽 국가들과 긴밀한 관계를 갖게 되었다. 그들은 유럽 국가들이 부강하고 문명한 나라라는 것을 알게 되면서 유럽 사람들이 일본에 온 것은 그들을 해치기 위해서 온 것이 아니라 통상을 위한 것이라는 것을 알고, 나라를 보존하기 위해 서양제도를 모방해야한다고 판단했던 것이다. 이에 따라 일본은 우수한 학생들을 선발하여 유럽으로 유학을 보냈다.

그러나 그 학생들은 정해진 기간 이전에 귀국하고자 했다. 그 이유를 물은즉, 그들은 자기들이 일본에 있을 때는 세상 형편이 어떤지 전혀 몰랐으나 유럽의 실정을 보니 동양의 형편이 이처럼 위급하지만 일본에 있는 사람들은 그것을 모르니 공부만 하고 세월을 허비할 것이 아니라, 귀국하여 관리들과 백성들을 일깨워 나라를 보전하기 위해 함께 노력해야 한다고 말했다. 귀국한 후 어떤 사람들은 관리가 되었고, 다른 사람들은 글을 쓰고 강연을 하는 등 계몽활동에 적극 나섰다.

그리하여 그들은 국민을 일깨우고 낡은 습관을 깨뜨리는 데 앞장섰다. 지도자들과 백성들이 힘을 합쳐 봉건제도를 타파하고, 지방의 실력자들이 가졌던 권력을 중앙정부에 되돌려주고, 왕실의 지위를 높이고 실질적 권한을 강화했다. 기존 정치제도의 약점을 제거하는 동시에 새로운 제도를 점진적으로 도입했다. 이 같은 개혁에 수구파가 강력히 반발하자 다수의 개화파 인사들이 목숨을 잃거나 불구자가 되기도 했다. 다행히 일본 왕 명치(明治, 메이지)는 총명하고 용기 있는 사람이었다. 그는 사태의 중요성을 깨닫고 어려움을 무릅쓰고 반역자로 몰린 개화파 인사들을 용서하여 중요한 직책을 맡기며 수구파를 차례로 몰아냈다. 그리고 헌법을 채택하고 상하 양원을 설치하여 백성들의 대표로 하여금 나라 일을 논의할 수 있도록 했다.

당시 일본에서는 서양에 가서 공부하는 유학생이 해마다 늘어났다. 사람들은 누구든지 교육을 받으면 무엇이든지 할 수 있다고 믿고 자식을 영국이나 미국에 유학보내기 위해 집이나 가구까지 팔아 학비를 마련했다. 점차 사람들은 서양 학문을 배우는 것을 자기 목숨 구하듯 하였으며, 젊은 사람들은 서양 사람처럼 옷을 입고 행동했다. 30여 년 동안 일본에는 변하지 않은 것이 아무 것도 없었다. 세계 역사상 일본처럼 그렇게 빨리 변한 나라는 드물었다. 나라의 신민이 된 자들은 일본의 개화에 대해 부러운 마음을 금할 수 없을 것이다.

28. 러시아의 음흉한 마수(魔手)

러시아는 유럽과 아시아 대륙에 걸쳐 있는 나라로 세계에서 가장 큰 나라이다. 그러나 러시아는 북극지방에 가까워 매우 춥고, 넓은 평원은 늪지여서 사람 살기에 적당하지 않은 곳이 많다. 모든 항구가 반년 동안 얼음이 녹지 않으며, 동서양에서 전쟁이 동시에 터지면 군대를 보내기 어려워 러시아는 아시아에서 항상 얼지 않는 항구를 빼앗으려는 의도를 가지고 있었다.

이 나라는 풍속이 깨이지 못하여 야만적인 요소가 많이 남아 있으며, 그 역사를 보면 사악한 일들이 많이 일어났다. 1672년에 피터대제(大帝)가 임금이 되었지만 그는 국정을 여동생에게 맡기고 보통 사람으로 위장하여 유럽 여러 나라를 여행했다. 그는 유럽 국가들의 발전된 문명을 보고 자기 나라가 깨이지 못하여 가난하고 약한 나라로 남아있는 것을 탄식했다.

그는 자기 나라를 과감히 개혁하겠다고 굳게 마음먹고 조선(造船)기술자에게 고용되어 조선기술을 배운 뒤 귀국하여 정치제도를 개혁하고, 잘못된 풍속도 바꾸고자 노력했다. 그는 영리하고 용기 있는 사람으로 반대세력을 억누르고 적극적으로 개혁을 추진했다. 그러나 그의 신하들은 서구 문물을 알지 못했고, 백성들은 뒤떨어진 사람들이어서 신속한 개혁을 기대하기 어려웠다. 그래서 그는 능력 있는 유럽 사람들을 데려와 러시아인으로 국적을 바꾸어 살게 하면서 적극적으로 개혁을 추진했다.

이 같은 노력에 힘입어 이 나라는 크게 발전하여 오늘과 같이 강대한 나라가 되었으니, 이 모든 것은 피터대제가 기초를 닦았기 때문이다. 그리하여 수도의 명칭을 그의 이름을 따서 세인트 피터스버그(St. Petersburg)라 하여 그의 업적을 기리고자 했다. 그는 여러 나라를 점령하여 통치할 야심을 가지고 영토를 확장했지만, 백성들로부터 많은 원망을 사게 되었다. 그러나 그는 자신의 꿈을 제대로 실현하기 전에 죽게 될 것을 알고 열네 개 조항으로 된 유언을 내려 은밀히 보관하며, 형편이 허락하면 시행하라 하였다.

유언 중에는 먼저 강대국과 동맹을 맺고, 약소국을 분할하여 적절한 시기에 완전히 차지하기 위해 그 나라를 쳐서 없애며, 결혼이나 기타 여러 가지 수단을 동원하여 다른 나라 내정에 개입하여 영향력을 확대하라는 것 등이 포함되어 있었다. 이처럼 그의 유언은 남의 나라를 파괴하려는 음흉하고 간교한 계책들이다. 최근 이 유언이 공개되어 세계 각국은 러시아의 야욕을 크게 경계하게 되었다.

따라서 유럽 각국에는 러시아의 세력 확장을 막는 것이 시급한 문제로 등장하게 되었다. 러시아와 터키 간의 크리미아전쟁(1853~1856) 중, 여러 나라가 집단적으로 이 전쟁에 참여하여 러시아가 흑해를 통해 세력을 확장할 수 없도록 압력을 가하여 조약을 체결했다. 본디 보스포루스 해협과 다르다넬스 해협은 러시아 함대가 흑해를 빠져나와 서양으로 가는 길목이다. 이 길목을 막아서 러시아는 서양 각국을 위협할 수 없게 되었다.

　러시아가 유럽으로 더 이상 진출할 수 없게 되자 동쪽으로 눈을 돌렸다. 아직도 세상이 어떻게 돌아가는지 모르고 있던 아시아는 허기에 주린 호랑이 같은 러시아에게 먹음직한 고깃덩어리로 보였다. 러시아는 1892년 시베리아 횡단철도를 건설하기 시작하여 14년에 걸쳐 1만 8천리(약 6천 킬로미터)를 건설했다. 그 목적은 러시아 수도에서 아시아 대륙 동쪽 끝에 있는 블라디보스토크로 군대를 급히 파견하기 위한 것이다. 서양에서 막은 물이 동양으로 넘쳐흐르게 되었으니, 그 상황이 참으로 위급하고 절박하다.

29. 우리나라와 서양 세력 간의 충돌

러시아가 그 세력을 서양으로 확장하지 못하게 된 것은 유럽의 모든 나라들이 러시아의 야욕을 경계하고, 힘을 합쳐 막아 내었기 때문이다. 아시아 국가들이 이러한 사정을 알고 함께 대비했더라면 러시아는 욕심을 부리지 못했을 것이다. 그러나 청나라와 우리나라는 이것을 전혀 알아차리지 못해 매우 위태로운 지경에 이르렀다.

우리나라 관리들은 어차피 남의 속국이 되기는 마찬가지니 러시아의 속국이 되는 것을 특별히 원통하게 생각할 것도 없으며, 그렇다 하더라도 우리가 청나라의 요구도 거절하지 못했는데 청나라가 대항하지 못하는 러시아에 어떻게 대항하겠느냐고 생각했다. 이런 상황이니 러시아의 식민지가 되는 것을 면치 못할 것이다.

이때 프랑스 천주교인들이 우리나라에 들어와 선교활동을 하자 대원군은 천주교인을 닥치는 대로 잡아 죽였다. 1847년에 프랑스 군함 2척이 고군산 열도에 접근했다가 얕은 바다에 걸려 파선되었다. 프랑스인 6백여 명이 섬에 상륙하자 주민들은 음식과 의복을 주며 구제한 후 배에 실어 청나라로 보내려 할 때 마침 지나가던 영국 배가 그들을 싣고 갔다. 이때에는 조정과 백성들이 외국인들을 친절하게 대해 주었다. 그러나 조정에서는 외국인들이 다시 들어올까 염려하여 청나라를 통해 프랑스에 다음과 같은 편지를 보냈다.

지난해 우리는 외국인으로부터 편지를 받았는데 그 내용은 '귀국에서 우리 선교사들을 아무 이유 없이 죽였으므로 그 이유를 물은즉 귀국의 법은 외국인이 들어오는 것을 금지한다고 했다. 그러나 청나라 사람이 귀국에 가면 잘 보호하고 대접하니 어찌하여 청나라 사람은 잘 대접하면서 우리나라 사람(프랑스인)에게는 차별대우를 하는가. 우리 백성들이 사람을 죽였거나 반란을 꾀하였거나 다른 죄를 지었다면 우리가 항의할 수 없을 것이나, 이 사람들은 아무런 죄도 없는데 사형에 처했으니 이것은 프랑스 정부에 중대한 손해를 끼쳤다.'고 하였다.

이 편지에 대해 답장하노라. 1년 전 어떤 외국 사람이 잡혀 감옥에 갇혔는데 그가 언제 우리나라에 들어왔는지 알 수 없으나 조선옷을 입고 조선말을 하며 얼굴을 가리고 밤이면 다니고 낮이면 잠을 자고, 그가 만나는 사람들은 불순한 사람들이었다. 잡혀와 심문을 당하는 자리에서 자기의 이름과 국적을 말하지 않았는데, 어찌하여 귀국에서 이 사람을 귀국의 사람이라 하는지 알 수 없다. 그리고 그가 어느 나라 사람이라고 국적을 말하지 않았기 때문에 돌려보낼 수도 없었다. 그가 자기의 국적을 말했다 하더라도 우리나라에 몰래 들어왔던 사람을 우리 법에 따라 다스리는 것이 무엇이 잘못된 것인가. 더구나 그는 우리말을 하고 이름을 바꾸고 옷까지 우리 옷으로 바꾸어 입었고, 어떤 특별한 의도가 있어 전국을 돌아다니고 있으니 어떻게 파선된 배에 있던 사람들과 비교할 수 있겠는가.

파선된 배에 탔던 사람들을 구제하여 돌려보내는 것은 우리나라의 법이다. 귀국 백성도 표류해 온 사람들이라면 청나라 사람이나 일본인과 다름 없이 했을 것이다. 귀국에 대해 우리가 크게 잘못했다 함은 놀라운 일이다. 우리나라는 프랑스와 교류가 없으므로 프랑스가 얼마나 멀리 떨어져 있는지도 모른다. 무슨 손해를 끼쳤다 하겠는가.

가령 귀국에 어떤 외국인이 들어와 불법적인 행동을 할 때 귀국은 그것을 방치하겠는가? 그동안에 청나라 사람이나 만주 사람도 위장하고 우리나라에 몰래 들어왔다가 잡혀 죽었지만 청나라 정부에서는 아무 말도 하지 못했다.

우리가 귀국 백성인 줄 알았다 하더라도 우리 법대로 한 것이 잘못이라 할 수 없거늘 하물며 그 사람의 국적도 몰랐으니 무슨 할 말이 있으리오. 우리는 모든 사실을 숨김없이 기록하였으니 윗사람에게 그대로 보고하라.

이 편지는 청나라를 거쳐 프랑스 정부에 전달되었다. 프랑스 정부는 이를 읽고 "목숨을 걸고 미개한 나라에 선교활동을 하고자 들어간 우리 백성들을 어찌 살해하는가. 우리는 군대를 보내서라도 조선과 조약을 맺어 조선에 들어간 천주교인들을 보호해야 한다"고 결론을 내렸다. 그들은 즉시 필요한 조치를 취하려 했으나 프랑스에서 내란이 일어나 보류되었다.

이렇듯 각국은 선교사들을 적극적으로 보호하였다. 서양 여러 나라에서도 수천 년 동안 허가되지 않은 종교를 믿는 사람들이 수없이 잡혀 죽였다. 수천 명이 희생되고 나서 비로소 그 같은 조치가 잔혹하고 부당한 것이라는 것을 깨달아 종교의 자유를 허용했다. 또한 다른 사람들에게 선교하는 것을 금지하는 것은 잘못된 것이라 판단했다. 이러한 이유에서 국제법은 선교사를 보호하도록 했으며, 이는 또한 문명

세계에서 가장 관심을 기울이고 있는 것이다.

그러나 조선에서는 이를 이해하지 못하고 외국 종교를 전파하면 나라가 없어지거나 백성이 임금을 버리고 부모를 공경하지 않으며, 예의 범절이 없는 사람이 되는 것으로 알았다. 그래서 외국인이 우리나라에 들어오는 것을 금지하는 법을 만들어 선교사를 잡아 죽이는 잔인한 일이 가끔 벌어졌다.

1866년 6월 미국의 범선(帆船, 돛단배) 한 척이 황해에서 풍랑을 만나 표류하게 되자 대원군이 명령을 내려 선원들을 보호하여 청나라로 보냈다. 그해 9월 미국 상선 한 척이 대동강을 거슬러 올라와 평양에 이르러 통상조약을 요청했다. 조정에서는 이를 거절하고 물러갈 것을 요청했으나 배는 계속 강을 거슬러 올라왔다. 그 소식이 전해지자 전쟁이 난 것으로 알고 민심이 크게 동요했다.[1] 본디 이곳은 큰 배가 올라오지 못하는 곳이지만 밀물을 타고 올라왔다가 물이 빠지자 배가 좌초되고 말았다. 말도 통하지 않고, 주민들은 공포에 빠져 배에 불을 지르고 선원들을 모두 살해했다.

같은 해 프랑스 천주교 신부들이 몰래 다니다가 또 잡혔다. 자기 나라로 돌아가라고 했으나 죽어도 돌아가지 않겠다고 하여 모두 처형되었다. 이때 한 사람만이 간신히 죽음을 면하고 청나라로 도망가서 이 참상(慘狀, 끔찍하고 비참한 모습이나 상태)을 보고했다. 이 소식을 들은 프랑스 공사가 분노하여 청나라 왕자에게 서한을 보내 조선에서 선교사를 살해한 사실을 다음과 같이 따졌다.

---

[1] 이것은 셔먼(Sherman)호 사건을 말한다.

귀국의 속국인 조선에서 야만스럽고 잔인한 일이 일어났다. 4월경 프랑스 신부들이 조선에서 포교를 하다가 체포되었으며 선교사 9명, 조선인 신부 7명, 그 외 무수한 남녀노소 교인들이 왕명으로 살해되었으니 이러한 행위는 결코 용납될 수 없다. 여러 차례에 걸쳐 귀국 정부는 조선에 대해 간여하지 않는다 했으므로 며칠 내로 우리나라 군대가 조선에 쳐들어갈 것이며, 우리 황제께서는 조선의 왕과 직접 담판할 것이다. 귀국 정부에서는 본 공사에게 조선과 아무런 관계가 없다고 여러 번 설명하였다. 또한 조선에 가는 우리 선교사를 보호하는 징표를 귀국 정부에 청구했을 때 귀국은 조선과 상관없다 하여 그 징표를 우리에게 주지 않았다. 그러므로 본 공사는 귀국이 조선에 대해 아무 권리도 없는 줄 아노라.

청나라는 이런 상황에 처하면 장차 어떻게 될 것인지는 생각지도 않고 당장의 어려움만 면하고자 했던 것이 벌써 한두 번이 아니었다. 청나라는 프랑스 공사의 질문에 대해 그 책임이 그들에게 돌아올까 염려하여 즉시 회답하기를 "조선은 본디 강인하여 우리를 괴롭힐 뿐이오. 우리의 속국이 아니니 우리와 상관없으므로 알아서 처리하기 바라오"라고 했다.

이때 우리나라 사신이 북경에 갔다가 돌아오려 할 무렵 청나라 관리가 "지금 청나라의 힘으로도 서양 사람들을 함부로 다루지 못하거늘 조선같이 작은 나라가 어찌 이런 일을 행하겠는가. 지금 프랑스가 군대를 동원하여 쳐들어간다 하니 알아서 조치하는 것이 좋다"고 그에게 말했다. 이 말을 듣고 돌아온 사신은 이 사실을 조정에 보고하고, 동시에 프랑스인들이 청나라에 쳐들어와 궁궐에 불을 지르고 위협하여 통상조약을 맺게 된 사실을 자세히 설명했다.

이러한 소문이 조정과 민간에 퍼져 수많은 사람들이 산속으로 피난 갔으며, 각 지방 바닷가에 포대를 설치하고 군대를 배치했다. 이때 프랑스 군함 두 척이 강화도 앞바다에 나타나 그중 한 척이 물의 깊이를 측정하기 위해 한강 어구로 들어왔다. 강화도가 프랑스군에 점령되면서 전국이 전쟁의 공포에 휩싸였다. 조정에서는 이경하(李景夏) 장군을 동진(東陳, 동쪽 진지)으로 보내 프랑스군에 대항케 했는데 이경하는 적진에 다음과 같은 편지를 보냈다.

"너희들의 선교사가 우리 옷으로 바꿔 입고 이름을 고쳐 전국을 돌아다니며 우리의 법을 어겼으므로 사형에 처한 것이 당연한 일이거늘 어찌하여 군대를 동원하여 위협을 가하느냐" 하니 프랑스군이 대답하기를 "우리 선교사를 죽인 것은 불법이다. 그 같은 일에 책임이 있는 대신(大臣)세 명을 우리에게 넘겨주고, 전권 대사를 보내 통상과 선교활동에 대한 조약을 맺자"고 했다.

우리 정부에서는 응답하지 않고 포수 5천 명을 동원하여 공격하여 많은 프랑스 군인들이 죽고 다치면서 부득이 물러갔으니 이것이 병인양요[2]다.

이 무렵 미국 정부는 그들의 상선이 평양에서 파괴된 것을 알게 되었다. 미국 정부는 무고한 자기 나라 사람들이 살해된 것을 묵과할 수 없어 1871년 봄, 청나라 주재 미국 공사에게 명령하여 군함을 거느리고 조선에 가서 통상과 선교사 보호를 위한 조약을 맺도록 했다. 그해

---

[2] 고종 3년(1866) 프랑스 함대가 인천과 서울까지 쳐들어온 사건, 정족산 전투에서 아군이 대승하여 프랑스 함대는 강화성에 불을 지르고 물러갔다.

5월 16일 일본 나가사키로부터 미국 군함 5척을 조선으로 보냈다. 5월 30일 우리나라 해안에 도착한 미국 공사는 우리 정부에 편지를 보내 긴급한 문제를 논의할 것이 있다며 관리를 파견할 것을 요구했다.

우리 정부는 미국군대가 온다는 것을 청나라 정부로부터 들어 알고 있었으며, 평양에서 일어났던 사건으로 인해 분쟁이 생길 것을 우려했다. 조정에서는 미국인들이 들어오는 것을 막기 위해 포수 3천 명을 강화 어구에 배치했다. 그러나 미국의 작은 배 한 척이 먼저 측량하러 올라오자 포수들이 일제히 사격했다. 탄환이 비 오듯 떨어져 더 올라오지 못하고 물러갔다가 여러 군함들과 함께 다시 올라와 포대(砲隊)를 점령하고 전투를 벌였으나, 그들은 우리나라의 포수들을 상대하기 어려웠다. 그들이 강화성을 점령할 수 없으므로 오래 주둔하는 것이 바람직하지 못하다고 판단하고 물러가 난리가 평정되었다.[3]

지금까지 설명한 것으로 보아 우리나라가 서양 국가들과 관계를 맺지 않기 위해 어떻게 투쟁했는지 알 수 있다. 이 나라들은 조선이 있다는 사실을 알고부터 청나라로부터 군함을 보내 설득하기도 하고, 때로는 강압적으로 통상관계를 맺고자 했으나 실패하고 말았다. 이때까지는 적어도 우리나라가 얼마나 용맹한 나라였던가를 짐작할 수 있을 것이다. 또한 두 번이나 승리하고 난 후 우리 조정은 얼마나 자랑스러워했는지도 짐작할 수 있을 것이다. 청나라는 서양 세력을 막지 못하여 굴복했고, 일본도 마지못해 통상조약을 맺게 되었지만 우리나라만이 그들을 축출(逐出, 쫓아냄)했다. 너무나 감동한 나머지 우리 조정

---

3) 이 사건은 신미양요라 하며, 1866년 8월에 발생했던 제너럴셔먼호 사건을 계기로 발생했다. 이 사건을 계기로 흥선대원군은 서울의 종로와 전국 각지에 척화비(斥和碑)를 세워 쇄국정책을 더욱 강화하였다.

은 종로에 다음과 같은 내용이 담긴 비석을 세웠다.

　서양 오랑캐가 침범하였을 때 싸우지 않음은 곧 화친하는 것이요, 화친을 주장함은 나라를 파는 것이므로, 우리 자손만대에 경계한다.

　이 비석은 1866년에 제조되고 1871년에 세워졌다. 뒤이어 천주교인을 처형하라는 더욱 준엄한 명령이 내려졌고, 외세를 배척하는 기운도 팽배했다. 외국인은 우리나라에 다시는 발을 들여놓을 수 없으며, 서양 종교도 포교할 수 없을 것으로 보였다.
　그러나 그 후 30년 동안 우리나라에서 서양의 영향력이 얼마나 커졌으며, 얼마나 많은 사람들이 서양 종교를 믿게 되었는지 생각해 볼 일이다. 종로에 그처럼 당당히 서있던 그 비석은 이제는 없어졌다. 변화는 힘으로 막을 수 없다는 것을 깨달아야 한다. 아직도 낡은 생각에 사로잡혀 서양인들을 축출해야 한다고 주장하는 사람이 있거나, 그들이 스스로 물러가기를 바라는 사람이 있다면 그러한 사람이야말로 참으로 어리석은 사람이다.

30. 일본이 조선에 통상을 요구하다

러시아 사신이 원산에 도착하여 우리 조정에 통상조약을 요청했으나 거절당했다. 뒤이어 일본 사신이 부산 동래에 이르러 다음과 같이 주장하며 통상조약을 요청하며, 동래 부윤(府尹, 군수)을 통해 우리 조정에 편지를 보냈다.

일본이 여러 나라와 통상하며 세계정세를 살펴본 즉 옛날처럼 홀로 지낼 수 없어 여러 나라와 교류하게 되었다. 또한 세계와 교류하려면 먼저 정치와 사회제도를 변혁하여 새로운 것을 받아들이기 전에는 나라를 부지할 수 없다는 것을 깨달았다. 그래서 정부와 백성들이 한 마음으로 서양문물을 모방하였더니 그 성과가 매우 성공적이었다. 귀국도 우리처럼 다른 나라들과 교류하여 부강을 도모하는 것이 옳다.

조정에서는 이를 거절하며 "우리나라는 이 같은 편지를 받을 수 없으니 그 사신에게 돌려주고 그를 추방하라" 하니 일본 사신은 부득이 되돌아갔다. 일본은 또 한 차례 협상을 시도했으나 실패하고 나서 1872년 하나부사 요시모토(花房義質)가 와서 또다시 요청했으나 뜻을 이루지 못했다.

  그 후 1875년 9월 일본 군함 두 척이 청나라에서 오는 길에 강화도에 이르러 먹을 물을 긷고 있었는데, 주민들이 서양 군인들로 잘못 알고 총을 쏘며 맹렬히 공격했다. 일본군이 분노하여 일제히 상륙하여 주민들을 위협하고 마을에 불을 지른 후 나가사키로 돌아가 일본 정부에 이 사건을 보고했다.

  일본 정부에서는 조선을 공격하자고 하는 사람들도 있었고, 그렇게 하는 것이 이롭지 못하다는 사람들도 있는 등 논란이 일어났다. 이때 사츠마 영주(領主) 사이고 다카모리(西鄕隆盛)는 즉시 공격할 것을 주장하며 군대까지 동원하여 정부에 압력을 가했다. 그러나 일본 정부는 "지금 군대를 보내 조선을 치는 것은 쉬우나 승리한 후 후환이 있을 것이다. 이 후환을 막자면 지금의 군사력으로는 부족할 것이니 쳐서 이기는 것이 우리의 이익이 아니다. 우리는 지금부터 군사력을 길러 그러한 때를 대비해야 할 것이다. 동시에 우리는 조선에 권고하여 조선이 이를 받아들이면 두 나라가 힘을 합하여 서양 세력을 막는 것이 훌륭한 계책이다. 만약 조선이 우리의 권고를 받아들이지 않으면 그때 공격하는 것도 늦지 않을 것이다"라며 다카모리의 주장을 거부했다.

  이에 다카모리가 군사를 일으켜 정부를 몰아내고 조선 침공을 강행하고자 하여 7개월 동안 내전이 일어나 2만여 명이 죽고, 수천만 원 가량의 재산피해도 있었다. 결국 다카모리는 패하고 평화를 주장하던 세력이 승리하여 조선과 전쟁이 일어나지 않았으니 양국에 다행스러운 일이었다.

  이때 우리 조정에서 그처럼 심각한 위기에 처한 것을 알고 있었던 사람들이 있었는지 알 수 없지만, 전국의 백성들은 아무것도 모르고 지냈다. 일본 정부가 다카모리의 주장을 거부한 것은 그들에게 분명한 장기 전략이 있었음을 보여주는 것이다.

31. 조선이 일본과 처음으로 통상하다

 일본은 또다시 조선에 사신을 보내 통상을 요구했다. 그러나 국제법에 의하면, 속국은 다른 나라와 조약을 맺거나 사신을 교환할 수 없다. 청나라는 여러 나라에게 조선은 그들의 속국이 아니라고 여러 차례 설명했으나, 청나라는 불리한 처지에 놓이면 이렇게 말하고 또 그렇지 않으면 다르게 말했다. 청나라의 태도에 일관성도 없고 믿을 수도 없으므로 일본은 먼저 청나라에 질문하여 확실한 대답을 들은 후 조선과 협상하고자 했다.

 일본이 청나라에 사신을 보내 질문한 즉 청나라가 대답하되 "우리는 조선과는 상관이 없으며 조선은 독립국이니 일본은 조선과 직접 상대하라"고 했다. 이에 구로다 기요타카(黑田靑龍)와 이노우에 가오루(井上馨)가 해군과 육군 8백 명을 거느리고 조선으로 향했다. 청나라는 이 사실을 조선에 알려 일본과 화친하는 것이 좋으리라고 권고했다. 우리 조정에서는 비로소 사태가 절박함을 알고 부득이 일본과 통상협상을 하게 되었다.

 이때는 쇄국정책을 펴던 대원군이 국정에서 물러난 후였다. 조정에서는 신헌(申櫶), 윤자승(尹滋承) 등으로 하여금 강화도에 가서 일본 사신과 협상하도록 했다. 일본 사신이 먼저 "우리나라가 귀국과 화친 조약을 맺고자 여러 차례 요청했거늘 귀국은 계속 이에 대해 응답조차 하지 않았으니 그 이유가 무엇인가?"라고 물었다. 조선 대신이 대답하기를 "오랜 옛날부터 귀국은 우리나라에 겸손한 말로 대하더니 근래에 와서 '대(大)일본' 또는 '대황제'라는 말을 쓰며 스스로 지위를 높여 우리나라보다 높은 체 하므로 응답하지 않았다"라고 했다.

이에 일본 사신이 공손한 말로, "일본이 존칭을 쓰는 것은 귀국의 실질적인 권리와는 아무 상관이 없소이다"라고 하자 조선 대신은 그 말을 받아들였다. 일본 사신이 다시 묻기를, "우리 군대가 강화도에서 물을 긷는데 어찌하여 총을 쏘았는가"라고 하니 조선 관리가, "일본인들이 양복을 입었기에 서양인인 줄 알고 백성들이 그렇게 했다"고 대답했다. 일본 사신이 다시 말하기를, "그러면 그전에 일본 정부가 일본 국기를 귀국에 보내고 전국 고을에 돌려 우리 국기를 알게 해달라고 요청했거늘 어찌 우리 국기를 분간치 못했느냐"라고 하자 우리 대신은 그 잘못을 사과했다.

우리 조정에서는 날마다 모여 일본과 맺을 조약 내용을 논의하다 마침내 1876년 2월 7일에 일본과 통상조약을 맺었다. 그 조약의 요지는 일본은 조선을 자주 독립국으로 대우하며, 일본과 평등한 관계를 유지할 것이라고 한 것이다.

이날이 조선이 실질적인 독립국임을 처음으로 확인한 날이다. 만일 백성들이 독립이 중요한 것이라는 것을 알았다면 지금까지 전국이 이 날을 경사로운 날로 기념했을 것이다. 그러나 백성들은 독립의 중요성을 알지 못했고, 어떤 사람들은 대국(大國, 청나라)을 배반하면 큰 일이 날 것이며 또한 도리에도 어긋난다고 했다. 그리하여 어떻게 통상조약이 맺어졌고, 그 조약은 우리나라에 어떤 영향을 줄 것인지 백성들에게 알리는 사람이 없었으니 어찌 나라가 튼튼하기를 바랄 것인가.

만일 이 조약이 맺어지지 않았다면 서양 각국이 가만히 있지 않았을 것이다. 그들 중에 위험한 나라가 기회를 보아 조선과 먼저 통상조약을 맺었다면 우리나라의 형편이 어떻게 되었을지 짐작하기 어렵지 않다. 그러나 다행히 일본과 먼저 조약을 맺고, 조선이 명실상부한 독립국임을 선언하였으니 어찌 다행한 일이 아닌가.

뒤이어 영국, 미국, 프랑스 등 모든 나라가 우리나라와 통상조약을 맺어 서로 대등한 나라로 대하며, 대등한 지위의 공사를 교환했으니 이 어찌 당당한 독립국이 아닌가. 우리나라가 이때까지 청나라의 속국으로 여겨진 것은 틀림없지만, 백성들이 깨어 있었다면 세계정세를 먼저 깨달아 각국을 상대로 적극 노력하여 조선의 독립을 인정받았을 것이다. 우리 백성이 깨이지 못했기 때문에 다른 나라가 자청하고 들어와 억지로 독립을 맡긴 것이다.

32. 임오군란(壬午軍亂)이 일어난 배경

1879년 하나부사 요시모토는 조선 주재(駐在) 일본 공사로 한성에 왔다. 외국 정부를 대표하여 우리나라에 주재하는 공사로는 요시모토가 처음이다. 이런 관계로 그 뒤로 우리나라와 수교한 다른 나라 공사들이 모인 자리에서 일본 공사가 상석에 앉게 되자 일본은 이를 대단히 영광스럽게 여겼다. 일본과 수교를 하기 전에 하나부사는 민간인 자격으로 한성에 와서 얼마간 있었으므로 조선인 고관들과 안면이 있었다. 그래서 일본이 그를 조선의 공사로 보낸 것이다. 그는 천연정(天然亭, 지금의 서울적십자병원 자리)을 공사관으로 정하고 일본군대로 하여금 공사관을 호위하게 했다.

1882년, 임오년에 이르러 조정은 영향력 있는 집안 자제들 중에 총명한 자들을 선발하여 일본으로 보내 견문을 넓히고 새로운 학문을 닦게 했다. 또한 하도감(下都監, 군 훈련기관)에 새로운 훈련대를 창설하여 신식 군사훈련을 시켰다. 그러나 이로 인해 외국인들과 외국 문물에 반대하는 목소리가 커져서 어떤 사람들은 왜놈들과 손을 잡고 나라를 팔아먹는다 하고, 다른 사람들은 친일파들이 권력을 잡은 후 백성들이 더욱 살기 어려워졌다고 하는 등, 불평이 높아졌다. 당시 백성들의 기백이 어느 정도 살아있어 기진맥진한 오늘날의 부패한 형편과는 달랐던 것이다.

민씨 일가의 세력이 커지면서 조정에 내분이 일어나 혼란스러운 가운데 장병들에 대한 처우가 나빠지자 군인들이 분노하여 궁궐로 몰려왔다. 이에 명성황후가 충주로 피난하자 사람들은 명성황후가 죽은 줄 알고 국상(國喪)까지 치렀다. 군인들이 일본 공사관인 천연정에 불을 지르고 일본인들을 죽이려하자 일본 공사는 일본 군인들의 호위를 받아 간신히 인천으로 도망갔다. 월미도에 이르러 인원을 점검해보니 죽은 자가 3명이고, 행방불명된 자가 2명이었다. 그들 중 살아남은 자들이 영국 군함을 타고 달아나 시모노세키에 내리니 이것이 임오군란(壬午軍亂)이다.

일본 정부는 이 사실을 듣고 하나부사 공사로 하여금 군인 4천 명을 이끌고 조선으로 가도록 했다. 그해 7월 우리나라와 일본 대표가 인천에서 만나 화친을 논의했다. 일본 공사는 다음과 같이 요구했다.

20일 이내로 변란의 책임자들을 잡아 엄중히 처벌해야 할 것이며, 재판 시 일본 공사관에서 사람을 보내 재판 과정을 지켜볼 수 있도록 해야 할 것이며, 죽은 일본인들을 후하게 장사를 지내고 그 가족들에게 5만 원을 지불할 것이며, 이 사건으로 인한 군사적 비용과 배상금으로 50만 원을 지불하되 5년 동안 나누어 갚을 것이며, 일본은 공사관에 적정 규모의 군대를 두어 이 같은 사건의 재발을 막도록 해야할 것이다. 조선조정은 일본에 특사를 보내 잘못을 사과해야 할 것이며, 조선 내 일본인 거류지를 늘리고 일본 상인들을 보호해야 할 것이며, 일본 관리들이 조선을 여행하면 조선 조정은 그들을 보호해야 할 것이오.

일본 공사는 조선이 이 모든 조건을 받아들인 후에야 화친을 맺겠다고 했다. 우리 조정은 이에 동의하고도 실행하지 않았다. 이에 하나부사가 협상을 중단하고 군대로 위협하려 하자 우리 조정은 하는 수 없이 일본의 요구를 모두 받아들였다. 이때부터 한성 4대문 안에 일본군이 주둔했으며, 다시는 물러가지 않았다. 일본의 무리한 요구들을 모두 수용함으로써 우리나라 독립에 큰 상처를 입었다.

일반적으로, 독립국에는 그 나라의 허락 없이는 다른 나라 군대가 들어올 수 없다. 매우 중요한 황성(皇城, 황제가 있는 나라의 서울)에 외국 군대를 주둔하게 한 것은 독립국의 권리가 크게 침해당한 것이다. 이것은 대한의 백성이 된 자로서 가장 통분히 여겨야 할 바이다. 그러나 외국군대를 끌어들인 것은 우리가 자초한 것이다. 우리는 조약을 맺어 외국공사가 주재하게 하고 소란을 일으켜 죽이려 했으니 그들이 공사를 보호하기 위해 자기 나라 군대를 주둔시킬 생각을 어찌 하지 않겠는가.

우리 백성이 개화되어 외국인들을 좋은 친구로 대하고, 시비가 있으면 합당한 원칙과 국제법에 의하여 해결하고, 그들의 생명과 재산을 위협하지 않는다면 우리가 그들의 군대를 주둔시키라고 요청하더라도 경비를 낭비해가며 결코 주둔시키지 않을 것이다. 설령 그들이 군대를 주둔시키고자 하더라도 합당한 명분이 없을 것이며, 우리가 아무리 약한 나라라 하더라도 국제 여론이 무서워 그렇게 하지 못할 것이다. 그러나 어리석은 사람들이 다른 나라 사람들을 해치려다가 실제로는 자기 자신들을 해치고 있는데도 그것을 깨닫지 못하고 있다.

일본과의 조약에는 위태로울 때만 일본군이 주둔하다가 그렇지 않을 때는 철수한다고 했다. 그러므로 그 후부터라도 우리 백성이 개화해 외국인들을 보호하고 공평하게 대했다면 우리는 일본군에게 물러가라고 요청할 수 있었을 것이고, 주권 손상도 진작 회복했을 것이다. 우리가 일본인들을 해치고자 했으므로 지금까지 일본군이 물러가지 않고, 심지어 일본인들이 명성황후를 살해한 을미사변[1]도 이것이 원인이 되어 일어났던 것이다. 우리는 마땅히 지난 일을 교훈으로 삼아 우리 자신을 깨우쳐 공사관을 보호하는 외국군대가 속히 철수하도록 힘써야 할 것이다.

---

1) 고종 32년(1895) 음력 8월 20일 일본이 조선 침략의 걸림돌인 명성황후 민씨를 경복궁에서 일본 공사 미우라 고로(三浦梧樓)가 지휘하는 일본 낭인들을 이용해서 시해한 사건이다.

33. 청일전쟁 직전의 조선, 일본, 청나라 간의 관계

김옥균(金玉均)과 서광범(徐光範)은 1875년 비밀리에 일본으로 가서 새로운 세상을 구경했다. 당시 일본은 개화를 시작한 지 얼마 되지 않았으므로 오늘의 일본에 비하면 보잘것없었으나, 우리나라 세도가(勢道家, 권력 있는 가문)의 자제로서는 처음 있었던 유람이었다. 그들이 일본의 발전상을 보고 얼마나 놀라며 부러워했을지 짐작할 수 있을 것이다. 그들은 보고들은 것을 통해 동양의 정세를 알게 되었고, 우리나라의 개화가 시급하다는 것을 느끼게 되었다. 귀국하여 그들이 보고 들은 것을 조정에 보고하고, 다른 유명한 가문의 젊은이들에게 일본 유람을 권했다. 5천 년 은둔국의 오래 닫혀있던 문이 열리게 되었으며, 일본을 왕래하는 사람들이 차츰 많아졌다. 그 가운데 개화에 적극적인 사람들은 세도가들과 힘을 합쳐 본격적으로 개화하려고 했다.

개화파들이 세력을 잡고 개혁을 추진하는 한편 권력을 과시하며 거만하게 행동하자 개화파와 수구파가 대립하여 국정이 혼란에 빠진 가운데 임오군란이 일어나게 되었다.

이에 청나라의 오장경(吳長慶)과 원세개(遠世凱)는 4천 명의 군대를 거느리고 한성에 들어와 진을 치고, 무수한 민폐를 끼쳤다. 그들은 고종황제의 아버지인 대원군을 잡아 천진으로 데리고 갔으며, 한성 한복판인 낙동에 그들의 사무실을 설치하고 '이사부(理事府)'라고 했다. '이사부'란 모든 일을 '다스리는 부서'라는 뜻으로, 그들이 조선을 독립국으로 인정하지 않았기 때문에 공사관이라 하지 않고 '이사부'라고 한 것이다.

각국 공사는 대궐문 밖에서 가마에서 내려 걸어서 궁궐로 들어갔다. 그러나 청나라 공사 원세개는 가마를 타고 임금이 계시는 궁전까지 들어가며, 자신의 지위가 조선왕의 위에 있다 하며 임금님 앞에서 무례하게 행동했다. 그는 거만하고 방자하여 예절도 지키지 않고 "우리 대국(大國)이 예로부터 항상 속국을 보호하고 도와주었거늘 외국인들의 말을 듣고 청나라에 무례하게 군다면 그 책임을 면치 못하리라"고 위협했다. 또한 "조선이 외국인들 앞에서 항상 청나라의 속국임을 자원하며 특별한 친밀감을 보여야 우리 대국이 조선을 보호하고 도와주어 감히 다른 나라가 엿보지 못하게 하리라"고 하였다. 조선의 대신들은 그 결과에 대해서는 생각지도 않고 그러한 모욕적인 말을 순순히 받아들이며, 청나라 공사에게 아첨하여 권력을 얻고자 했다. 심지어 청나라 사신을 임금보다 더 중히 여기는 자들까지 있었으며, 대부분 원세개의 충복(忠僕)이 되었다.

그리하여 원세개는 오만하고 무례한 태도로 우리나라의 크고 작은 일에 모두 간섭했다. 각국 공사들은 이를 못마땅히 여기고, 조선 관리들에게 청나라 사람들의 무례함을 받아들이지 말라고 했다. 그러자 우리 관리들은 부끄러운 줄도 모르고 "소국(小國)은 마땅히 대국을 겸

손히 섬기는 것이 옳다"라고 했다. 어떤 외국공사들은 말하기를 "귀국은 당당한 자주 독립국인데 어찌 청나라보다 못하다 하며, 또한 큰 나라를 섬기고자 한다면 어째서 청나라보다 더 큰 나라들을 섬기지 않는가. 나라가 크든 작든 관계없이 귀국도 다른 나라들과 똑같은 독립국가이니 그 같은 권리를 잃지 말라"고 하자 조선관리가 퉁명스럽게 하는 말이 "우리에게 어찌 신의(信義)없이 상국(上國, 청나라)에 무례하게 행동하라 하는가"라고 했다.

각국 공사들이 모이는 자리에서 청나라 공사가 언제나 특별 대접을 받으려 하자 각국 공사들이 그 무례함을 지적하고 그 이유를 물었다. 청나라 공사는 조선은 예로부터 우리의 속국이라 조선이 스스로 그러한 예절로 대접하니 우리는 그대로 받아들이는 것이므로 각국 공사들이 상관할 바 아니라고 대답했다. 이것은 청나라가 이미 각국을 상대로 조선은 자주 독립국이라고 한 말을 저버리는 것이며, 또한 각국 공사들의 권리를 무시하는 행동이다. 진실로 청나라 사람들의 무례함이 이루 말할 수 없다.

조선을 속국으로 생각한다면 조선이 위태로운 지경에 처했을 때 당당히 나서서 도와주어야 하지만, 자신들에게 불리할 때에는 조선을 독립국이라 하다가 유리할 때에는 속국이라고 했다. 조선에는 그 같은 태도에 시비할 자 없을지 모른다. 그러나 조선과 수교한 나라들에게는 그들의 평등한 권리를 부정하는 행동이다. 언젠가는 각국이 이 문제를 가지고 시비할 것이며 그 결과로 대한제국의 안전(安全)에 무슨 일이 일어날 것인지 짐작하기 어렵지 않다.

조선이 자주 독립국임을 모든 나라들이 인정하고 있음에도 청나라의 오만함과 완고함, 그리고 조선의 유약(幼弱)하고 무지함이 동양의 정세를 더욱 위태롭게 하고 있다. 일본에서는 그 같은 중국의 태도에 분노하는 사람들이 많았으며, 청나라를 공격하자는 주장도 난무했다. 청나라와의 전쟁을 위해 2만여 명의 지원자가 나섰으며, 전쟁 헌금도 10만 원에 달하는 등 정부에 대한 압력이 높아졌다.

이때 일본은 "향후 만약 조선에 긴급한 일이 발생하여 군대를 보낼 때는 청나라는 일본과 사전에 협의한 후에 할 것이요, 일본도 조선에 군사를 보낼 일이 있을 때는 청나라에 사전에 통고한다"는 내용의 별도 조약을 청나라의 오장경과 체결했다.

이 조약으로 일본의 민심이 가라앉게 되어 청일간의 전쟁은 일단 면하게 되었다. 그러나 1894년에 일어난 청일전쟁의 씨앗은 이때 뿌려졌으며, 그로부터 10년 동안 일본은 군사력 증강에 모든 노력을 기울였다. 그들은 청나라의 고질적인 버릇을 깨뜨려 단단히 혼내 줄 기회만 노렸다. 일본 사람들은 하루도 긴장을 늦추지 않았으며, 어린아이들까지도 청일전쟁은 불가피한 것으로 알고 있었다. 그들은 청나라의 내정과 외교에 대해 자세히 알고 있었으며, 청나라의 사정을 잘 간파하고 있었다. 그들은 청나라는 빈껍데기에 불과하며 전쟁이 벌어지면 단번에 격파할 수 있다고 믿고 있었다.

그러나 청나라 사람들은 일본의 이러한 움직임을 전혀 모르고 일본과 맺은 조약들은 무시해도 좋다고 생각하며, 조약과 관련된 문제들에 대해 주의를 기울이지 않았다. 일본을 조그마한 섬나라로 얕잡아만 보고 양국 간에 관계되는 일들을 살펴보지 않았으니 갑오년 (1894년)에 일본과 전쟁이 일어나리라고 짐작이나 했겠는가. 참으로 어리석고 무지했다.

34. 갑신정변(甲申政變)이 일어난 사정

우리나라가 미국과 통상조약을 맺은 것은 1882년의 일이다. 미국은 처음부터 우리나라의 독립과 발전에 밀접한 관계가 있으므로 우리는 이 나라에 대해 특별한 관심을 가져야 할 것이다.

이 해에 미국 특사 슈펠트(Robert W. Shufeldt)가 일본을 통해 한성에 들어왔다. 그가 과거에 강화도에 왔을 때는 전국에 소동이 일어났고 상륙하는 것을 적극적으로 저지했다. 그러나 이번에는 같은 배를 타고 같은 곳에 도착했으나 편안히 상륙하여 통상조약을 맺고, 공사관을 설치하여 미국 정부를 상징하는 국기를 한성 도성 안에 날리게 되었다. 미국은 자기 백성이 조선에서 몇 차례 살해당한 것에 대해 시비를 하지 않고 새로운 친선관계를 발전시키고자 했으며, 특히 조선의 독립을 완전케 하기 위한 도움을 아끼지 않았다.

조선 조정은 과거에는 서양인들이 들어오면 나라를 통째로 삼키려는 것으로 의심했으나 그러한 의심은 사라지고 서양 각국과 오늘날까지 교류하고 있다. 그 가운데는 야심을 품고 기회만 엿보는 나라가 없지 않았지만, 조선이 지금까지 부지할 수 있었던 것은 각국이 외교적으로 서로 견제했기 때문이다. 조선이 이들 여러 나라들과 통상관계를 맺지 않았더라면 어떤 강대국이 무슨 욕심을 부렸을지 알 수 없다. 오늘의 상황을 살펴볼 때, 과거에 아무런 이유 없이 외국인들을 의심했던 것은 참으로 어리석은 일이었다.

이때, 민영익(閔泳翊)이 세도가 자제 11명을 데리고 태평양을 건너 미국에 가서 석 달 동안 유람하고, 대서양을 건너 유럽을 둘러보고 귀국했다. 조선 사람이 서양 여러 나라를 구경한 것도 이때가 처음이며, 조선 사람들이 지구를 한 바퀴 돈 것도 이때가 처음이다. 그들이 얼마나 놀라워했으며, 식견(識見)이 얼마나 넓어졌는지 짐작하기 어렵지 않다.

더구나 미국은 과거 조선 사람들이 미국 사람들을 무고하게 죽였으며, 개방하고 통상하는 것을 한사코 반대했던 것을 잊어버리고 오히려 조선에서 처음 온 손님이라며 미국과 동등한 독립국의 귀빈으로 대접했다. 그리고 미국을 여행하는 동안 모든 경비도 그들이 부담했다. 그들은 조선이 새로운 문물을 받아들이고, 각국과 통상교류하려는 것을 좋게 여기고 모두가 격려했다. 아무리 목석(木石) 같은 사람일지라도 그들이 본 것과 경험한 친절에 감동하지 않을 수 없었을 것이다.

민영익은 나라를 혁신해야겠다는 생각을 가득 품고 귀국하여 보고 들은 대로 자세히 보고하고, 개화해야 할 것 중에서 가장 시급한 것부터 착수했다. 이때 세도가들은 개화를 반대하고 청나라에 의지하는 것이 가장 좋은 정책이라고 고집하고 있어 그 같은 사고방식을 갑자기 바꾸기 어려웠다. 그래서 민영익은 귀국한 지 얼마 안 되어 청나라 사람들과 수구파의 압력에 못 이겨 수구파를 옹호하고 개화를 반대하게 되었다. 개화파 몇 사람이 수구파를 몰아내기로 모의하고 기회를 엿보다가 우정국(郵政局, 한국 최초의 우편행정 관서) 개국 축하행사를 계기로 불을 질러 소동을 일으키고, 민영익을 칼로 쳐 귀에 상처를 내었다. 개화파 인사들은 궁궐로 달려가 국왕에게 위급한 상황을 보고하고, 일본 공사관 수비병을 불러 궁성을 호위하게 했다.

일본 군대와는 미리 약속이 되어 있었는지 일본군이 궁궐 문으로 달려 들어가 궁전을 에워쌌다. 수구파 대신들은 왕명에 의해 소집되었으며, 그들은 들어오는 대로 대궐문에서 살해당했다. 갑자기 일어난 일이라 백성들은 영문을 모르고 우왕좌왕하고 한성이 혼란에 빠졌다. 갖가지 유언비어가 퍼지고 의혹과 공포가 전국에 가득 찼다.

고종황제가 정치와 제반 제도를 적극적으로 개혁하라는 명령을 내리고 그것을 공포하려 할 때, 수구파들은 원세개에게 지원을 요청했다. 원세개는 청나라군 3천 명으로 궁궐을 둘러싸고 일본군을 공격했으며, 이 싸움으로 양편에서 상당한 사상자가 발생했다. 일본군은 더 이상 버틸 수 없어 사동에 있는 일본영사관으로 물러갔다. 이때서야 백성들은 비로소 개화파와 수구파가 외국군까지 끌어들이며 싸우는 것을 알게 되었다.

백성들은 개화가 무엇인지 몰랐기 때문에 의심이 가득차서 역적들이 일본의 힘을 빌려 나라를 장악하려는 것으로 여겼다. 더구나 천하에 제일 강하고 존경받는 대국(청나라)이 수구파를 지원하고 있다는 사실을 알게 되면서 개화파의 반란에 대해 분노하는 동시에 튼튼한 지원세력(청나라)이 있어 용기를 되찾았다.

한성은 곧 아수라장으로 변했다. 수구세력들은 무기고를 부수어 무장을 하고 골목마다 지키며 4대문을 닫고, 일본인들을 닥치는 대로 잡아 죽였다. 그들은 사동에 있는 일본영사관을 에워싸고 진고개(충무로 일대)에서 일본군과 충돌하여 많은 사상자를 냈다. 포위된 일본군은 사방으로 총을 쏘며 서소문을 통해 인천으로 달아나 배를 타고 일본으로 건너갔고, 이때 개화파 지도자들도 그들과 함께 달아나 에도(도쿄)로 갔다. 이 난리가 진정된 후 조선은 일본에 손해를 배상하고 사과를 한 후 화친이 회복되었으니 이것이 갑신정변(1884)이다.

그 후 백성과 관리들이 청나라에 의지하는 마음이 더욱 깊어졌다. 청나라의 도움이 없었다면 큰일이 났을 것이라는 생각이 팽배했다. 관리들이나 백성들은 독립과 자유를 지키기 위해 노력할 생각은 하지 않고 오로지 다른 나라의 보호만 받으려 했다. 백성들의 정신이 점차 나약해져서 스스로 설 수도 없는 지경이 되었으며, 스스로 독립과 자유를 지킬 생각은 하지 않고 다른 나라에 의존하고자 하는 마음이 그때부터 시작되었다.

개화를 통해 나라의 주권을 튼튼히 하고자 하면서 일본군의 힘을 빌린 것은 자주의 정신에 어긋나는 것이다. 아무리 옳은 일이라 할지라도 한편이 다른 나라의 도움을 청하면 그 반대편 또한 다른 나라의 지원을 요청하게 된다. 독립을 의논하는 자는 언제나 이것을 가장 경계해야 할 일이다.

35. 각국에 처음으로 공사(公使)를 파견하다

갑신정변은 수구파를 몰아내기 위한 것이었으나 결국은 친일세력을 몰아낸 것이 되고 말았다. 소란이 진정된 후 조사해 보니 청나라 군대와 조선 백성에게 살해당한 일본인이 3백여 명에 이르렀다. 이 사건과 관련하여 조선 대표 김홍집(金弘集), 일본 대표 이노우에 가오루, 청나라 대표 이홍장이 천진에서 만나 협상을 시작했다. 여기서 조선은 일본의 피해에 대해 배상하며, 청나라와 일본은 조선에서 군대를 철수하기로 합의했다. 이전부터 프랑스는 조선에서 청나라 군대를 철수하라고 여러 차례 요청한 바 있었으나 청나라가 듣지 않더니 이 조약으로 물러가게 되었다.

1885년 6월 일본군도 조선에서 물러갔다. 일본 공사는 조선조정에 보낸 공문에서 "명치 15년(1882년) 인천에서 맺은 조선과의 조약에서 밝힌 대로 일본 수비병이 필요하지 않기 때문에 물러가는 것이다. 그러나 이번에 잠시 물러가는 것이 필요할 때 수비병을 둔다는 조항이 무효가 된다는 뜻이 아니다"라고 했다.

1885년 4월 영국 군함이 거문도를 점령하자 우리 조정에서는 여러 차례에 걸쳐 항의했다. 러시아 또한 이 점령에 대해 영국 정부에 질문하자 영국은 러시아가 항상 조선에 있는 주요 항구 등, 전략적 요충지(要衝地)를 노리고 있기 때문에 이를 방지하기 위한 것이라고 응답했다. 이에 러시아가 "조선 땅은 조금이라도 점령하지 않겠노라"라고 답변하자 1887년 영국은 거문도에서 물러갔다.

이 사건은 조선의 주권과 영토를 보전함에 대단히 중요한 의미를 지니고 있다. 영국과 러시아가 서로 견제하여 먼저 침범하지 못하게 하였으므로 다른 나라들도 감히 침범할 생각을 하지 못할 것이다. 조선이 이 같은 이치를 깨닫고, 어느 한 나라에 치우치지 않고 여러 나라에 공평하게 대하며, 또한 자기 나라 일을 스스로 해결해 나갔다면 다른 나라가 감히 넘보지 못하게 되었을 것이다.

조선 조정은 비로소 청나라를 믿을 수 없다는 것을 알고 공사를 임명하여 영국, 미국 등 여러 나라에 보냈다. 청나라는 조선의 공사 파견을 막으려고 막후에서 계속 위협했다. 심지어 청나라 군대를 지휘했던 원세개가 청나라 군대로부터 훈련받은 조선병사들을 부추겨 황실에 위협을 가하려다가 발각되는 등, 그들의 무례함이 이만저만이 아니었다. 이때부터 조선 조정에서 청나라에 대한 의구심이 높아졌으며, 더 이상 청나라 사람들의 위협을 두려워하지 않고 그들의 간섭을 받지 않으려 했다.

1888년 조선 조정은 미국에 공사를 파견하고 워싱턴에 공사관을 설치하니 조선의 국기가 미국 땅에서 처음으로 게양되었다. 각국 대표들은 조선 공사를 정중히 대접하였고, 조선 공사는 세계 문명국들과 대등한 위치에서 외교적 접촉을 했다. 세계 여러 나라들은 조선 공사관이 워싱턴에 개관된 날을 조선이 독립국임을 세계에 선포한 날로 여기었다.

조선이 서양 각국으로 공사를 보내려 하자 청나라는 조선은 그들의 속국이니 다른 나라와 공사를 교환할 수 없다고 했다. 청나라는 말하기를 "조선은 각국이 보낸 공사는 받았지만, 다른 나라에 주재 공사를 보내는 것은 청나라를 배척하는 것과 마찬가지니 결코 허용할 수 없으며, 청나라 공사가 조선을 대변해 주겠다"라고 했다. 당시 조선 관리 중에 독립이 무엇인지, 공사를 교환하는 것이 무슨 의미를 가지고 있는지 모르고 있어서 청나라 사람들의 말이면 무조건 따르는 청나라의 충실한 노예들이 있었다. 그런 가운데 몇 사람이 주선하여 갑작스럽게 미국에 공사를 보냈던 것이다.

청나라는 이미 여러 나라에 조선은 독립국이라고 했으니 조선의 공사 파견을 드러내 놓고 막을 수 없었다. 이홍장은 미국에 있는 청국 공사에게 지시하여, 조선 공사를 도와준다는 명분 하에 조선 공사가 사실상 청나라 속국의 대우를 받도록 주선하라고 했다. 동시에 원세개는 워싱턴에 간 조선 공사가 청나라 공사의 지시를 받도록 하라고 조선 조정에 요구했다. 그러나 조선 공사는 청나라 공사의 요구를 거절하고 미국 정부에 직접 국서(國書)를 올리며, 청국 공사와 대등한 권리를 누렸다. 이에 각국은 조선을 칭찬했으나, 청나라는 분개하여 전보다 위협을 가중시켰다.

36. 청일전쟁(淸日戰爭)의 원인

　이때 대원군은 권력을 잃고 물러나 있었으며, 국정에 참여할 수 없어 불만이 많다는 소문이 퍼졌다. 당시 황실 친척들이 권력을 휘두르고 남의 것을 빼앗는 등, 횡포가 심하여 백성들의 불만이 폭발 지경에 이르렀다. 외국인들이 없었을 때는 나라가 태평하고 삶이 풍족하더니 외국인들이 들어온 후로는 살기 어려워졌다고 불평이 높아졌다. 백성들은 외국과 통상을 하고나서 살기 어렵게 된 것으로 알고 외세에 대한 불만이 높았다.
　이 무렵 수구파는 일본에 도망가 있던 개화파 지도자 김옥균을 상해로 유인하여 찔러 죽이고, 그 시신을 국내로 가져와 목을 베어서 그 목을 전국에 돌렸다. 백성들은 청나라는 말할 것도 없고 조정과 대원군이 개화파 세력을 싫어하는 줄 알게 되었다. 백성들이 생각하기를 청나라는 세계에서 제일 큰 대국이요 일본은 조그마한 섬나라이며, 임진왜란 이래 3백여 년간 원수였는데 지금 그 원한을 갚을 좋은 기회라 여겼으니 어리석은 백성들의 자연스러운 생각이었다. 백성들을 일깨울 책 한 권도 없고, 그들에게 말 한마디 가르쳐 준 적이 없으니 어떻게 그들이 스스로 깨우치길 바랄 수 있겠는가.

정치가 극도로 문란해지면 반드시 무슨 변란이 일어나는 것은 옛 날이나 지금이나 변할 수 없는 이치다. 그러한 가운데 동학란(東學亂)[1] 이 일어났던 것이다. 동학의 지도자 전봉준(全琫準)은 전라도 고부 출신으로 4개항을 담은 선언문을 발표하고 전국 각처에 돌렸다. 그 내용은 ;

첫째 사람은 죽이지 말고 재물을 손상치 말 것이며, 둘째 충성과 의리를 존중하여 나라를 구하고 백성을 편안케 할 것이며, 셋째 일본인과 서양 사람들을 몰아내고 성인(聖人)의 도를 지킬 것이며, 넷째 군사를 일으켜 성중(城中, 시내)에 들어가 권문세가(權門勢家, 권력자들)를 없애고 법과 원칙을 세우고 사리를 분명케 할 것이다.

그들은 머리에 흰 수건을 두르고 노란 깃발을 들었는데 그들 나름의 종교적 가르침에 따랐던 것이다. 동쪽에서 일어나면 서쪽에서 뒤따르고, 남쪽에서 일어나면 북쪽에서 따라 일어났다. 그들은 도처에서 관리들을 죽이고 백성들을 대상으로 노략질하며 전국을 혼란의 도가니로 빠뜨렸다.

조선에서는 홍계훈(洪啓薰)으로 하여금 8백 명의 군사를 이끌고 충청도로 가서 동학군을 진압하게 했고, 원세개는 그의 군대로 하여금 홍계훈을 따라가 상황을 살피도록 했다. 관군이 동학군을 만나 여러 차례 싸웠으나 번번이 패하자 한양이 직접 위협받을 가능성이 높아

---

[1] 고종 31년(1894). 전라북도 고부군수 조병갑의 악정에 동학의 접주 전봉준이 농민과 동학교도를 이끌고 일어나 삼남지방을 중심으로 전국에 걸쳐 일으킨 난. 결국 고부에서 터진 동학란은 국가 운명을 위태롭게 하는 국제적 전란과 침략전쟁까지 초래하게 되었다.

졌다.

　원세개가 천진에 있던 이홍장에게 전보를 보내 동학란 평정을 위해 군대 3천 명을 보내 달라고 요청했으며, 이홍장은 이 문제를 일본과 협의하지 않고 즉시 군대를 보냈다. 청나라와 일본은 조선에 군사를 보낼 때 사전에 협의하기로 했으나 청나라가 이것을 무시했다. 이것은 첫째 청나라가 조선의 독립을 무시한 것이며, 둘째 일본을 업신여겨 약속을 어긴 것이며, 셋째 세계 각국이 조선을 독립국가로서 동등하게 대접함에도 청나라는 이를 어김으로써 조선은 물론 다른 나라들까지 능멸한 것이다.

　일본은 오래전에 이미 이 같은 중국의 약점을 알아차렸다. 청나라와 그 같은 약속을 하고나서 10여 년간 군대를 기르며 기회를 노리던 차에 청나라가 조선에 군대를 투입하니 일본이 어떻게 이를 모르는 체하고 있겠는가. 일본은 즉시 일본인들을 보호한다는 명분 하에 군대를 보내 아산과 인천에 상륙시켰다. 이홍장이 놀라서 일본 정부에 "속국 왕의 요청으로 반란을 진압하기 위해 약간의 구원병을 보냈으며 다른 뜻이 없거늘, 어찌하여 귀국은 대규모 병력을 조선에 상륙시키는가"라고 항의했다. 이에 일본은 "조선은 분명한 독립국이다. 귀국이 지금 와서 속국이라 할 수 없고 또한 1885년 천진조약[2]에 따라 조선에 군사를 보내게 될 때에는 사전에 통보한 후 하기로 했거늘, 귀국이 통보도 없이 군대를 보냈으니 우리도 군대를 보낸 것이다"라고 했다.

　이때 청나라가 그 잘못을 깨닫고 군대를 철수하는 등, 호의로 대하

---

2) 1885년 조선의 갑신정변에 관련하여 조선으로부터 청·일 양국 군대의 철병을 약속한 텐진협약.

고 조선이 독립국이라고 여러 차례 밝힌 원칙을 존중했다면 치욕스러운 패전도 피할 수 있었을 것이다. 그러나 청나라는 이를 깨닫지 못하고 일본을 업신여기고 조선을 속국이라고 하며 군대를 철수시키지 않았다. 그런 가운데 일본왕은 청나라에 선전포고를 했다.

그리하여 바다와 육지에서 전쟁이 벌어지니 원세개는 도주했고, 청나라 장군 섭사성(攝士城)과 해군제독 엽지초(葉志超)가 아산, 공주, 평양에서 차례로 패하여 물러가 조선은 사실상 일본군에게 점령되었다.

당시 조선에서는 많은 사람들이 여전히 주장하기를 청나라는 대국이요 일본은 소국이며, 청나라는 은혜의 나라이며 일본은 원수로 여기고 청나라가 다시 이기고 돌아오면 무엇이라 대답할까 두려워했다. 조정에서는 이승순(李承純), 민영철(閔泳喆) 등이 관리 1백 수십 명을 대동하고 청나라에 가서 여전히 배반하지 않고 있음을 설득하고 추후에 용서받을 수 있는 문을 열어놓았다. 백성들은 집을 비워 청나라 군대가 사용할 수 있게 했고, 물자까지 가져다주었다. 조정이나 백성이 이처럼 무지몽매하니 어찌 나라의 독립이나 주권을 말할 수 있겠는가. 만일 그때 청나라가 전쟁에 이겼다면 우리나라의 주권은 어떻게 되었을 것이며, 백성들은 또한 어떻게 되었겠는가. 우리 대한 사람들은 지금에 와서 다시 한 번 생각해 볼 일이다.

37. 청일전쟁 후 조선의 대외관계

청나라 군대가 계속 패배하여 신의주에서 쫓겨 압록강을 건너 청나라 땅으로 밀려가 남만주 지방의 구련성과 봉황성을 차례로 빼앗겼다. 그리고 난공불락(難攻不落, 좀처럼 점령할 수 없음)으로 알려졌던 여순항의 포대(砲隊)도 쉽게 점령당하니 청나라 조정에는 큰 충격이었고, 그들의 민심도 크게 동요되었다. 세계 여러 나라가 놀라워하며 세계여론도 일시에 변하였다.

처음에는 각국이 짐작하기를 청나라는 매우 큰 나라이므로 영국과 프랑스가 북경으로 쳐들어가 청나라의 위세를 꺾기는 했으나 작은 일본이 청나라를 상대로 전쟁을 시작한 것은 어리석은 짓이며, 자기나라도 지키기 어려울 것이라고 판단하고 일본의 겁 없는 행동을 비판했다. 그러나 놀랍게도 일본이 전쟁에서 압도적인 승리를 계속하자 각국은 태도를 바꾸어 일본의 정당성을 칭찬하며, 청나라의 완고함과 어리석음을 책망하며 청나라를 외면하니 청나라는 고립무원(孤立無援, 아무도 도와주지 않는 고립된 처지)의 처지가 되었다.

그 전에 청나라는 영국의 부강함을 부러워했지만 영국이 부강하게 된 원인을 연구하고 실천하기보다는 영국에 의존하는 마음으로 그들을 특별 대접하며, 그들의 지원을 받고자 했다. 그들은 어려움이 닥치면 영국의 도움을 받을 수 있을 것이니 염려할 것이 없다고 생각하고 있었다. 청나라가 위기에 처하여 영국에 지원을 요청했지만 영국은 현실적 이익을 희생하려 하지 않았기에 중립을 지키고 전쟁에 개입하지 않았다. 청나라는 그들이 바라던 영국의 지원을 받지 못하게 되자 일본에 화친을 청할 수밖에 없었다.

  1895년 4월 28일, 일본의 시모노세키(下關)에서 열린 회담에서 청나라는 일본에 배상금 2억만 냥(약 1억 2천7백만 달러)을 지불하기로 하고 강화조약에 서명했다. 강화조약의 제1조에서 청나라는 조선이 확실한 자주독립국임을 인정하며, 자주독립국의 권리를 훼손할 수 있는 요소는 모두 없애고 매년 공물(貢物, 중국에 보내는 특산물)을 보내던 것도 폐지한다고 했다.

  이후로 우리나라와 청나라 간에 공식 접촉이 끊어지고 피차간에 간섭이 없었다. 한때 청나라 영향력의 중심이었던 한성 낙동에 있던 청나라 공사관은 폐쇄되고, 청나라의 국기인 황룡 깃발은 없어지고 빈 깃대만 서 있었다. 참을 수 없을 만큼 무례했던 청나라 사람들의 기세는 어디로 가고 청나라 상인들도 풀이 죽었다. 청나라를 숭상하고 원세개의 손발이 되어 일신의 부귀영화만을 도모하던 세도가들은 고개를 숙이고 자취를 감추었으며, 청나라의 사악한 영향력이 태풍에 검은 구름 밀려가듯이 사라졌다.

  그리하여 날마다 새로운 기운이 들어와 개화의 기초가 이때부터 뿌리내리기 시작했다. 중국 사신을 맞이하던 영은문(迎恩門)을 허물고 그 자리에 독립문을 세우고, 청나라 군대의 본부로 사용했던 남별궁(南別宮)을 개조하여 원구단(園丘壇, 임금이 하늘에 제사지내던 단)을 만들었다. 나라 이름을 조선에서 대한(大韓)으로 바꾸고 중국황제의 이름을 딴 달력을 폐지하고 개국(開國), 건양(建陽), 광무(光武) 등 우리 황제의 연호를 딴 달력을 만들었고, 고종황제라 불러 세계 각국의 군주들과 같은 지위를 회복했다.

무술년(1898년) 12월 13일, 서수봉(쥬소우팽) 청나라 공사가 한성에 도착하여 12월 20일에 황제폐하께 인사를 드리고 청나라 황제의 국서(國書,정부의 편지)를 바쳤다. 이로써 대한제국과 청나라는 다른 나라들과의 통상조약을 참고로 하여 새로운 조약을 맺고, 평등을 바탕으로 긴밀한 관계를 유지하게 되었다. 이 모든 것이 청일전쟁 이후에 일어난 일이다.

우리가 우리 힘으로 자주독립의 권리를 회복하여 스스로 문제를 해결할 수 있었다면, 자주독립이라는 이름만이 아니라 그로 인한 혜택을 얻었을 것이다. 그러나 사실인즉, 우리는 그렇게 하지 못했으니 자주독립이라는 말을 하기도 수치스럽다. 우리가 어떤 형편에 놓여있는지 마땅히 반성해야 할 것이다. 과거 우리는 중국을 숭상하는 것을 당연한 도리로 알았고, 중국을 세계에서 제일 큰 나라로 알았다. 돌아보면 과거 우리가 얼마나 어리석었는지, 오늘날 그 어리석음의 결과에 대해 확실하게 깨달아야 한다. 우리가 진작 깨닫지 못하여 다른 나라에 의지하려 했던 것을 참으로 통분히 여기고, 무지한 동포들을 어서 깨닫게 하고, 밤낮을 가리지 않고 열심히 일하여 오늘의 수치를 씻어내고 영원무궁한 나라의 기초를 세워야 할 것이다.

38. 러시아가 요동반도를 침범하다

　각국은 청일전쟁에 대해 중립을 지켰다. 전쟁이 끝나고 일본이 배상금으로 은 2억만 냥을 받으며 요동지방을 차지하게 되자, 일본의 지나친 탐욕에 의문을 제기했다. 특히 러시아, 프랑스, 독일 3국은 요동을 청나라에 반환하라고 요구하는 공동 외교 문서를 일본에 보냈다. 일본 정부는 이에 응하지 않다가 그들의 압력에 못 이겨 요동을 청나라에 반환하는 대신 현금 1억만 냥과 대만을 차지하였다. 그리하여 일본의 실제 이익은 요동반도 전체를 차지한 것 못지않았다.

　그러나 청나라는 언제나 명분이나 겉치레만 중요시했으므로 요동반도를 회복했다는 것을 크게 영광스럽게 여겼다. 청나라가 그때까지 의존해왔던 영국은 아무 말도 없었지만, 러시아가 프랑스, 독일과 연합하여 요동을 되찾아 주자 청나라는 감사하는 마음으로 러시아에 의존하게 되었다.

　러시아가 이러한 기회를 이용하여 청나라를 은밀히 설득하기를, "다른 나라는 다 믿을 수 없고 우리가 귀국과 국경을 마주하고 있고, 나라의 안위가 서로 밀접히 관계되어 있으니 만일 우리 두 나라가 힘을 합치면 천하에 두려울 것이 없다. 요동반도를 통과하는 철로를 놓으면 대단히 이로울 것이나 귀국의 재정이 부족하니 우리가 대신 자본을 내어 철로를 놓으면, 다른 나라들은 우리 두 나라의 친밀함을 알고 우리들에게 감히 도전하지 못할 것이다"라고 했다.

어리석은 청나라는 이 같은 제안에 찬성하여 러시아에 철도 건설을 허락하니 철도는 블라디보스토크에서 만주를 지나 요동반도 끝에 있는 여순까지 이르렀으며, 시베리아 횡단철도와도 연결되었다. 청나라는 또한 여순항에 러시아 해군기지를 건설할 수 있도록 허용했다. 러시아는 철도를 보호한다는 명분 아래 요충지에 군대를 주둔시키니 이 광활한 지역이 형식적으로는 청나라 땅이었으나 실질적으로는 러시아가 통제하게 되었다.

러시아가 시베리아 횡단철도를 건설할 당시 그들의 목적은 여기까지 미치지 못하였다. 그러나 순식간에 총 한방 쏘지 않고 피 한 방울 흘리지 않고, 아시아 동편에 한없이 넓고 기름진 영토를 점령하여 우리나라와 청나라 사이에 걸터앉게 되었다. 얼음이 얼지 않는 여순항을 차지한 러시아는 동양의 바다를 마음대로 통제할 수 있게 되었다. 러시아에게는 다행스러운 일이겠지만, 영토 확장의 야욕을 품은 러시아가 어찌 요동반도를 삼키는 것만으로 만족하겠는가.

청나라는 요동반도를 형식적으로 차지하고 실질적인 권리는 러시아에 양보하여 영원히 회복할 가망이 없게 되었다. 각국이 이 소식을 듣고 과연 청나라가 이를 허락하였는가 질문하자 청나라는 적당히 둘러댔다. 이에 각국이 분노하면서 논란이 크게 벌어졌다. 자기들 것을 남의 나라에 내주고도 여러 나라의 신뢰를 잃게 되었으니 이 어찌 원통하지 않겠는가.

러일전쟁의 씨앗은 이미 이때 뿌려졌던 것이다. 이홍장은 일신의 부귀영화만을 생각하여 서태후(西太后)의 종이 되어 러시아에 의지하고, 국토를 팔아먹어 전쟁을 초래했다. 그 더러운 목숨이 천만년을 살지 못하고 5년 전에 죽었으나 그의 큰 죄악은 결코 잊히지 않을 것이다.

39. 청나라 의화단(義和團)의 난(亂)

청나라 광서황제는 청일전쟁에 패한 후 깨달은 바가 있어 낡은 제도를 없애고, 새로운 제도를 도입하여 백성들에게 자유롭게 말할 수 있는 권리를 주었다. 또한 신분이나 직책에 관계없이 백성들에게 유익한 일이면 누구든지 황제에게 직접 상소(上疏, 임금에게 글을 올림)를 올릴 수 있도록 했다.

당시 서태후가 실권을 장악하고 있었으며, 완고한 대신들은 모두 서태후의 심복으로 황제의 개화정책을 반대하며 황제를 제거하고자 했다. 이때 강유위(康有爲), 양계초(梁啓超) 등이 황제의 명령을 받아 백성들의 대표회의를 만들고, 유능한 인재들을 발탁하여 개혁을 추진하고자 했다. 그러나 그들은 서태후의 분노와 증오의 대상이 되어 어떤 사람들은 살해되고, 어떤 사람들은 국외로 달아나고, 다른 사람들은 뿔뿔이 흩어지고 말았다. 황제는 감금당하여 독살되었다는 소문이 자자했다. 서태후는 황제의 서모(庶母)로서 권력을 장악하여 개혁의 싹을 잘라버렸으니 이때가 무술년(1898)이다.

이때 이홍장은 자신이 서양 각국을 여행할 당시 했던 생각을 모두 버리고 서태후에게 아첨하며 자리를 보전하고자 했다. 그는 러시아에 의지하고 서태후의 추종세력에 가담했다. 이때가 바로 청나라의 주권과 영토를 훼손하는 조약들이 이루어진 시기였다. 백성들은 무슨 일이 일어났는지, 어느 나라가 야욕을 가지고 있는지 전혀 모르는 가운데, 서양 사람들은 모두 청나라를 말살하러 온 줄로 알고 그들을 원수로 여겼다.

오래전부터 청나라에서는 기독교인을 대단히 미워했다. 선교사들이 들어와 전도하는 것은 다른 의도가 있는 것이 아니라, 자기들의 경비와 노력을 들이며 무지한 백성들에게 자기들의 종교를 전하고자 했을 뿐이다. 그러나 청나라 사람들은 선교사들이 중국인의 토지를 빼앗거나 그들을 해치러 온 것으로 믿고 기회만 있으면 선교사들을 해치려 했다.

선교사를 보낸 나라들이 선교사를 보호하기 위해 부득이 청나라에 압력을 가하자 서양 각국과 청나라 간에 갈등이 깊어졌다. 이에 따라 중국 내에서 기독교인을 해치려는 분위기가 더욱 높아졌다. 그러한 중에도 선교사들은 허무맹랑한 것을 믿지 말며 섬기지도 말라고 하니 중국인들은 기독교인을 더욱 싫어하게 되었다. 외국인을 싫어하는 사람들이 허무맹랑한 말을 지어내어 사람들을 선동하여 외국인들을 몰아내려는 사건이 종종 발생하기도 했다. 서태후와 권력자들이 개화를 반대하며 백성들을 선동했기 때문이다.

이때 의화단(義和團)[1]이라는 무리가 서양인들을 몰아내고 전통을

---

1) 1898년 중국 산동성에서 일어난 반 기독교 폭동을 계기로 화북 일대에 퍼진 반 제국주의·반 외세운동. 북청사변이라고도 함. 의화단은 1900년 북경에 있는 각국 공사관을 포위했으나 독일, 일본 등 8개국 연합군이 격파하여 1901년 9월 신축조약(辛丑條約 : 북경 의정서)을 체결했다. 청나라의 영토 할양은 없었으나 4억 5천만 냥을 배상하고, 외국군대의 체류는 청나라의 쇠망을 촉진했다.

회복하며, 외국과 교류하지 말고 우리끼리 살자며 백성들을 선동했다. 그들이 요사한 말로 주문(呪文)을 외우고, 부적(符籍)을 붙이고, 바람을 불게하고, 비를 오게 하는 재주가 있다하며 사방에 전파하자 많은 백성들이 믿고 따르기에 이르렀다. 마치 우리나라의 동학란과 비슷하게 되었다. 게다가 권력자들이 은근히 부추기며 호응하니 그들은 온 세상이라도 뒤집을 것 같이 기세가 넘쳤다.

대규모 민란이 일어나 남녀노소 할 것 없이 기독교인을 몰살했으며, 기독교를 믿거나 개화세력에 가깝다고 여겨지는 자는 모조리 죽였다. 외국공관의 공사, 영사는 물론 일선 직원에 이르는 모든 관리, 상인, 교회 관련자 등 외국인은 가리지 않고 모두 죽였다. 전국 각처에서 외국인 소유의 교회, 학교, 외국인과 개화파 인사들의 집과 재산은 모두 불태워져 막대한 재산파괴와 인명손실을 초래했다. 각국 거류민들은 보호를 받으려고 북경으로 몰려들어 이곳에 가장 많은 난민이 집결되어 있었다. 독일 공사와 일본 공사관의 직원이 살해됐으며, 다른 외국인의 안전도 위급한 지경에 놓였다.

이 민란의 소식이 세계에 알려지면서 각국은 일제히 분노했다. 영국, 미국, 프랑스, 독일, 러시아, 일본 등 8개국 군대가 연합군을 편성하여 북경으로 진격했다. 그들이 성문을 부수고 물밀 듯이 들어가 기독교인들을 구출하고 난민들을 소탕하니 폭발물 터지는 소리와 대포소리는 천지를 진동했다. 의화단을 부추긴 단친왕자의 궁전에 불을 지르고, 황궁을 점령하자[2] 다른 왕자들과 대신들은 이미 도망갔고, 서태후와 황제는 경자년(更子年, 1900) 8월 4일 내시 몇 명이 호위한 가운데 서안(西安)으로 피난 갔다. 하급관리들과 백성들이 황제 일행의 피난

---
2) 단친왕자는 서태후의 총애를 받는 왕자였다.

을 만류코자 했으나 서태후는 자신의 죄를 알기에 위협을 피해 몰래 도망갔다. 천리나 되는 먼 길을 도망하며 온갖 고초를 겪었으나 아무도 서태후를 측은히 여기지 않았다.

청나라 사람들이 무고한 사람들을 마구 죽이는 데 분노한 외국군은 노략질과 살상을 주저하지 않았다. 수천 년 된 문화재와 귀중품을 빼앗아가며, 부녀자들을 닥치는 대로 겁탈했다. 청인들은 이를 피하여 사방으로 도망갔고, 집들은 불에 타고 부서졌다. 그중에도 러시아, 프랑스, 독일의 군대가 가장 난폭했다.

만주 훈춘(琿春) 지방에서는 러시아 군인들이 청인 남녀노소 3천여 명을 강으로 끌고 가 "너희들이 이 강을 건너지 않으면 몰살하겠다"라고 하자, 청나라 사람들이 울며 부르짖기를, "우리는 아무도 해친 적이 없는 양순한 백성이다. 무고한 노인과 부녀자와 아이들이 난리와 무슨 상관이 있으리오" 하며 목숨만은 살려달라고 애원했다. 그러나 러시아 병사들은 우리는 단지 명령을 따를 뿐이라고 냉정하게 대답하며 여러 명을 살해했다. 이때 그들은 모두 4천여 명을 죽였고, 흑룡강 물은 핏빛을 이루었다고 한다. 하얼빈 지방에서는 군수가 인민들을 동원하여 각국 군사들을 환영하는 뜻으로 영접하라 하였으나, 러시아군은 그 호의를 무시하고 시장을 불태우고 여자들을 겁탈했다.

그러나 무도한 청나라 사람들이 세계 모든 나라 사람들을 원수로 삼은 결과 그런 끔찍한 환란을 초래했기 때문에 그들의 무리함만 원망할 수도 없을 것이다. 모든 사람들은 각자의 잘못을 먼저 반성함이 마땅할 것이다. 고위직에 있는 자가 무지하여 그 같은 환란을 당한 것은 그들에게 죄가 있으니 동정 받을 여지가 없지만, 무고한 백성들은 지배자들을 잘못 만난 죄로 참화를 당해 원통하다 할 것이다. 백성들 스스로 정신 차리지 못하고 낡은 관습에 안주하기를 바랄지 모르나, 나라가 위기에 빠지면 책임 있는 사람들만 고통 받는 것이 아니다. 오늘날은 부인이나 어린아이까지도 세상이 어떻게 돌아가는지, 나라의 신민으로서 책임이 무엇인지 알아야 한다.

40. 러일전쟁의 원인

오래전부터 청나라 사람들이 외국인을 잔인하고 무도하게 취급하여 세계 여러 나라에서 분노하고 열띤 논란의 대상이 되었다. 의화단의 난으로 8개국 군사들이 북경을 점령하자 각국 여론이 더욱 들끓어, 청나라 땅을 나누고 주권을 박탈하여 다시는 이러한 폐단이 생기지 않도록 하자고 주장했다. 그러므로 당시 형편으로는 청나라 이름을 유지하기도 어려웠다. 여러 나라가 서로 더 많은 것을 쟁취하려 하다가 전쟁이 난다면 동서양을 막론하고 전 세계가 전쟁의 소용돌이에 빠질 가능성이 있으므로 각국 지도자들이 크게 염려했다.

다행히 각국의 호의로 청나라의 영토와 주권을 보전하는 것이 옳을 뿐 아니라, 여러 나라 간에 시비가 없을 것이라고 생각하여 각국 사신들이 북경에 모여 강화(講和)조약을 의논하였고, 청나라의 경친왕이 대표가 되어 강화조약을 체결하니 그 주요내용은 다음과 같다.

1. 난리를 일으키는 데 관계된 모든 대신들은 사형에 처한다.
2. 청나라는 각국에 대해 난리로 인하여 입은 피해를 보상한다.
3. 청나라는 전국 각지에 있는 모든 외국인, 교회, 기독교인을 특별히

보호하며 그러한 일이 재발하지 않도록 한다.
4. 천진지역은 청나라의 치외법권(治外法權) 지역으로 삼아 각국이 공동 관리하기로 한다.
5. 만주지방은 중립지역으로 삼아 장차 전쟁이 일어나더라도 그 지방에서는 군사 활동을 금지한다.
6. 주요 항만에 거주하는 외국인의 생명과 재산을 보호하기 위해 각국은 수비병을 둔다.

이 조약의 체결로 전쟁은 끝났으며 배상금은 2억 원으로 합의하여 몇 년에 걸쳐 나누어 물게 했고, 외국 군대는 북경을 떠나 천진으로 갔다. 각국 군대는 천진으로 물러갔지만, 러시아 군대는 산해관(山海關)과 여순항으로 이동하여 위장, 휘춘, 하얼빈에 병력을 주둔시켜 사실상 만주 전체를 점령하였다. 각국이 이의를 제기하자 러시아는 과거 청나라와 맺은 조약에 따라 만주지방을 관통하여 여순에 이르는 철도를 수비할 군대를 주둔시킬 권리가 있다고 주장했다. 러시아는 청나라를 달래고 위협하며 각국의 항의에 대해 청나라가 분명한 입장을 밝히지 못하게 했다. 그러므로 각국의 항의는 더욱 거세어졌다.

러시아는 오랫동안 만주지방을 탈취하고자 하여 철도를 부설하며 세력을 키우면서 기회가 오기만을 노렸다. 1895년 일본이 만주를 차지하는 것을 보고 러시아는 그들의 영토를 빼앗긴 것 같이 여겨, 일본에 압력을 가하여 청나라에 되돌려 주게 했다. 그 후 러시아는 어리석은 청나라를 속여 이 지역을 관할할 수 있는 권리를 얻었지만, 공공연히 영향력을 확대할 수는 없었다. 그러나 의화단의 난을 기회로 러시아는 만주지역에 군대를 주둔시켜 완전히 장악함으로써 영원히 러시아 영토로 삼으려고 했다.

각국은 러시아의 의도를 간파하고 러시아에 따져 물었다. 러시아가 군대를 철수하겠다고 약속한 것이 한두 번이 아니었으나 러시아는 비밀리에 더 많은 군대를 이 지역에 투입했다. 각국의 항의가 거세어질수록 러시아의 영향력은 늘어났다. 심지어 그들은 청나라 관리들을 몰아내고 사법(司法)과 세금징수 권한까지 차지했다. 그들은 밤낮을 가리지 않고 철로를 이용하여 더 많은 병력과 장비를 실어다가 여순과 블라디보스토크, 압록강 등지에 수만 명의 병력을 주둔시켜 위력을 과시했다.

러시아는 또한 조선의 서북지방을 침범하여 그들의 영향력을 행사했다. 그들은 우리 정부의 허가를 얻어 서북 해변에서 벌목한다는 구실을 내세워 수백 명의 군인들을 민간복장으로 들여보냈다. 작년(1903) 5월에는 용암포를 니콜라스(Nicholas)라고 바꿨다. 이것은 이 항구를 점령할 당시의 황제를 영원히 기념하려는 것이다. 러시아군이 이곳에 상륙하여 포대를 구축하고 압록강변에 군대 주둔지를 설치하며, 주변 마을에 들어가 노략질을 일삼으니 이 모두가 불법이고 용납할 수 없는 일이었다.

각국은 이 같은 러시아의 침략행위에 분노했다. 미국과 영국이 특히 우려했다. 이 두 나라는 자유롭게 무역과 선교를 하는 것을 원칙으로 삼았기 때문이다. 만약 러시아가 만주 지방과 대한의 서북 지방을 점령한다면 이 지역에 다른 나라 사람들이 들어올 수 없게 할 것이고, 그 지역을 철저히 통제하게 될 것이다. 그러므로 영국과 미국은 만주 지방을 모든 나라에 동등하게 개방하라고 했다. 그러나 러시아는 그 같은 제안을 반대하고, 비밀리에 청나라에 압력을 가하여 만주지방을 개방하지 않도록 했다.

　우리나라의 서북지방도 만주와 같이 된다고 판단한 각국은 신의주를 개방하여 자유통상지역으로 만들고, 용암포를 개항하여 하루빨리 각국에 선포하라고 대한 정부에 권고했다. 이것은 각국에 관계되는 일이기도 하지만 우리나라에 가장 이로운 정책이다. 대한 정부가 이 같은 방침을 각국에 신속히 밝혀 모든 나라에 개방된 통상지역으로 만들었다면, 우리의 영토도 보존하는 동시에 어느 나라도 넘보지 못하게 할 수도 있었을 것이다.

　우리 정부에서는 그 뜻을 알고 이를 받아들이려 하였으나 러시아는 위협하며 이를 막고자 했다. 각국은 대한 정부에 신속히 용암포 개항을 선언하도록 촉구하는 한편, 러시아와 이 문제를 협의했다. 그러나 러시아는 조선 정부와 맺었던 조약에 따른 권리를 주장하며 철수하기보다는 오히려 날마다 군사력을 증강하여, 영원히 물러갈 뜻이 없음을 드러냈다.

　각국이 러시아에 대해 더욱 분노하고 있는 가운데 일본은 특히 우려하며 분노했다. 일본은 청일전쟁에서 획득한 지역을 러시아의 개입으로 돌려주었다. 그러나 그 지역이 러시아의 수중으로 들어갔으니 이것은 일본의 권리를 능멸한 것이다. 뿐만 아니라, 이처럼 광대한 지역이 러시아의 통제 아래 들어가서 대한과 청나라가 위태롭게 되면 일본에게도 큰 위협이 될 것이기 때문이다. 그러므로 오직 통상과 선교에만 관심이 있었던 서양 세력들과는 달리 일본은 이 같은 상황이 닥칠 것을 예상하고 수십 년 동안 밤낮없이 노력했던 것이다.

　일본 정부는 단호한 태도로 러시아에 담판을 청했다. 그리고 러시아 주재 일본 공사에게 전권을 주어 세인트 피터스버그(상트페테르부

르크)에 있는 러시아 정부와 협상하여 이 문제를 해결하도록 했다. 러시아 정부는 협상에 응했지만, 황제가 병이 났느니 외유 중이니 하며 여러 가지로 변명만 하며 시간을 끌어 협상을 불가능하게 했다.

양국 간의 협상은 지지부진했고, 러시아는 계속해서 만주지역에 군사력을 증강시켰다. 러시아는 시간을 끌며 그동안 전쟁준비를 마치면 각국도 러시아에게 철수하라는 주장을 포기하게 될 것이고, 일본도 포기할 것으로 판단했다. 만약 일본이 단독으로 전쟁을 하려 한다면 일본처럼 보잘것없는 나라를 패배시키는 것은 손바닥 뒤집듯이 쉬운 일이라 여겼다.

시간이 갈수록 러시아는 오만해져서 더욱 무리한 주장을 했다. 처음에는 일본을 달래며 말하기를, "만주에 대해 일본이 상관하지 않는다면 우리는 일본이 대한에서 무엇을 하든지 상관하지 않겠노라" 하더니 얼마 후에는 "대동강 남북으로 대한을 양분하여 북쪽은 러시아, 남쪽은 일본의 통제 아래 두자"고 했다. 그러자 여러 나라들은 더욱 분노하며 전쟁을 하지 않고는 해결될 수 없을 것이라 하였다.

일본 백성들의 분노가 계속 높아지자 뜻있는 학자들이 모여서 주장하기를, "우리 군사들이 갑오년(1894)에 피 흘리며 쟁취한 땅을 정부는 청나라에 되돌려 주어 결국 러시아가 차지하게 하였다. 그러나 정부는 이를 되찾으려 하지 않고 있으니 이것은 백성들을 업신여기는 일이다. 러시아의 도발이 분명히 드러났거늘 정부는 어찌하여 전쟁을 선언하지 않고, 아무런 성과도 없는 협상으로 러시아에게 전쟁 준비할 시간만 주고, 기회를 놓치어 장차 닥치게 될 위험을 생각하지 않는가" 하며 여론이 물 끓듯 했고, 신문들도 정부를 이구동성으로 비난하였다.

마침 일본 국회가 열리자 국회의원들은 정부를 탄핵하고자 했다. 일본왕이 즉시 칙령(勅令, 왕의 명령)을 내려 국회를 폐회하도록 하니 백성들의 분노가 더욱 커졌다. 정부 지도자들을 살해하려는 자들이 수없이 나타나자 정부는 군인들로 하여금 고관들과 그들의 집을 보호하고, 러시아와 담판을 통해 해결하려 하면서 동시에 전쟁준비도 착실히 했다.

각국은 전쟁이 임박한 것을 알고 그들 군함에 대해 전쟁에 대비하여 필요한 조치를 취하도록 했다. 각국은 전쟁이 불가피하다고 보고 전쟁이 벌어져도 빨리 끝나기를 바랐다. 그러나 일본이 싸울 뜻이 없어 보이자 각국은 일본이 감히 러시아에 대항하지 못한다거나 일본이 어리석어 러시아에 속고 있다고 했다.

그러나 사실은 일본도 러시아 못지않게 전쟁준비를 철저히 했지만, 은근히 전쟁을 피하는 체하면서 러시아의 무모함에 대해 각국으로 하여금 더욱 분노하게 만들고자 했던 것이다. 일본은 세계 여론이 그들에게 유리해질 때까지 기다렸다가 전쟁을 시작함으로써 일본의 행동에 대한 후환(後患, 뒤탈)을 막고자 했던 것이다.

이런 가운데 영국과 미국은 일본에 우호적인 입장을 취했고, 다른 나라들도 일본에 동정적인 태도를 나타냈다. 청나라 또한 러시아에 의존할 생각을 버리고 일본과 협력하고자 하나 일본은 청나라와 연합하는 것을 피했다. 청나라에 우호적인 외국인들은 청나라에게 전쟁에 가담하지 말고 중립을 선언하라고 했다. 왜냐하면 청나라의 참전은 다른 나라들에게 참전할 빌미를 주어 많은 나라가 전쟁에 가담하게 됨으로써 사태가 어떻게 발전될지 짐작하기 어려웠기 때문이다. 그래서 청나라는 만주지방을 제외하고 그 밖에 다른 지방은 전쟁에 전혀 관여하지 않았다. 우리나라도 중립을 선언하였으나 이미 은밀히 러시아를 끌어들였으니 어떻게 중립을 보장받을 수 있겠는가.

일본군이 한양에 들어오자 갖가지 소문이 난무하며 민심이 크게 흔들렸다. 그러나 대한 정부에서는 러시아 공사관만 바라볼 뿐 조금도 걱정하지 않고 있던 가운데 금년(1904) 2월 9일, 인천항과 여순항에서 대포를 쏘며 전쟁이 시작되었다. 지금까지 러일전쟁의 배경을 간략히 설명했으니 이 전쟁을 둘러싼 국제관계를 알 수 있을 것이다.

41. 청일전쟁 후 개혁에 나선 조선

　대한은 청일전쟁 이전까지는 청나라에 의존하는 생각을 버릴 수 없었으나, 청나라가 패전한 후 청나라에 기대어 온 낡은 생각을 버리고 개혁을 시작하게 되었다. 조정은 6조(六曹, 6개 부처에 해당)를 없애고 대신 8개 아문(衙門, 8개 부처)을 설치했다. 불필요한 관직(官職, 공무원 자리)을 폐지하여 재정지출을 줄이고, 세금제도를 공평히 하여 관리들이 세금을 마음대로 늘이거나 줄이지 못하게 하고, 경찰관을 배치하여 치안을 개선했다.
　과거제도를 폐지하고 신분이나 배경에 관계없이 유능한 인재를 채용하도록 했으며, 한성과 각 지방에 재판소를 설치하여 조서(調書, 조사한 사실을 기록한 문서)와 본인의 범죄 사실에 대한 인정을 바탕으로 유죄를 확정한 후 처벌하게 함으로써, 좌우 포도청(경찰서)에서 잘잘못을 제대로 가리지 않고 처벌하던 폐단을 없앴다. 또한 황실 친인척과 한성과 각 지방 세력가들이 사사로이 남의 재산을 빼앗던 폐단도 없애는 등 여러 가지 폐습을 금지했다.
　정부가 개혁하겠다고 선언한 것 중에 가장 두드러진 것은 문벌(門閥)을 고려하지 않고 인재를 채용하고, 파당을 고려하지 않고 모든 관리들을 공평하게 대우하며, 과부의 재혼을 허용하고, 종을 두거나 매매하는 것을 금지한 일 등이다. 전국에 초등학교를 설립하고 백성들에게 자녀들의 교육도 권장했다. 그리하여 여러 가지 폐습이 날로 줄어들고, 문명개화 하고자 하는 기운이 왕성해졌다.

각부 대신은 세계정세에 대해 밝은 사람들로 임명했다. 그들 대부분은 외국 유람도 하고 공부에도 힘쓰던 자들이다. 그들은 정부의 업무 중 맡은 부분을 책임지고 열심히 일했다. 과거의 완고했던 대신들도 물러가 자취를 감추었으니 개혁을 방해할 사람이 많지 않았다. 각국은 이 같은 개혁을 칭송하면서 개혁을 쉬지 않고 계속한다면 몇 년 후에 대한은 문명된 새로운 나라가 될 것이라고 했다.

이 같은 개혁이 너무 빠르지도 너무 느리지도 않게 10년 동안 꾸준히 시행되었더라면 지금쯤(1904년) 대한의 국력과 백성들의 생활수준은 거의 일본 수준에 이르렀을 것이다. 대한이 러일전쟁의 원인이 되었다는 비난도 받지 않았을 것이고, 러시아와 일본의 군대가 우리나라에 들어올 리도 없었을 것이며, 또한 일본이나 러시아의 영향을 받지 않고 자유를 보전할 수 있었을 것이다.

불행하게도 당시 집권세력은 폭넓은 지식으로 백성들을 계몽시켜 그들의 협력을 받지 못했다. 지나치게 서둘러서 백성들이 개혁의 이점을 이해하지 못하고 백성들의 호응을 받지 못했던 것이다. 집권세력은 일본 공사 미우라(三浦梧樓)와 협력하여 개혁을 강제적으로 밀어붙이니 개혁에 대한 백성들의 저항이 더욱 커졌다.

을미년(1895) 8월, 역적들이 일본 수비병을 데리고 궁궐을 침범하여 명성황후를 살해하는 만고에 둘도 없는 만행을 저질렀으니 차마 설명하기도 어렵다. 각국은 모두 크게 분노했으며, 일본 공사 주도하에 감행된 그 같은 범죄에 대해 치를 떨지 않는 사람이 없었다.

백성들이 크게 동요하자 세력을 잃었던 수구세력이 목소리를 높이기 시작했다. 이때 갑자기 단발령(斷髮令)을 내려 백성들의 머리를 억지로 깎으니 어찌 순종하기를 바라겠는가. 무지한 백성들은 황제가 선언한 개혁이 얼마나 좋은 것인지, 얼마나 편리한 것인지 잘 몰랐기 때문에 옛날 것이 옳고 좋은 것이라 여기며 목을 베일지언정 머리카락은 자를 수 없다고 완강히 저항했다. 백성들에게 개혁의 이로운 점을 가르치기보다는 성급하게 강제적으로 시행하려 하다가 전국 각지에서 의병(義兵)이 일어나 전국이 혼란에 빠졌다.

그해(1895) 12월, 황제께서 러시아 공사관으로 피난하시니 이때부터 일본은 모든 영향력을 상실하고, 러시아가 대한의 내정을 좌우했다. 대한의 독립과 주권이 또다시 훼손되었으며, 개혁의 기반도 무너지고 말았다. 이는 우리 국민의 불행이었을 뿐 아니라 대한에 대한 일본의 노력도 큰 저항에 부딪치게 되었다. 특히 명성황후 시해에 관련된 일본 공사의 범죄는 엄청난 결과를 초래하고 말았다.

42. 청일전쟁 이후의 일본과 러시아 정세

러시아 사람들은 다른 나라 영토를 빼앗는 데 특별한 관심을 가지고 있었다. 이를 위해 그들은 기회를 보아 계책을 부리거나 권력 있는 자에게 호의를 베풀어, 그들을 장악하여 영향력을 행사하거나 또는 다른 필요한 수단을 동원했다. 그들은 아무리 작은 땅이라도 손에 넣으면 영원히 장악하려 했다. 나아가 그들은 점진적으로 온 세상을 그들의 세력 아래에 두고자 했으니 이는 각국의 역사 서적을 보면 알 수 있다.

러시아가 동양에서 노린 것은 이 지역 국가들이 깨이지 못하여 세상 형편도 모르고, 국권을 보호할 줄 몰라 점점 쇠퇴하고 있는 것을 최대한 악용하여 그들의 세력을 확장하려는 것이었다. 일본은 이 같은 위험을 먼저 깨닫고 부강한 나라를 만들기 위해 서양제도를 받아들였던 것이다. 일본은 동양을 보호한다는 명분으로 1894년 청나라를 상대로 전쟁을 시작한 후, 대한에 대해서는 개혁을 하도록 권고했다. 각국은 대한이 스스로 개혁할 능력이 없으므로 그 주권이 위험에 처하게 되었다고 우려했던 것이다. 그들은 대한이 위태롭게 되면 동양에서 팽창 야욕을 가진 나라의 영향력이 커질 것이라고 우려했다.

그러므로 문명한 국가가 대한이 부강의 길을 걷도록 권유해야 할 것이나, 만약 서양의 어떤 나라가 대한에 개입하고자 하면 다른 나라의 반발을 불러와 전쟁이 일어날 염려가 있었다. 그러나 이웃 나라인 일본은 대한의 사정을 더 잘 알고 대한 때문에 전쟁까지 했으니 일본의 도움을 받는 것이 좋겠다고 일본의 뜻을 은근히 찬성하는 자들이 있었다. 그래서 일본은 대한의 정치개혁을 지원할 권리가 있다고 생각하기에 이르렀다.

그러나 러시아는 일본의 의도를 못마땅하게 여기고, 대한에서의 일본의 움직임을 방해하고자 했다. 한편 일본은 동양에서 러시아를 몰아내기 위해 백성들을 일깨우고자 노력했고, 대한의 관리들과 백성들에게도 그 같은 노선으로 나가도록 권유했다. 러시아는 각국의 의사를 거역할 수 없어 겉으로는 제3자인 척했지만 실제로는 기회만 노렸다.

그런데 1895년 명성황후 시해사건이 일어나면서 각국이 일본 공사의 불법만행을 비난하며, 대한 황실이 위험에 처했으니 무슨 일이 일어날까 의심이 가득했다. 이때 몇몇 대신들이 모여 영국 또는 미국 공사관으로 황제를 피난시키는 문제를 논의했으나, 이는 나라의 주권을 해치는 일로 온당치 못한 일이라 하여 시행하지 않았다. 이 기회를 틈타 러시아는 그들의 공관을 빌려주고 대한 황제를 정중히 맞아들였으니 이때가 을미년(1895) 12월 1일이다.[1]

하룻밤 사이에 정부가 뒤집히고 정치판도가 바뀌어 친일파는 모두 제거되고, 수구파가 정부를 장악하여 러시아의 보호에 의존하며 모든 것을 그들 마음대로 끌고 나갔다. 그들은 자기들을 보호해주는 러

---

[1] 양력으로 1896년 2월이다.

시아에 감사하고 또한 더욱 확고히 보호해 주기를 바라면서 금광, 철도, 산림개발, 어업권 등을 러시아에 잇달아 양도했다. 나아가 섬을 빌려주고 세관, 세금징수 및 재정지출에 관한 업무도 러시아 관리들에게 맡겼으며, 러시아인들이 대한의 군사훈련까지 담당하여 대한의 주권은 크게 위축되었다.

이때 뜻있는 사람들이 독립협회(獨立協會)를 조직하고, 나라를 걱정하는 관리들과 백성들이 함께 모여 당면한 문제들에 대해 정치적 득실을 토론했다. 러시아가 우리 정부의 허락을 얻어 부산 절영도(絶影島, 지금의 영도)에 러시아 군함들이 쓸 석탄 보관시설을 만들며, 러시아 장교들과 고문관들을 초빙하여 그들에게 대한의 재정과 군사업무를 맡긴다는 소식을 들은 독립협회 회원들은 이를 단호하게 반대하며, 러시아에 약속한 것들을 모두 무효로 해야 한다고 조정에 요구했다.

우리 정부는 러시아 공관에, "우리 정부와 백성이 우리나라 영토를 조금이라도 외국에 빌려주지 않기로 했으며, 따라서 절영도를 빌려 줄 수 없다"고 통보했다. 러시아 공사는 "일본이 이미 월미도를 빌려 쓰고 있으므로 우리도 그렇게 하는 것이다"라고 말했다. 우리 정부가 일본 공사에게 이 문제를 문의했더니 일본 공사는 월미도를 되돌려주며 절영도 반환을 촉구했다. 이에 러시아공사는 절영도를 빌리려던 것을 취소하고 러시아 장교들과 고문관들을 대한정부로부터 철수시켰다.

이것이 우리 백성들이 정부를 도와 한마음으로 나라의 주권을 보호한 첫 번째 사례이다. 외국에서는 모든 문제를 결정함에 있어서 백성들의 의견을 항상 존중하고 있다. 그러므로 우리 백성이 깨어서 국제법 원칙을 어기지 않고, 다른 나라들 간의 관계를 방해하지 말고, 세계정세를 알고 바로 행하면 모든 나라는 우리나라의 뜻을 존중할 것이다.

그러나 불행하게도 우리 정부와 백성들 간에 의견이 엇갈려 독립협회를 해산하고 그들의 모임도 금지했다. 각국은 대한과 러시아 사이에 뒷거래가 있었다는 것을 알게 되면서 앞다투어 대한정부에서 러시아에 주었던 것과 비슷한 이권(利權)을 얻으려 했다. 이는 본래 통상조약에 각국을 평등하게 대접한다는 조항이 있기 때문이다. 예를 들어, 러시아에 금광개발권을 주면 다른 나라도 비슷한 것을 요구하기 때문이다. 대한이 양보하면 할수록 각국은 더 많은 것을 요구하니, 각국에 대한 양보가 많아질수록 대한의 주권은 약화되고, 외교는 뒤얽혀서 의혹과 갈등만 높아졌다. 그러므로 각국에서는 대한의 독립은 더 이상 존재하지 않는다고 말하기도 했다.

그러나 우리 정부에서는 각국의 여론을 알지도 못했고, 알아도 아무런 생각도 하지 않고 러시아에만 더욱 의존했다. 러시아 공사관은 이를 흐뭇하게 여기고 대한정부를 뒤에서 조종하며 세력을 확장하니, 우리도 모르는 사이에 청일전쟁 이전의 청나라 같이 러시아는 우리나라를 좌지우지하는 나라가 되었다.

러시아에 의존하는 세력은 저 반역도당들이 일본인들과 야합하여 권력을 빼앗으면 그 화근이 임금님에게 미칠 것이라고 했다. 러시아는 전제정치하에서 모든 나라들이 두려워하는 세계 강국이 되었으니 러시아에 확실히 의존한다면 일본이 어떻게 할 수 없을 것으로 확신했다. 그러므로 러시아에 의존하지 않으면 대한이 장차 큰 화를 당할 것으로 우려된다고 하는 러시아인들의 말을 듣고, 러시아에 의존하는 사람들의 러시아를 믿는 마음이 어린아이가 부모를 믿는 마음과 같았다.

일본은 하는 수 없이 한성 주재 공사를 교체하고, 겸손한 태도로 우호관계를 회복하고자 했다. 그들은 명성황후 살해에 책임이 있는 미우라 공사와 일본 검객(劍客)들을 히로시마에서 재판에 회부했으며, 일본에 망명해 있던 대한 사람들이 암살당하거나 다른 피해를 당하지 않도록 적극 노력하며 대한에서의 지위에 따라 그들에게 물질적 지원을 제공했다. 이것은 각국에서 행하고 있는 전례(典例)로 망명객을 수용하고 있는 자기 나라의 이익과 명예를 높이려는 목적도 있었다. 또한 어느 나라든지 자기 나라에서 개화를 하려다가 실패하여 죄인으로 몰린 망명객에 대해서 정치적 망명을 허용하므로 일본도 이 같은 원칙을 따른 것이다.

그러나 대한에서는 일본이 우리의 반역도당들과 야합하여 우리 황실을 해칠 기회를 노린다는 의심을 떨쳐버리기 어려웠다. 대한과 일본은 외면적으로는 우호적인 체하며 결코 타협할 수 없는 원수여서 화친을 할 가망이 없었다. 일본은 회유하기도 하고 위협하기도 하는 등, 모든 수단을 동원하여 대한에서 과거와 같은 영향력을 회복하고자 했으나 그들의 영향력은 점차 약화되었다.

당시 대한의 형편을 비유하자면, 앞에서는 늑대들이 달려들고 뒤에서는 사자가 으르렁거리는 형상이었다. 늑대가 먹잇감을 포기하지 못하여 한걸음 달려들면 사람은 뒤로 물러서지만, 사자는 뒤에서 앞으로 나오니 마침내 사자의 밥이 되는 것을 면치 못한다. 이와 같이 늑대로부터 화를 면한 것만 다행스럽게 여기면서 대한이 러시아와 일본 사이에서 스스로 서지 못하니, 일본이 대한에서 도모하고자 한 것이 모두 실패하면서 러시아에게 유리한 여건만 조성되고 말았다.

1896년 5월 14일, 우리나라에 주재하던 러시아 공사 웨베르(Waeber)

와 일본 공사 고무라는 각기 본국 정부의 지시를 받아 대한 문제에 대해 협상하여 합의했다. 러시아와 일본이 합의한 내용은 두 나라가 우리나라 대신의 임명과 해임에 관여하며, 우리나라 영토 내에 그들의 군대를 주둔시키고, 우리나라의 재정문제에 개입하며, 우리나라에 전보선(電報線)을 설치할 권리가 있다는 것을 포함하고 있다. 이것은 조선의 자주와 독립을 무시한 것으로서 결코 그들이 해서는 안 될 일이다.

러시아와 일본 양국이 진실로 대한의 독립을 존중한다면 대한정부가 자진해서 그 같은 요청을 했을지라도 그렇게 하지 않는 것이 국제법에 합당한 것이다. 하물며 대한정부에서는 그 같은 양국 간 합의에 참석하지도 않았는데, 자기들끼리 앉아 대한에 관한 문제를 마치 대한이라는 나라가 없는 것처럼 여기며 결정했다. 이것이 어찌 국제법에 합당하겠는가.

우리나라 백성들이 이 같은 상황에 대해 분노한다면 그것을 면할 방도가 있을지 모른다. 그러나 이를 이해하는 사람도 몇 명 안 되니 어찌 분하다는 생각을 할 수 있겠는가. 혹시 그들이 분노한다 하더라도 그들은 문제의 근원을 생각지 않고 단지 러시아와 일본을 저주할 뿐이니 그것은 실질적인 해결책도 못되고, 양국에 저항하면 할수록 나라에 해가 될 뿐이다.

개화를 위해 힘쓰는 시대에는 무엇보다도 먼저 모든 것의 실상을 연구해야 한다. 우리 정부가 어떻게 했기에 외국인들이 우리 정부 대신을 임명하는 문제를 논의하게 만들었는가. 우리 백성들이 어떻게 했기에 자기들을 보호하기 위해 그들이 군대를 주둔시킨다 하는가. 우리가 전쟁이나 다른 모든 일을 어떻게 처리했기에 다른 나라들이 우리나라 문제에 개입하도록 만들었는가.

　우리는 이 같은 질문들에 대해 깊이 생각해 보아야 할 것이다. 우리는 응당 외국인들을 비판하기 전에 우리 자신을 부끄럽게 생각해야 할 것이다. 과거 우리의 책임을 다하지 못한 것을 후회하고, 모두가 분발하는 마음이 생겨 국권을 보호하는 데 힘쓰는 사람이 되어야 할 것이다. 사람마다 이 같은 정신 상태에 이른 후에야 미래에 대한 희망이 있을 것이다.

43. 조선을 놓고 각축을 벌인 러시아와 일본

    대한에 관한 일본과 러시아 간의 조약이 체결된 후 대한에는 두 개의 대립되는 세력이 나타났다. 일본 공관과 러시아 공관에 자주 드나드는 사람들은 권력을 가진 이름난 사람들이었다. 백성들은 자세한 사정은 모르면서 친일파니 친러파니 하는 말을 수없이 하고 있었다. 그러나 사실은 친일파라고 하는 사람들은 이름뿐이며 권력도 그다지 없었고, 친러파가 실질적인 권력을 잡고 있었다.
    일본과 러시아와의 관계가 나빠지면서 이에 따라 우리나라의 정세도 점점 어려워졌다. 일본은 러시아와의 분쟁을 평화적으로 해결할 수 없다는 것을 알고 전쟁 준비를 꾸준히 했다. 일본 정부는 러시아와의 충돌이 불가피하다고 백성들에게 경각심을 불러일으키니, 어린아이들까지도 러시아인을 보면 눈을 바로 뜨지 않고 속으로 그들과 싸워 이길 결심을 했던 것이다. 세계 각국은 러시아와 일본 간의 전쟁은 터지기 마련이며, 러시아의 오만무도함을 견제하여 서양에서 흑해 밖으로 그들의 진출을 막았듯이, 동양에서도 그들의 세력 확장을 막아 동양 평화는 물론 각국의 통상이익을 보전케 해야 할 것이라 했다. 이처럼 세계 여론은 자연스럽게 일본 편을 들고 있었다.

전쟁은 예상치 않은 결과를 초래하므로 평시와 비교하기 어렵다. 더구나 서양 각국이 러시아의 잔악무도함을 싫어하지만, 러시아는 서양 여러 나라와 인종이 같고 지리적으로 근접하여 일본보다는 더 가까운 관계에 있었다. 일본이 아무리 서양 여러 나라와 긴밀한 관계를 가지고 있다 하더라도 인종이 다르고 지리적으로 멀리 떨어져 있으니, 일본이 러시아와 전쟁을 하게 된다면 각국이 러시아와 협력하여 일본을 궁지에 몰아넣을 가능성이 있었다. 더구나 러시아는 프랑스와 협력하고 있으므로 러시아가 필요하다면 프랑스가 지원할 것이니 일본이 홀로 러시아와 프랑스 두 나라를 상대할 수 없을 것이라고 보았다.

그러므로 일본은 세계 여론을 일본에 유리하도록 하기 위해 끊임없는 외교적 노력을 했다. 그러한 노력의 하나로 영국과 일본은 재작년 (1902) 1월 30일 동맹을 맺었다.

영국과 일본 사이에 동맹조약이 체결되었다는 소식을 들은 사람들은 모두 놀랐고, 뒤이어 갖가지 논란이 벌어졌다. 어떤 사람들은 이 조약이 동양의 영구적 평화를 보장할 것이라고 하는가 하면, 어떤 사람들은 그 조약은 전쟁을 재촉할 것이라고 하는 등, 여론이 크게 엇갈렸다. 이 조약의 근본 목적은 영국과 일본이 러시아의 팽창을 막고자 한 것이다. 두 나라 간의 동맹은 러시아로 하여금 만주와 대한에서 스스로 물러가게 함으로써 동양에서 전쟁이 일어나지 않기를 기대했던 것이다. 러시아가 물러나지 않으면 일본은 러시아와 전쟁을 하게 되고 영국은 일본을 지원하게 될 것이며, 또한 일본과 러시아 간의 평화적 해결을 중재할 것이다. 만일 프랑스가 러시아를 지원한다면 영국은 일본을 돕기 위해 프랑스와 전쟁을 하게 될 것이다.

세계 각국은 일본이 동양의 유일한 강대국이요 영국은 세계의 강대국으로 이 두 나라가 연합하여 동양에서 모든 나라의 공통이익인 통상을 보호하고자 했으니 모든 나라에 다행한 일이라고 했다. 일본에서는 정부 관리들은 물론 모든 백성들이 이 소식을 듣고 자랑스러워하고 기뻐하였으니, 신문에 보도된 그들의 경축하는 모습은 온 나라가 떠나갈 듯 했다.

일본이 개항한 이래 여러 나라들과 대등한 권리를 누렸지만, 영국과 동맹하여 군사적으로 협력하게 되었다는 것은 그들에게 무한한 영광이었다. 일본이 이처럼 부강한 지위에 이르러 일본 백성들은 세계 어디를 가더라도 일등급 대접을 받게 될 것이니 어찌 그들의 경사가 아니었겠는가. 같은 아시아에 있는 나라들은 일본을 부러워하지 않을 수 없을 것이다.

이 무렵 일본은 일본인들이 자유롭게 우리나라에 와서 대한의 어느 곳에서든지 원하는 곳에서 살 수 있도록 하자며, 대한에 새로운 농업 기술과 토지개간에 관한 법을 제정하자고 제안했다. 이는 일본이 개항 이래 인구가 늘어나 그들의 좁은 땅에서 살기 어려웠기 때문에, 일본인들이 우리나라에 와서 우리나라 사람들과 함께 살며 황무지를 개간하고 정착하게 하려 했던 것이다.

우리 정부에서는 이 소문을 듣고 불안해했고 민간에서도 온갖 풍문이 난무했다. 관리들은 러시아가 물러가고 일본이 주도권을 잡게 되면 무슨 변란이 일어날지 모른다며 두려워했다. 그들은 모든 권력이 일본인들의 손에 넘어간다면 자기들은 생명도 보장하기 어려울 것이라고 염려했다. 그리하여 대한제국 정부도 크게 동요하게 되었다.

러시아는 대한제국을 은밀히 설득하기를, "영국과 일본 두 나라가 동맹을 맺었다는 것은 별 의미가 없으며, 그들이 감히 대러시아에 군사력으로 대응하지 못할 것이다"라고 했다. 그들은 또한 "일본이 어리석게도 전쟁을 원한다 할지라도 영국은 멀리 떨어져 있어 일본을 지원할 수 없을 것이니 일본은 재앙을 자초할 뿐이다. 만약 영국이 지원한다 해도 러시아는 프랑스와 동맹하여 모든 곳에서 협력하고 있으며, 러시아와 프랑스라는 두 강대국이 힘을 합치면 세계 어떤 세력도 감히 도전하지 못할 것이니 대한제국은 러시아를 믿고 동요하지 말라"고 했다.

이 같은 러시아의 주장은 그럴듯했고, 대한제국 또한 러시아와의 관계에서 뒤로 물러서기도 어려웠다. 그러므로 우리 정부는 러시아를 태산같이 의지하고 아무런 대책도 마련하지 않았다. 동시에 일본에 대한 반감은 더욱 커졌고, 이에 일본이 분노하여 대한제국에 더욱 무리한 요구를 하며 압박을 가했다. 그럴수록 우리 백성들은 러시아에 더욱 의지하게 되었고, 이에 따라 러시아는 대한제국에 더 많은 것을 요구하게 되었다.

백성들은 대한제국이 러시아에 무슨 권리를 내주었는지, 비밀리에 무슨 조약을 맺었는지 알지 못했다. 다만, 러시아인들의 행동으로 판단하건대 용암포, 북부지방의 섬들과 해안지방의 벌목권, 러시아에 근접한 국경도시 경흥의 전보선 부설권 등을 획득하였다고 할 뿐이었다. 러시아 세력은 우리나라 북쪽 지방으로 밀물처럼 몰려들어왔다.

이때 미국은 만주지역을 모든 나라의 통상활동에 개방하여 어느 한 나라가 독점하지 않도록 하자고 제안했다. 대한제국에 대해서도 신의주를 개방하고 용암포를 즉시 무역항으로 선언하도록 권고했는데, 이것은 러시아만이 이 지역을 독차지하려 했기 때문이다.

만약 우리 정부나 백성들이 우리 영토를 보호하는 책임을 다했다면 감히 어떤 나라가 우리의 주권을 침해하겠는가. 그러나 관리들은 그들의 안위와 이익에만 급급하여 비밀협상에 의해 우리 영토와 권리를 러시아에 넘겨주었던 것이다. 유일한 해결책은 그 지역을 모든 나라가 접근할 수 있는 통상지로 개방하는 것이다. 그렇게 한다면 우리의 주권에는 아무런 해가 되지 않고, 또한 어느 나라도 그 땅을 감히 넘보지 못할 것이다. 이것이야말로 대한제국이 취해야할 가장 좋은 계책이니 지체 없이 시행했어야 했다.

그러나 우리 정부는 신속한 결단을 내리지 못하고 주저하고 있었다. 각국은 대한 정부에 신속히 그 같은 선언을 하라고 독촉했다. 비로소 정부는 그 중요성을 깨닫고 선포하려 했으나 러시아의 위협 때문에 통상지로 개방하겠다는 것을 선언하지 못했다. 이로 말미암아 각국의 분노는 더욱 커지면서 전쟁이 언제 터질지 알 수 없었다. 그럼에도 우리 정부 내에는 친러파가 모든 것을 장악하고 있어 아무도 그들에게 도전할 수 없었다.

당시 일본은 대한과 만주 문제와 관련하여 러시아와 협상을 하고 있었지만, 러시아는 협상에는 관심도 없이 군사력만 키웠다. 러시아가 몇 차례나 만주지방으로부터 군대 철수 약속을 어겼으므로 각국은 일본에 대해 지체 없이 전쟁에 돌입하라고 촉구했으나 일본은 협상을 계속하겠다고 했다. 그러나 러시아의 최종 제안을 받아들일 수 없었으므로 일본은 더 이상 협상을 계속할 수 없었다. 그리하여 동아시아에 전쟁의 먹구름이 가득하니 언제 총탄이 폭우처럼 쏟아질지 알 수 없었다. 외국 군함들이 대한 주변으로 몰려들자, 각국은 조만간 대한에서 전쟁이 먼저 터질 것으로 생각했다.

금년(1904) 1월 5일, 미국 수비대가 그들의 공사관과 미국 회사가 부설했던 시내 전차를 보호하기 위해 한성에 먼저 들어왔으며, 뒤이어 다른 나라 군대도 자기 나라 공사관이나 영사관을 보호하기 위해 들어왔다.[1] 본디 독립국가에는 그 나라의 허가 없이 다른 나라 군대가 상륙하는 것은 주권 침해가 된다. 그 나라에 혼란이 일어났을 때는 그 나라가 외국 공관을 보호해야 한다. 그러므로 우리 정부가 미국 공사에게 그들의 수비대가 들어온 이유를 질문하자 미국 공사는 대답하기를 우리나라의 군대가 훈련과 기율(紀律)이 부족하여 자기 나라 군대를 들여왔다고 했다.

각국 군인들이 한성에 들어와 돌아다니며 온갖 행패를 저질렀다. 특히 러시아 군인들의 만행이 심하여 민가에 들어가 부녀자를 겁탈하기도 하고, 길거리에서 장옷(조선시대 여인이 외출 시 뒤집어쓰던 옷) 쓴 여인을 몇 사람이 붙들고 억지로 입 맞추기도 하고, 심지어 죽동 네거리에서는 러시아 군인 네 명이 한 여인을 겁탈하려 하자 사람들이 이를 말리려다가 그들이 칼을 휘두르자 달아났다. 마침 지나가던 대한제국 헌병이 이 광경을 보고 칼을 빼어 대항하여 러시아 병사의 손가락이 끊어지자 그를 결박하여 러시아 공사관으로 데려 갔다. 이 일로 각국 신문에는 그 헌병에 대한 칭찬이 높았다.

백성이 무지하면 무슨 변란이 다가오고 있는지 상관하지 않고, 자기들만 안전하면 모든 것이 태평한 것으로 여기게 된다. 당시 대한제국에서는 세상이 어떻게 돌아가고 있는지, 외국 군함이 어디로 오고 있는지 전혀 알지 못하고 있다가 외국 군인들의 행패가 심해지자 비로소 전쟁이 나지 않을까 우려했다.

그러나 집권세력은 러시아를 믿는 바 있어 조금도 동요하지 않았

---

[1] 미국은 1899년 처음으로 서울 시내에 전차를 부설했다.

다. 윗사람들이 걱정하지 않는 것을 보고 백성들도 곧 안정을 되찾았다. 이때 정부에서는 러시아군의 보호를 받고자 3천 명의 병력을 보내줄 것을 요청하는 서류를 비밀리에 여순으로 보냈다는 소문이 자자했다. 정세를 알고 있던 사람들은 러시아 군대가 한성에 들어오면 육지에서 군사적 충돌이 일어나 장안에 있는 백성들과 외국인들을 위태롭게 할 것이라고 우려했다.

마침 일본 해군이 수상한 배를 조사하다 대한제국 정부에서 러시아에 보내는 문서를 탈취했으며, 거기에는 러시아군 3천 명을 요청한다는 내용이 있어 각국 신문에 보도되었다. 이 소식을 들은 사람들은 정부의 한심한 행동에 분통을 터트렸다.

44. 러시아와 일본 간에 전쟁이 일어나다

일본 외무대신 고무라 주타로(小村太壽郎)와 도쿄 주재 러시아 공사 로마노비치 로젠(Romanovich R. Rosen)이 도쿄에서 몇 달 동안 협상을 벌이고 있는 동안 각국에서는 협상의 진전에 대해 비상한 관심을 기울이고 있었다. 정치가들과 신문기자는 물론이고 특히 일본 백성들이 가장 궁금해했지만, 일본 정부가 모든 것을 비밀에 부쳤기 때문에 온갖 소문만 나돌았다. 이러한 가운데 일본 백성들은 정부가 백성들의 소리에 귀를 기울이지 않고, 정부가 하고 있는 일을 알리지 않는다 하여 비판의 목소리가 높아졌다.

마침내 포성이 터지면서 양국 간 협상은 중단되었고, 러시아 공사가 도쿄 공사관의 러시아 국기를 내리고 귀국하게 되자 양국 대표는 눈물로써 작별했다. 두 사람은 여러 달 동안 세계가 주목하는 가운데 밤낮을 가리고 않고 협상을 벌였다. 그러나 수많은 노력도 수포로 돌아가고 전쟁이 일어났으니, 그 두 사람이 어찌 눈물을 흘리지 않았겠는가.

일본 외무대신은 도쿄 주재 각국 공사들과 국내외 언론인들이 모인 자리에서 러시아와의 협상의 결과에 대해 다음과 같이 발표했다.

대한제국의 독립과 영토 그리고 대한에 있는 일본의 중대한 이익을 보호하는 것은 일본의 안위와 긴밀한 관계가 있으므로 일본은 대한을 위태롭게 하는 것은 용납할 수 없다. 러시아가 청나라에 약속한 바 있고 또한 러시아 정부가 그러한 약속을 지키겠다고 했음에도 불구하고 러시아는 만주를 점령하고 대한 국경지역까지 진출했다. 러시아가 만주를 차지한다면 대한제국의 독립을 보전하기 어려울 것이다.

  일본 정부는 항구적인 동양평화를 유지하고 양국의 이해관계가 중첩되는 만주와 대한에 관련된 문제를 신속히 그리고 원만하게 타결 짓기 위해 작년 7월 이래 우리의 입장을 제시하고 합의하기를 요청했으며, 이에 대해 러시아 정부는 긍정적으로 호응했다. 그리하여 일본 정부는 8월 12일 모스크바 주재 일본 공사 구리노 신이치로(栗野愼一郎)로 하여금 다음과 같이 제의했다.

1. 대한제국과 청나라의 독립과 영토를 존중할 것.
2. 대한제국과 청나라 양국에 있어서 각국이 가진 통상, 공업, 기타 이익이 균등하게 보장될 수 있도록 할 것.
3. 러시아는 대한제국에 대한 일본의 우선권을 인정하며 일본은 만주철도에 대한 러시아의 이익을 인정하며, 나아가 대한이 반대하지 않는 범위 내에서 위에서 언급한 이익들을 보전하기 위해 필요한 조치를 취할 수 있도록 할 것.
4. 대한제국의 개혁을 돕는 일은 일본에 맡길 것.
5. 대한의 철도를 만주를 지나 산해관과 우장까지 연결하는 데 러시아가 방해하지 말 것.

10월 3일 러시아는 그들의 조건을 처음으로 제시했다. 러시아는 청나라의 영토를 보전하고 청나라 내에서 통상과 공업에 관한 각국의 이익을 균등히 보장해야 한다는 내용을 거부했으며, 만주와 그 해변에 대한 일본의 이익을 인정하지 않았다. 대한에 대해서는 북위 39도선 이남지역에서 일본의 권리를 인정하고 그들의 이익을 보호하기 위해 군대를 보낼 수 있지만 전쟁 목적으로 군대를 보내는 것은 허용하지 않겠다고 했으며, 39도선 이북은 중립지역으로 하자고 했다.

이것이 러시아 제안의 요지이다. 러시아가 만주를 삼키려는 의도가 없었다면 왜 그들은 우리의 제안을 거절했겠는가? 그러나 일본은 만주에서 상당한 상업상의 이익이 있고 장차 그것은 더욱 커질 것이며, 정치적으로는 대한제국과 관계되는 더욱 중대한 이익이 있다.

그래서 우리는 러시아의 제안을 고려하여 수정안을 제시했다. 수정안은 만주와 대한 경계를 따라 60km에 이르는 중립지대를 설치하는 안을 10월 31일 러시아에 제의했고, 몇 차례 재촉한 후 11월 11일부터 양국은 협상을 시작했다.

러시아는 대한에 관한 기존의 요구를 고수하였고, 청나라에 대해서는 청나라 영토보전에 대한 언급이 없이 러시아가 청나라와 합의를 통해 획득한 권리를 일본이 인정해야 한다고 주장했다. 이로써 러시아는 만주를 삼키려는 의도를 분명히 드러냈다. 일본도 수정안을 고수하기로 결정하고 1월 31일 러시아에 재고를 요청했다. 거듭된 재촉에도 불구하고 러시아는 회답이 없었고, 또한 언제 회답하겠다는 것도 분명히 하지 않았다.

일본은 시종일관 선의와 공정한 자세로 임했으며, 러시아를 적대국가로 여기지 않고 끈질기게 합의를 도출하고자 했다. 그러나 러시아는 끝까지 이를 거부하고 아무런 이유 없이 회답을 지연시키면서 육군과 해군을 증강하고, 대규모 군사력을 대한의 국경지역으로 이동시켰다. 이로써 러시아가 일본으로 하여금 전쟁을 할 수밖에 없도록 했다.

이 소식이 전해지자 세계 각국은 러시아의 야욕을 비난했다. 2월 9일 전쟁이 시작된 후 일본 왕은 전쟁을 선언했다. 러시아 황제도 일본이 먼저 전쟁을 시작했다면서 선전포고를 했다. 러시아 황제는 일본이 전쟁을 선언한 후에 군사행동에 들어가야 함에도 일본은 그 같은 원칙을 어겼으며, 또한 일본은 러시아의 회답을 기다리지 않고 공격을 개시했다는 등, 조목조목 비판했다. 일본도 그들의 행동을 정당화하는 입장을 발표하였으니 세계 각국은 어느 쪽에 잘못이 있었는지 판단할 것이다.

갑오년(1894) 이래 10년 동안 일본이 두 번이나 전쟁을 했으며, 이번에도 우리나라를 위해 개전(開戰, 전쟁을 시작함)한다고 하기에 이르렀다. 이것이 진정으로 우리를 위하는 일이 될지는 지금 판단하기 어렵다. 그러나 우리가 10년 동안 아무것도 하지 않았던 결과가 이렇게 드러난 것이다. 생각이 있는 사람들은 눈을 뜨고 정신 차려 보아야 하겠다.

45. 러일전쟁 당시의 대한제국

　전쟁이 터지던 날, 러시아 군인들은 우리나라에 상륙하지 못했고, 러시아 군함 두 척은 인천항에 정박해 있었다. 금년(1904) 2월 9일 팔미도 밖에 정박해 있던 일본 군함에서 러시아 군함에 통지를 보내 말하기를
　"오늘 오전까지 물러가지 않으면 공격하겠다"라고 했다. 러시아 군함이 움직이기 시작하면서 서로 대포를 쏘았다. 두 시간 동안 천지가 진동하며 80리 밖에 있는 한양 장안에서도 포성이 콩 볶듯 들리고, 마른하늘에 벼락 치는 것 같았다.
　한양 장안의 귀머거리와 질식한 사람 이외에는 듣지 못한 사람이 없었을 것이다. 비분강개(悲憤慷慨, 슬프고 분해 마음이 북받침)한 선비들은 땅을 치며 통곡하고, 옥중에 갇힌 자들도 붙들고 우는 사람이 여러 명 있었다. 우는 이유를 물으니,
　"나라가 위기에 처했을 때 대장부로서 마땅히 전쟁터에 나가 적을 물리치고 나라의 독립을 굳건히 하여 승전고를 울리며, 승리의 노래를 높이 불러 나라의 영광을 빛내야 할 것이다. 그렇지 못하면 탄알이나 칼을 맞아 나라를 위해 더운 피를 뿌리며 명예롭게 죽어 충성을

보여야 할 것이다.

　우리는 남들처럼 신체가 건강하고 정신이 총명하며 가슴에 뜨거운 충성심이 있으며, 또한 좀처럼 만나기 어려운 기회를 맞이하고 있다. 그러나 우리는 우리 문제를 스스로 해결하지 못하고 다른 나라를 의지하며 세월만 보내다가 외국인들이 와서 우리나라 해변에서 천지를 진동하게 만들었다. 더구나 우리나라의 주권과 영토가 이 전쟁의 결과에 오롯이 달렸으니 이 어찌 혈기 넘치는 남아로서 그냥 두고 볼 수 있겠는가. 우리가 진작 정신 차리고 함께 노력했더라면 우리 자신이 이 전쟁과 싸웠을 것이나, 우리는 외국인들에게 속박당하여 보고만 있을 뿐이니 얼마나 부끄러운 일인가."

　라며 통분해했다.

　이때 백성들은 무슨 일이 일어나고 있는지 알지 못하고 포성만 들었을 뿐이다. 그들은 한가하게 그 같은 이야기를 주고받았으며 인천까지 구경을 가기도 했다. 그들은 무지하여 얼마나 중요한 문제가 걸려 있는지 짐작도 하지 못하니, 뜻있는 사람들이라면 통탄하지 않을 수 없다.

　한나절이 되어 포성이 멈추었다. 알려진 바로는 러시아 군함 두 척이 침몰했고, 러시아 군인들은 포로가 되거나 주변에 있던 다른 나라 군함에 의해 구조되어 인천에 있는 병원으로 실려 갔으나 일본 사람들이 적십자병원을 설치하여 부상한 포로들을 데려다 치료했다고 한다.

　이 소식은 일본 각지에 신속히 전파되었다. 일본인들이 승전을 경축하느라고 일본 전국이 떠들썩했다. 한성과 대한의 주요 항구에 있던 일본인들도 만세를 부르며 덩실덩실 춤을 추며 기뻐했다. 어린아이들까지도 자기 나라를 축하하는 말을 하며, "우리는 러시아를 이겼고, 그들의 군함을 격침했다. 이보다 더 기쁜 일이 없다"라고 말했다. 눈과 귀가 있는 사람이라면 이 같은 것을 듣고 보고 부러워하여 눈물을 흘리지 않을 것인가. 어떻게 하면 우리도 그들처럼 부강한 나라를 만들어 그들처럼 전 국민이 기뻐할 수 있을까. 우리 동포들 중에 "대한제국 독립 만만세"를 힘껏 부르며 평화와 행복을 함께 누리기를 바라지 않는 사람이 어디 있겠는가.

어떤 사람이 일본인 동네인 진고개(충무로 2가)에 가서 그들이 경축하는 것을 보고 돌아와 하는 말이 "사람의 심장을 가지고는 차마 볼 수 없어 눈물을 뿌리고 돌아왔다"고 한다. "죽어서 그런 나라의 개라도 되어 태어나는 것이 낫겠다"라고도 했다고 한다. 이 말을 들은 사람들은 그 사람이 감동한 심정은 충분히 알겠으나, 죽어서라도 우리 나라를 일본과 같은 나라로 만들기 위해 힘쓰겠다는 말이 없는 것에 대해 통탄스러운 일이라고 했다고 한다.

러시아는 여순항에서도 크게 패하여 군함들이 침몰하고 군인들은 포로가 되었다. 대한의 해안은 일본이 완전히 통제했고, 일본군이 마음대로 상륙하여 한양 장안에 가득 찼다. 서북쪽으로 갈수록 일본 해군은 점점 늘어났다. 수많은 일본 군함들이 청나라 해안을 향해 떠났으며, 그들이 여순항을 공격하리라는 소문이 자자했다.

러시아에 기대어 권력을 휘둘렀던 사람들은 풀이 죽어 당황했지만, 그들 중 어떤 자들은 아직도 러시아에 대한 기대를 버리지 못하고 온갖 수단을 동원해 권력을 유지하려 했다. 외국 사람들은 러시아 공사가 철수하는 것을 보고 러시아의 대책이 허술했음을 비웃었다.

이때부터 우리 정부 내에 친러파는 사라지고 또다시 친일세력이 모든 것을 좌우하게 되었다. 우리 정부에서 일본 공사에게 모든 일에 일본을 믿고 일본의 권고를 듣겠노라고 하는 말을 듣고 모든 사람들은 더욱 비통하게 여겼다. 이때 백성들 사이에 갖가지 풍문이 나돌았다. 어떤 사람들은 정부가 즉시 바뀌어 모든 권력을 친일파들이 장악하리라 했고, 어떤 사람들은 일본이 우리 정부에 권고하여 유능한 인재들을 발탁함으로써 백성들의 기대에 부응하리라 했다. 어떤 사람들은 일본 고문관들이 각 아문(衙門, 행정부처)과 지방정부에 배치되어 나라 일을 지도하리라 했고, 또 어떤 사람들은 일본이 대한제국을 더 이상 독립국가로 인정하지 않을 것이라고 했다. 이 같은 기막힌 온갖 소문이 밤낮으로 전파되니 나라를 사랑하는 사람들이 분노하여 눈물을 흘리는 자가 수없이 많았다.

2월 23일 대한제국과 일본은 다음과 같은 조약에 합의했다.

대한제국 외무대신 서리 육군참장(준장) 이지용(李址鎔)과 대일본제국 대황제의 특명전권 공사 하야시 고노스케(林權助)는 각각 상부의 위임을 받아 다음과 같이 합의했다.

제1조. 한·일 양국 간에 영원히 변치 않는 친선을 보전하며 동양평화를 확고히 유지하기 위하여 대한제국 정부는 대일본제국 정부를 확고히 신뢰하며 국정을 개혁하는 데 일본의 권고를 충실히 받아들인다.

제2조. 대일본제국 정부는 대한제국 정부 황실의 안녕을 도모한다.

제3조. 대일본제국 정부는 대한제국의 독립과 영토의 보전을 확실히 보장한다.

제4조. 다른 나라의 위협이나 내란으로 인해 대한제국의 황실과 영토가 어려움에 처할 때는 대일본제국 정부는 필요한 조치를 취하며, 대한제국 정부는 그 같은 목적을 위한 대일본 정부의 활동이 원활히 될 수 있도록 유의한다. 대일본 정부는 위에서 합의한 것들을 시행하기 위하여 대한제국 내에 군사 활동에 필요한 지역을 지정하고 사용할 수 있다.

제5조. 대한제국 정부나 대일본제국 정부는 사전에 통보하여 동의를 받기 전에는 이 조약에 영향을 끼치는 어떤 조약도 다른 나라와 체결하지 못한다.

제6조. 이 조약에서 명시되지 않은 세부적인 문제는 대일본제국 대표와 대한제국 외무대신이 적절한 절차에 따라 다시 논의한다.

이 조약이 체결되자 각국은 일본의 관대함을 칭찬했다. 어떤 자들은 일본이 대한제국을 위해 거듭 애를 썼으며, 이번에 다시 전쟁까지 하며 러시아를 몰아내고 대한제국의 독립을 보전하게 하였으니 일본의 호의를 짐작할 수 있다고 했다.

그러나 우리나라의 관리들과 백성들은 일본이 우리 조정에 조언할 권리가 있다 하여 장차 우리의 국권(國權, 나라의 주권)을 그들의 통제 아래 두고자 할 터이니 백성들이 들고일어나 이 조약을 반대하며 무효로 돌려야 한다고 주장했다. 어떤 사람들은 4대문에 반대하는 의견을 써 붙였고, 어떤 사람들은 백성들을 선동하고자 했으며, 외무대신의 집에 폭발물을 던지기도 했다. 일본 공사는 일본수비대를 보내 대한제국 관리들을 보호하고 소란을 일으키는 자들을 잡아들이라고 우리 정부에 수시로 요구했다. 차츰 안정을 되찾았지만 아직도 이 조약의 내용을 제대로 이해하는 사람이 적어서 끝까지 불만을 가진 사람이 적지 않았다.

 이 조약의 문제점을 간략히 설명하자면, 일본이 우리의 영토, 주권, 황실을 보전한다 하며 우리의 국정을 돕겠다고 하는 것은 사실은 우리의 독립에 적지 않은 침해가 되는 것이다. 이 조약 하나만 가지고 일본은 우리나라에서 하고 싶은 것은 무엇이든지 다 할 수 있게 되었다. 겉으로는 대한제국을 위한다고 생색을 내면서 속으로는 우리나라의 모든 권리를 장악했다. 이 얼마나 일본의 놀라운 계책인가. 이 조약으로 인하여 일본의 영향력이 어디까지 미칠 것인지 우리는 확실히 알아야 할 것이다. 우리가 이것을 알았다면 그같이 된 데는 우리 관리들은 물론 백성에게도 책임이 있다는 것을 알아야 할 것이다.

 30년 가까이 외국인들은 우리나라를 잘 대해 주었으며, 옳은 권고를 해주는 등 좋은 기회가 여러 번 있었다. 그들의 진심 어린 지원도 여러 차례 있었지만 우리는 끝까지 아무런 조치도 취하지 않아 더욱 어려운 처지에 빠지게 되었고, 마침내 다른 나라가 전쟁을 하여 우리나라를 지탱해 주기에 이르렀다. 우리가 무슨 면목으로 다른 나라를 비난할 수 있겠는가. 지금은 일본이 우리의 독립을 존중하고 영토를 보장한다고 한다. 이것을 대한제국에 대한 일본의 호의라고 할 수 있을지 모르나 실제로는 세계 각국의 여론을 의식한 것에 불과하다.

46. 일본의 저의를 해부하다

　우리는 지금 전쟁의 한가운데에 있다. 바다 위 여러 곳에서는 일본과 러시아 군함들이 파괴되고, 많은 사상자가 났다는 것을 신문들이 계속 보도하고 있다. 여순에서는 일본군이 몇 차례 공격했으며 전과는 어떠하며 피해는 어떠하고, 여순에 있는 러시아군 포대는 언제쯤 함락될 것이라는 보도도 있었다. 러시아는 머지않아 만주지방으로 30만의 병력을 투입하여 한양까지 내려올 것이라거나, 수많은 일본군이 한양에 몰려올 것이라고 한다. 서북지방에는 러시아군이 몇 십 명 또는 몇 백 명씩 들어와 노략질과 겁탈을 서슴지 않으며 안주와 평양까지 들어왔다가 일본군에 의해 쫓겨 가거나 포로가 되기도 했다고 한다.
　서북지방 백성들은 가족들이 뿔뿔이 흩어진 채 안전한 곳을 찾아 헤매고 있다. 그러나 그들은 나라를 지키지 못한 결과로 환란(患亂, 전쟁과 재앙)을 당하고 있는 줄을 아직도 깨닫지 못하고 있다. 우리는 한양에 있어 이 같은 어려움을 당하지 않고 있지만, 사실은 우리 모두가 전란 중에 있다.
　이 난리 중에도 이 몸은 옥중에 깊이 갇혀 있어 자유롭지 못하여 아무것도 할 수 없으니 더욱 울분이 치민다. 외국 신문들을 받아 읽고 정세를 알 수 있으니 그나마 다행이다. 밤낮을 가리지 않고 이 글을 쓰는 것은 전쟁에 대해 자세히 다루거나 소문을 말하려는 것이 아니라, 오로지 이 나라 백성들이 시급히 알아야 할 것을 알리기 위한 것이다. 또한 이 책이 발간될 수 있을지 알 수 없어 막막한 가운데 자세히 기록하기 어려워 요지만 기록하고자 한다. 이 책의 독자들이 우리나라 독립보전의 심각성만 깨달을 수 있다면, 이 책이 쓰러져 가는 나라를 떠받치기에 만분의 일이라도 도움이 되기를 바랄 뿐이다.

지금 전쟁이 시작된 지 얼마 되지 않아 그 결말이 어떻게 될지 예측하기 어렵다. 그러나 전쟁이 일어나기 전에도 그 결말은 이미 분명했다. 지금 본인의 소견으로는 일본이 동양에서 큰 영향력을 행사하고 있고, 전쟁도 그렇게 결말이 날 것이다. 따라서 우리 대한제국은 일본의 영향을 얼마쯤 받을 수밖에 없게 될 것이다. 이것은 앞에서 논한 바와 같이 과거 우리가 책임을 다하지 못했고, 지금도 책임지고 나라를 이끌어나갈 사람들이 없기 때문이다. 설령 우리가 일본의 도움 없이 스스로 문제를 처리할 수 있는 권리를 가진다 해도 10년 전이나 20년 전보다 더 잘할 수 있다고 장담하기 어렵다.

우리가 능력 있는 지도자들을 육성하고, 세계 여론이 우리에게 유리하게 바뀔 때까지는 한일조약(韓日條約)에서 합의한 대로 시행하면서 점차 그 조약에 의해 영향받는 범위가 줄어들도록 노력할 수밖에 없을 것이다. 이것은 정부의 노력만으로 되는 것이 아니라 백성들이 어떻게 할 것이냐에 달렸다. 그러므로 이 책은 정부가 무엇을 해야 할 것인가에 대해서는 그다지 많이 다루지 않고, 백성들이 무엇을 어떻게 해야 할 것이냐에 초점을 맞추었다. 즉, 독립의 기초를 세울 책임은 우리 백성에게 있고, 이 기초를 세우려면 일본인들의 굴레를 벗어나야 할 것이다.

앞에서 논의한 바 있듯이 미국의 페리제독이 51년(1853) 전 처음으로 일본에 와서 통상조약을 요구했을 때, 일본은 큰 혼란에 빠졌다. 6년 후 페리제독을 비롯한 미국군이 일본에 상륙하자 일본이 군대를 동원하여 미국군을 막으려고 했다. 그러나 미국군은 군악대를 앞세우고 무인지경에 들어가는 것처럼 도쿄로 들어가며 인명을 살상하거나 적대행위를 전혀 하지 않았다. 이에 일본은 미국군을 막을 수 없다는 것을 깨달았으며, 동시에 미국이 적대행위를 할 의도가 없다는 것을 믿게 되었다.

그래서 일본은 미국과 통상조약을 맺고, 1862년에 사신들을 서양에 보내 정세를 살피고, 학생들도 서양에 유학을 보냈다. 그들은 새로운 제도를 도입하지 않고는 안 된다는 것을 알고 정치제도와 사회제도를 계속 변화시켜 날마다 새로운 백성과 새로운 나라를 만들고자 했다. 서양 세력이 점차 동양으로 뻗어오자 일본은 서양 각국을 공평하게 대하며, 백인들에게 뒤떨어지지 않으려고 노력했다.

그러나 일본이 홀로 서양에 대응하기 어려웠기 때문에 대한제국과 청나라를 일깨워 동양 삼국이 힘을 합쳐 백인들의 세력에 대응하고자 했다. 일본은 청나라에 대해 대한제국을 동등한 나라로 대하며, 문명부강에 힘써 3국이 힘을 합치자고 여러 차례 권고했다. 청나라는 겉으로는 이에 응하는 체하면서 속으로는 이에 반대하여 끝까지 듣지 아니하였다.

일본은 협상으로 해결되지 않을 것임을 알고 해군과 육군을 서양식 군대로 육성하여 청나라에 도전할 수준에 이르렀다. 그들은 또한 청나라 지도를 가지고 내륙 깊숙이 좁고 험한 지역을 샅샅이 정탐했으며, 정부와 백성들에 관한 것도 자세히 파악했다. 옛 병법에 말했듯이, 적을 알고 나를 알면 싸움에서 반드시 이긴다는 것을 믿었던 것이다.

일본 백성들은 애국심을 배양하여 전쟁이 벌어지면 나라를 위해 죽는 것을 가장 명예롭게 생각했으며, 전쟁이 일어나기를 기다렸다. 그들은 청나라 사람들은 외모로 보면 키도 크고 그럴듯하게 보이지만 실제로는 겁이 많고 충성심도 없는 사람들이라 여겼다. 청나라 사람들은 한두 사람이 쓰러지면 몇천, 몇만 명도 뿔뿔이 흩어져 도망갈 것이니 청나라와의 전쟁에서 이기는 것은 매우 쉬운 일이라고 장담했다.

일본이 청일전쟁에서 교만한 청나라를 패배시키자 각국은 비로소 일본을 새롭게 평가하여 과거 일본에게 허용하지 않았던 권리까지 허용했다. 예를 들면, 과거 일본에서 다른 나라들이 누렸던 치외법권(治外法權, 그 나라 법의 지배를 받지 않는 권리)도 청일전쟁 후 포기했다. 각국은 일본과 통상조약을 처음 맺었을 때는 자기 나라 사람들이 일본 판사로부터 재판을 받지 않고 자기 나라 영사들로 하여금 처리하도록 했던 것이다. 그것은 다른 아시아 국가에서도 마찬가지였다.

그 결과 일본인들의 자존심은 전보다 크게 높아졌다. 그러나 세계 각국은 아직도 일본을 대수롭게 보지 않고 자라나는 아이 취급을 하고 있다. 만약 일본이 지나치게 욕심을 내어 분수에 넘치는 행동을 한다면 각국은 이를 용납하지 않을 것이다.

일본이 이를 알아차리고 청나라에 대해서만 배상을 요구하고 대한제국에 대해서는 다른 뜻이 없고 개화를 하는 데 조언하겠다고 했던 것이다. 모든 일본인들이 이 뜻을 알고 끝까지 그 같은 노선에서 벗어나지 않았더라면 우리 정부나 백성들이 일본을 원수처럼 여기지 않았

46. 일본의 저의를 해부하다 215

을 것이다. 오히려 두 나라 간의 우의가 영원히 보전되었을 것이며, 동양평화도 위태롭게 되지 않았을 것이다.

그러나 일본 정부의 대표로, 우리 정부의 고문관으로, 또는 학교 교사로 우리나라에 온 일본인들이 대한제국에 대한 일본 정부의 의도를 알지 못하고 사사로운 이익에 눈이 어두웠던 것이다. 이 같은 사실에 직면한 우리 백성들은 크게 분노했다. 그러한 가운데 일본인들은 명성황후를 시해하는 중대한 범죄를 저질렀으며, 이에 대해 세계 각국은 규탄하여 마지않았다. 그러한 가운데 권력자들은 자리를 보전하기 위해 러시아를 끌어들여 대한제국에 중대한 손해를 끼쳤다. 이것은 장차 우리나라에 오는 일본인들에게 중요한 교훈이 될 것이다.

일본은 청일전쟁 이전까지는 청나라를 꺾는 데 모든 노력을 기울였으나 이제는 러시아를 타도하는 것을 목표로 삼았다. 일본인들은 이 같은 목표를 가지고 밤낮으로 이를 갈며 열심히 노력하여 그들의 국력을 몇 배나 키웠다. 국력이 늘어나니 백성들도 자신감이 생겨 어린 아이들까지 러시아 사람을 우습게 여기고, 각자가 러시아 사람 몇 명은 때려눕힐 자신이 있다고 장담했다고 한다. 그들은 어서 자라나서 러시아인들을 한둘이라도 처치해야 세상에 태어난 도리를 다하는 것이며, 백성된 도리를 다하는 것이라고 믿었다.

영일(英日)동맹을 체결한 후, 일본의 국력이 세계 강대국들과 비슷한 수준이 되었다고 판단하면서 일본인들은 자기 나라가 세계에서 제일가는 나라라고 믿게 되었다. 이번 러일전쟁에서는 일본이 다른 나라의 도움을 받지 않고 세계 강대국의 하나인 러시아와 맞서 그들의 군함들을 격침하고 러시아를 무릎 꿇게 함으로써, 세계 강대국이라고 하던 러시아는 종이호랑이에 불과하다는 것을 세계에 보여주었다. 그리하여 세계는 일본을 놀랍게 생각하고 그전과는 다르게 대우하게 되었다. 일본 자신도 높아진 위상을 인식하고 청일전쟁 당시와는 다르게 행동했다.

일본이 우리에게 한 번 더 기회를 주었으니 이것은 일본이 호의를 나타낸 것이라 할 수 있다. 그러나 만일 우리가 나라를 사랑하는 마음으로 죽기를 각오하고 모든 노력을 기울여 나라의 기운을 회복하지 못한다면, 온 세계는 "대한제국은 자주독립의 기틀이 전혀 없다"라고 할 것이다. 일본이 무엇이 거리껴서 우리나라에서 그들이 하고자 하는 것을 못하겠는가. 우리의 혀끝을 2천만 조각으로 내어, 2천만 동포들의 귀에 크게 소리질러 어두운 잠에서 깨우는 것이 나의 소원이다.

47. 청나라, 일본, 러시아가 우리나라에 끼친 해악

앞에서 논의한 것을 요약하면, 우리나라가 오늘날 이 지경에 이른 것은 청나라, 일본, 러시아가 차례로 우리나라에 해악을 끼쳤기 때문이다. 그러나 이 같은 해악은 그 나라들이 주도했다기보다도 우리가 자초(自招, 스스로 불러들임)한 점이 많다.

첫째, 청나라 사람들이 초래한 해악을 말하자면, 청나라는 북경에서 영국과 프랑스 양국에 패한 후[1] 스스로의 생존을 위해 허덕이고 있었다. 우리는 청나라를 의지하면서 이 기회를 이용하여 우리 문제를 스스로 해결하려고 노력하지 않았다. 외국인들이 와서 통상을 요구하면 스스로 해결하거나 필요한 대책을 세우지 않고, 청나라에게 대신 협상해달라고 했다. 음흉한 청나라 사람들이 어찌 어리석은 나라를 농락하며 이득을 챙길 마음이 생기지 않았겠는가. 청나라 사람들은 겉으로는 세계 여론을 따르는 척하면서 실제로는 그들 마음대로 행동했다. 그들은 군대를 보내 한양에 진을 치고 마음대로 돌아다녔으며, 우리의 내정(內政, 국내 정치)에 개입했고 대원군을 잡아갔으

---

1) 이것은 1860년 영불군의 북경침공을 말한다.

며, 심지어 황제폐하 앞에서도 무례하게 행동했다.

청나라 상인들은 한양 성 안에서 우리나라 사람들과 섞여 살며 장사를 했다. 본디 각국과의 통상조약에는 외국인들은 한양에서 10리(4 km) 밖에 거류지를 정하고, 거류지 외에는 우리나라 사람들과 섞여 살지 못하도록 규정해 놓았다. 그러나 청나라 사람들은 청나라에는 통상조약이 적용되지 않는다며 한양 시내에서 장사할 수 있는 특권을 주장했던 것이다. 이에 따라 다른 나라 사람들도 청나라 사람들과 같은 대우를 받아야 한다면서 성 안에 들어와 장사를 하게 되었다.

오늘날 한양이 모든 외국 상인들에게 개방된 것은 청나라 사람들 때문이다. 지금 우리나라 사람들은 많은 외국인들이 한양에서 장사하는 것을 싫어하여 그들을 대상으로 시비하는 일이 많다. 그러나 아무도 이것이 청나라 사람들이 초래한 해악이라는 것을 알지 못하며, 또한 청나라 사람들이 한양에서 장사하는 것을 막지 못한 우리 정부를 책망하지 않고 있다.

동학란으로 말하자면, 우리나라에서 우리 백성들이 일으킨 난리였으므로 우리 힘으로 진압했어야 했다. 그러나 우리 정부는 스스로 진압할 생각은 하지 않고 청나라를 끌어들여 청일전쟁이라는 큰 전쟁으로 확대되었던 것이다. 청일전쟁 후 맺은 강화조약에서 일본은 조선의 독립을 보장한다고 했지만 우리는 수치스러움을 면하기 어렵게 되었다. 이 모두가 청나라로 인하여 해를 입은 것으로, 그것은 우리가 자초한 것이다.

둘째, 일본으로 말하자면, 그들은 우리나라의 독립을 확실하게 하고자 30년 가까이 청나라와 협상하며, 우리나라와 조약을 맺은 것으로 보아 우리나라를 해칠 의도가 없는 것은 분명했던 듯하다. 그러나 우리는 스스로 문제를 처리하지 못하고 청나라를 끌어들여 결국은 청일전쟁이 일어나게 했다. 청일전쟁조차도 어느 면에서는 우리를 도와주기 위한 전쟁이라고 하겠다. 그러나 우리가 자립하기 위한 노력은 하지 않고 항상 남을 의지하려고 하다 마침내 러시아로 하여금 개입하게 했다. 이것은 우리가 일본에 의지하다가 당하게 된 피해이다.

셋째, 러시아로 말하자면, 본디부터 동양과 서양에 걸쳐 영토를 확장하려는 야욕이 있었지만, 우리가 문제를 스스로 잘 해결해 나갈 때에는 감히 불순한 생각을 하지 못했다. 그러나 우리가 그들에게 지원을 요청하여 그들에게 내정에 간섭할 기회를 주자 이것을 기회로 우리나라의 영토와 주권을 침해하려 하면서 지금의 전쟁으로 비화(飛火)되었다.

우리나라가 그 같은 피해를 당한 것은 우리에게 자주정신이 없고 다른 나라에 의지하다가 당하게 된 것이다. 우리나라가 이 세 나라에 차례로 당한 피해는 우리가 다른 나라에 지원을 요청한 결과로 일어난 것임을 분명히 알아야 할 것이다.

우리가 이를 깨닫고 다른 나라에 의존하여 나라를 위태롭게 하는 일이 다시는 일어나지 않도록 경계해야 할 것이다. 우리나라가 한 번 더 해를 당하게 된다면 우리나라는 다른 나라의 수중에 들어가서 국권을 상실하게 될 것이다. 관리든 백성이든 나라를 보호하는 데 조금이라도 다른 나라를 의지하든지 또는 다른 나라의 힘을 빌리고자 하는 자는 곧 나라를 팔아먹는 것이며, 오랫동안 씻지 못할 나라의 역적이 되는 것이다. 부디 조심하고 부디 경계할지어다.

48. 우리는 여러 번 좋은 기회를 놓쳤다

　지금까지 살펴본 바와 같이, 우리는 다른 나라들과 상대하면서 번번이 피해를 입었다. 이것은 우리가 이 같은 피해를 벗어날 수 있는 기회가 없었기 때문이 아니라, 우리가 매번 그 기회가 왔음을 깨닫지 못하고 그것을 놓쳐버렸기 때문이다. 지금 우리 앞에 닥친 기회가 얼마나 좋은 것인지 알지 못한다면 더 이상 아무것도 할 수 없을 것이다. 지금의 기회가 왜 소중한 것인가를 이해하기 위해 지난날 잃어버렸던 기회에 대해 간략히 말하고자 한다.

　첫째, 우리는 청 태종이 침범했던 병자년(1636) 이후 나라를 바로 세우는 데 실패했다. 우리에게 병자호란 이후 좋은 기회가 여러 번 있었다. 어진 임금과 장수들이 군사력을 길러 북벌(北伐, 북쪽 오랑캐 정벌)을 하여 수치를 씻으려 했다. 만약 그때 정부와 백성이 한마음이 되어 노력하여 청나라가 경계를 늦춘 틈을 타서 요동지방을 공격하고, 포대를 쌓아 국경지역을 방어하며, 청나라에 요구하여 조선을 대등한 독립국가로 인정하는 조약을 체결하자고 요청했다면 청나라가 여러 가지 어려움으로 인하여 그 같은 우리의 요구를 거절하기 어려웠던

때가 여러 번 있었다.

썩은 관리들은 정신이 병들어 안락만을 추구하고, 청나라에 복수할 생각을 하지 못했다. 그들은 또한 자기들의 권력을 잃어버릴까 두려워하여 유능한 인재를 쓰지 않았다. 그들은 시기심이나 당파싸움으로 인해 충성스러운 관리들을 파면하거나, 비방하여 죽여 버렸다. 특별히 재주가 뛰어나거나 힘이 센 아이가 태어나면 부모는 두려워하여 죽이거나 침을 놓거나 뜸을 놓아 불구자로 만들기도 했다. 그러므로 뛰어난 인재는 다른 나라로 피해 가서 그곳에 머물렀다.

이것은 마치 도적에게 양식을 주며 적국으로부터 무기를 빌리는 것과 같으니 어찌 나라가 쇠약해지지 않겠는가. 나라가 쇠약해지면 질수록 다른 나라에 더욱더 의지하고자 하는 마음이 생기게 되는 것이다. 그러므로 지금 우리가 맞이하고 있는 기회를 다시는 과거처럼 놓치지 말아야 할 것이다.

둘째, 우리는 40여 년 전에 또 다른 기회를 놓쳤다. 영국, 프랑스, 미국 등 각국이 통상을 요구했을 때 우리는 고루한 생각을 버리고, 외국인들과 만나서 그들에 대해 알아볼 생각을 했어야 했다. 그렇게 했다면 우리는 이 나라들이 어디에 있으며, 얼마나 크고 부강한 나라이며, 통상을 요구하는 의도가 무엇인지 알 수 있었을 것이다. 그래서 우리가 다른 나라들과 통상하는 것이 유리하거나 또는 불가피한 것이라는 것을 깨닫고 즉시 영국, 미국 등에 사신을 보내어 우리 주도 아래 통상조약을 맺고, 우리나라가 자주독립 국가임을 선언했더라도 청나라 사람들은 서양을 두려워하여 아무 말도 못했을 것이다.

만일 청나라가 군사력으로 우리나라를 위협했더라도 여러 나라들이 이에 맞섰을 것이다. 이것은 우리가 다른 나라에 의존하거나 지원을 요청해서가 아니라 각국이 스스로 정세를 판단하고 우리를 지원하는 것이다. 우리가 이 기회를 놓치지 않았다면 우리는 오늘날 우리가 겪고 있는 환란과 수모를 면했을 뿐 아니라, 부강한 나라가 되어서 오히려 청나라와 일본이 우리에게 도움을 요청했을 것이다. 이것이 우리가 놓쳐버린 두 번째 기회였다.

셋째, 우리가 각국과 통상조약을 맺은 뒤에도 우리는 깨닫지 못했던 것이다. 청나라 사람들이 서양을 두려워하는 것을 알게 된 후에는 우리는 청나라에 대한 두려움을 버리고 서양을 두려워했어야 했다. 서양이 얼마나 강한지 알고서 우리도 강한 나라, 부강하고 문명된 나라를 만들기 위해 노력했어야 했다.

그렇게 했다면 백성들은 자유를 누렸을 것이며, 나라는 자주독립을 향유했을 것이고, 나라 안에서도 위태로울 것이 없고 나라밖으로부터 침략당할 위험도 없었을 것이다. 우리는 각국과 우호관계를 유지하게 되었을 것이며, 위험한 적에 대해 충분히 대비할 수 있었을 것이다. 그렇게 되었다면 청일전쟁은 한청전쟁이 되었을 것이며, 러일전쟁은 또한 한러전쟁이 되었을 것이다. 그렇게 되었다면 다른 나라가 우리의 독립을 보장한다는 말을 할 수 있겠으며, 어떻게 다른 나라들 간의 조약에 우리나라에 고문관들을 보내고, 우리 황실을 보호하는 조항을 넣을 수 있었을 것인가. 이것이 우리가 놓쳐버린 세 번째 기회였다.

넷째, 황제폐하께서 러시아 공사관으로 피신하신 후에 하지 못한 것이 있다. 당시는 러시아와 일본이 서로 다투고 있는 시기였다. 우리는 우리 군대로 황실을 철저히 보호하고, 정부와 백성들이 일심협력하여 국가의 기강을 바로세우고, 유능한 사람들에게 나라 일을 맡기고, 탐욕과 포학함을 없애고, 법률을 정비하여 모든 사람에게 평등하게 적용하고 나라를 부강하게 만들 대책을 세웠어야 했다. 또한 러시아와 일본을 공평하게 대하며 국권을 온전히 보호하여 어느 나라도 우리의 내정에 간섭하지 못하게 했어야 했다. 그렇게 하였다면 일본과 러시아는 서로 견제하여 우리 내정에 간섭하지 못했을 것이며, 영국, 미국 등 각국은 공평한 입장에서 대한제국의 입장을 지지하며 다른 나라들이 잘못된 행동을 하지 못하게 했을 것이다.

특히 영일동맹이 맺어진 이후 우리 정부 지도자들은 그 같은 정세를 분명히 파악했어야 했다. 그러나 그들은 올바른 충고는 듣지도 않고 여전히 관직을 사고팔며, 충성스러운 선비들을 못살게 굴고 거리낄 것 없이 백성들의 재물이나 탈취했다. 온갖 폐단을 고치지 않고 결국은 나라의 위기를 재촉하여 마침내 이 지경에 이르게 됐다. 이것이 네 번째로 잃어버린 기회였다.

이렇듯 몇 차례 좋은 기회가 있었으므로 몇 사람이라도 합심하여 위험을 무릅쓰고 나라를 쇠퇴하게 하는 근본 원인을 밝혀 대응하기에 어렵지 않았을 것이다. 실로 비분강개(悲憤慷慨, 슬프고 분한 마음)함을 금할 수 없다. 앞으로 있을 기회는 과거보다 더 어려울 것이나 전혀 없지는 않을 것이니 다시는 그 같은 기회를 놓치지 말아야 할 것이다.

지난 수십 년간 우리 관리들의 이름을 살펴보건대 그들로부터 기대할 것이 없다. 가령 유능한 사람이 권력을 잡는다 해도 백성들의 힘이 뒷받침되지 않으면 그들도 성공하기 어려울 것이다. 지금 우리가 걱정하는 바는 유능한 대신이 없다는 것이 아니라, 뿌리가 나무를 위하듯이 나라의 뿌리가 될 만한 백성이 없는 것이다. 우리는 서둘러 마음을 밝혀 문명한 사람이 되어야 하며, 애국심을 길러 독립의 기초가 되기 위해 힘써야 할 것이다.

49. 일본 정부의 의도를 파헤친다

러시아 세력이 몰락한 후 우리 백성들은 나라의 장래에 대해 매우 불안하게 생각했다.

1904년 3월 초 일본 정부는 양국 황실 간에 친선을 도모한다며 이토 히로부미(伊藤博文)를 특명대사로 대한제국에 보냈다. 이 소식을 들은 사람들은 이토가 아무런 할 일 없이 올 리가 없으며, 우리 정부가 정치제도를 개혁하고 국정에 대해 일본의 자문을 받겠다고 약속한 한일 간의 조약을 밀어붙이려 할 것이라고 했다.

이토가 한양에 도착하여 몇 차례 황제폐하를 알현하고 말씀드린 요지는 다음과 같다.

이번 대한제국과 일본제국 두 나라 황실 간의 우의를 돈독히 하기 위해 일본 정부가 본인을 대황제폐하께 특별히 보냈사옴에 두 황실을 위하여 이 같은 사명을 기꺼이 받들며 두 황실 간에 영원히 친목하기를 바라나이다.

황제폐하의 국사(國事, 나라 일)에 대해 말씀드리건대, 무엇이든지 필요하시오면 황제폐하께서 우리나라 공사에게 하명하시기를 바라오며 정부를 개혁함에 있어서 조급히 하면 혼란을 초래하고 실패하기 쉬운 즉, 조금씩 고쳐 나가는 것이 옳을까 하나이다.

이 같은 내용이 알려지자 갖가지 논란이 일어났다. 어떤 사람들은 만주가 함락되면 일본은 대한제국에 개혁을 권고하리라 하였고, 어떤 사람들은 이토가 일본으로 간 후 무슨 움직임이 있을 것이라 했으며, 일본이 1894년 갑오경장 당시 대한에서 개혁을 너무 서둘러 실패했으므로 이번에는 개혁을 조심스럽게 시도하리라 했다. 또 다른 사람들은 일본이 우리가 부강하게 되는 것을 바라지 않는다고 했다. 나아가서 그들은 몇 년 전 러시아가 우리나라의 개혁을 반대했듯이 일본도 대한의 개화를 싫어하여 그대로 내버려두어 대한 사람들이 서로 다투어 스스로 쓰러지게 하리라 했다.

어떤 사람들은 지금 일본이 겉으로는 대한제국을 존중하는 체 하면서 속으로는 모든 실질적인 권리와 이익을 차지하려고 한다. 무식하고 개화되지 못한 우리 조정 관리들에게 권력을 맡겨두고 최대한의 이익을 노리고 있으니, 대한이 개화를 통해 충성스럽고 개명된 관리들이 권력을 잡게 된다면 일본인들은 그들이 노리는 것이 방해받게 될 것이다. 지금 조정의 집권세력은 개혁을 싫어하고 백성들도 개혁을 반대하고 있으니 만약 일본인들이 전국적으로 반대하고 있는 것을 강요하다가 대대적인 저항운동이 일어난다면 그들에게 결코 이로울 것이 없다. 설사 모든 것이 잘된다 하더라도 일본에 이익이 될 것은 아무것도 없으므로 일본은 대한제국에서 개혁을 무리하게 추진하려 하지 않을 것이라고 했다.

그러나 또 다른 견해는, 일본은 이미 대한제국에서 개혁을 어떻게 추진할 것인가를 결정하고 예산까지 편성하였으며, 이를 위해 군비(軍費)지출을 줄이고 교육시설을 확장하여 전국 인민들을 교육해 스스로 문명의 이익을 깨닫게 하고, 출중한 인물들이 많이 배출되도록 하려 한다고 했다. 아직 때가 무르익지 않음에 일본은 우리 정부에 조언하는데 그치고 있으나 우리 정부가 정신 차리지 못하는 것을 핑계로 우리 정부의 무능을 세계에 알리고, 우리 내정에 본격적으로 개입할 것이다. 그러므로 우리 지식인들이 이 기회를 놓치지 말고 열심히 노력하고 백성들을 교육하는 데 힘쓴다면 자립할 수 있는 힘을 기를 수 있을 것이라고 말하기도 했다.

이에 대해 반론을 제기하는 사람들도 있었다. 그들은 개화를 할 수 있는 기회가 있고 역량 있는 사람들이 집권한다 하더라도 결국은 일본인들의 노예가 되고 말 것이며, 만약 그들이 일본인들에게 굴복하지 않고 독자노선을 추구하려 해도 얼마 가지 못할 것이다. 유능한 지도자들이 있더라도 백성들의 힘을 바탕으로 했을 때만이 희망이 있을 것이니, 백성들과 더불어 일할 수 있는 지도자들이 많아야 할 것이다.

더구나 백성들을 교육함에 있어 자주정신을 기르지 못하고, 억압받는 분위기에서 노예근성만 기른다면 그러한 교육은 단지 충직한 노예 같은 사람만 길러 낼 뿐이다. 그런 교육 아래 어떻게 자유가 뿌리내릴 수 있겠는가. 그러므로 개명되고 충성심 있는 사람들은 너도 나도 인민들의 마음을 계몽하는 지도자가 되어 백성을 먼저 계몽해야 할 것이니, 백성들을 교육시키는 것 또한 우리 백성들 자신에게 달려 있다.

일본에서도 백성들의 생각과 지도자들의 생각이 항상 같은 것이 아니다. 설령 일본 정부가 우리나라가 발전되고 번영되기를 바란다 하더라도, 그 백성들은 반대되는 생각을 가져 대한사람들이 부강하게 되는 것을 막거나 저해할 우려가 있다. 우리 백성들이 다른 나라 사람들의 생각과 우리가 나가야 할 방향을 분간할 수 있을 만큼 개화된다면, 아무리 어려운 여건 하에서라도 우리 스스로 자립할 수 있을 것이다. 그러나 지금 우리 백성들은 그렇지 못하여 다른 나라 사람들이 시키는 대로 따라가고 있으니 우리 스스로 가야 할 방향을 어떻게 찾을 수 있겠는가. 백성들이 서로 깨우치고 도와서 정부에서 무엇을 하든, 외국인들이 무엇을 하든 상관하지 말고 모두가 각자의 책임을 다하고 앞으로 나가기 위해 최선을 다해야 할 것이라 했다.

어떤 사람들은 말하기를, 어느 나라에서나 백성들이 중요하니 지금이라도 우리 백성들이 한마음 한뜻으로 일어나 국권을 회복하려 한다면 어렵지 않을 것이라 했다. 또 다른 사람들은 말하기를, 백성들이 합심함에 있어서 마땅히 문명된 사람들의 지혜를 빌리고, 세계 여론에 어긋나지 않으며 정당한 것을 추구할 때만이 비로소 힘을 발휘하게 될 것이다. 그러나 만약 백성들이 미개한 생각으로 세계 여론을 거스르고 오로지 사사로운 목적으로 합심한다면 매우 위험한 결과를 초래할 것이다. 또한 우리가 지금까지 좋은 기회를 모두 놓쳤은즉 합심하여 노력한다 하더라도 될 수 있는 일이 없으니, 아무것도 하지 말고 가만히 있는 것이 나을 것이라 했다.

이처럼 백성들의 의견이 엇갈려 아무것도 되는 것이 없으며, 그 같은 의견대립은 현실을 더욱 어렵게 만들고 있다. 이 같은 여러 가지 견해에 대해 일일이 논평하지 않을 것이지만, 한마디로 말하면 우리는 외국인들을 지나치게 의심하지도 말고 믿지도 말아야 할 것이다. 또한 백성이 깨지 못했는데 단결만 하면 무엇이든지 할 수 있다거나, 또한 백성들이 깨지 못했으므로 아무 것도 하지 않는 것이 옳다는 것도 지헤로운 생각이 아니다.

다만 우리 대한사람들이 한 가지 힘써야 할 것은 일본의 영향력에서 벗어나는 것이다. 그러나 이것은 하루 이틀에 급히 이루어질 일이 아니다. 하루라도 게을리하면 이룩되기 어려우며 군사력을 길러 힘으로도 할 수 없고, 외교나 계책만으로도 될 수 없다. 오직 학문을 장려하고 정신교육에 힘써서 우리 백성들의 지식과 신의가 세계에 알려져, 공통된 가치관을 가진 모든 나라가 우리의 친구가 되어 필요할 때는 우리가 요청하지 않아도 우리를 도와주며, 우리에게 군사력이 없더라도 스스로 강한 나라가 되어야 일본의 영향력을 벗어나려는 목적도 자연스럽게 이룩할 수 있을 것이다.

이성을 바탕으로 했을 때만이 진정한 힘이 생기므로, 이 과정에서 천 명이나 만 명이 하나의 집단으로 힘을 나타내기보다는 한 사람 한 사람이 지혜와 힘이 강해져서 한 사람씩 따로 떼어 놓아도 힘을 발휘할 수 있게 해야 할 것이다. 우리가 이 같은 이치를 깨달아야 한다는 것을 몇만 번이고 강조하고 또 강조하고자 한다.

50. 일본인들의 의도를 파헤친다

　우리나라에 온 일본인들이 어떤 의도를 가지고 있는가는 우리 모두에게 직접적인 영향을 미치게 된다. 일본인들은 세계 각국의 역사와 학문에 대해 잘 알고 있으며, 또한 외교활동의 기반을 잘 갖추고 있어 세계 여론을 그들에게 유리하게 만들 수 있다. 더구나 그들의 이익을 추구하기 위한 매우 강력한 위치를 구축했기 때문에 우리가 웬만큼 튼튼한 기반을 마련하지 않고는 그들과 비교조차 하기 어려울 것이다. 더욱이 그들은 수법이 또한 간교(奸巧, 간사하고 교활함)하여 여간 현명하지 않고는 그들의 계략에 빠지게 될 것이며, 한 번 빠지면 벗어나기 어려울 것이다.

　그러므로 무지하고 순진한 우리 백성들이 일본인들과 접촉하게 된다면 그들의 마수에 말려들지 않을 자 얼마나 되겠는가. 외국인들이 우리들에게 접근할 때 우리가 그들을 피하거나 양보함으로써 우리 것을 보전할 수도 없겠지만, 우리가 그들을 너무 가까이 해도 그들의 계략에 빠져 살아남기 어려울 것이다. 그러므로 다른 나라 사람들과 교류하여 그들보다 더 우수한 학문과 기술을 배워 그들이 하고자 하는 일을 우리가 먼저 하고 있으면, 그들은 우리나라에 발붙일 곳을 찾지 못할 것이다. 이처럼 우리가 준비가 갖추어졌을 때 외국인들이 와서 사는 것은 상호간에 이익이 될 것이며, 외국인들이 많이 와서 살수록 우리에게 이익이 크니 무슨 손해가 있겠는가. 이것은 모두 우리나라 사람들의 지혜와 학문과 용기에 달려있다. 그렇지 않으면 우리가 가진 모든 것을 남김없이 빼앗길 것이니 어떻게 주의하지 않겠는가.

일본인들이 우리나라에서 무엇을 노리는가를 알아내기 위해서는, 1904년 2월 한일조약 체결 이후 부산에 거류하는 일본 상인들이 일본 정부와 한양 주재 일본 공사에게 건의한 9개 항목을 살펴 볼 필요가 있다.

1. 대한과 일본 간 기존의 통상조약을 개정할 것.
2. 대한에서 토지를 사고팔 수 있는 항구적인 권리를 쟁취할 것.
3. 대한에서 일본의 상업상의 이익이 가장 크므로 대한 세관을 일본 관리의 통제하에 둘 것.
4. 대한의 농업제도를 개선할 것.
5. 대한의 내지(內地, 전국 방방곡곡) 어디서든지 일본인들이 살 수 있도록 할 것.
6. 13개 도에 각 도별로 4개 정도의 농업진흥사무소를 설치하여 새로운 농사법을 대한 농민들에게 전수할 수 있도록 할 것.
7. 일본인들이 장사 또는 유람 목적으로 대한 해안지방 어느 곳이든 자유롭게 여행할 수 있도록 할 것.
8. 대한의 각 지방에 일본은행 지점을 설치하도록 할 것.
9. 대한의 화폐발행제도를 변화시켜 일본 돈과 바꾸는 데 차별이 없게 할 것.

이 아홉 가지 요구사항의 의미를 설명하자면, 첫 번째 조항은 통상 조약을 개정하자는 문제로, 우리가 개화를 위해 진작부터 부지런히 노력했더라면 우리 스스로 정부에 요구하여 주권을 보호하는 데 미흡한 점을 고치게 했을 것이다. 그러나 오히려 일본인들이 먼저 고치자고 하기에 이르렀다. 이것은 우리의 주권에 위해(危害, 위험과 손해)를 끼칠 수 있는 중대한 문제이다.

그들은 우리의 토지를 매매할 수 있는 권리를 영구적으로 가질 것을 요구하고 있으나, 우리나라가 다른 나라들과 맺은 모든 통상조약에 그 같은 내용을 허용한 예가 없다. 지금 일본인들이 도처에서 토지를 사들이면서 많은 폐단이 생기고 있다. 우리 정부가 제대로 일을 할 수 있게 된다면 장래에 일본과 조약을 개정하는 것도 가능할 것이다. 그러나 지금 일본인들의 토지소유에 대한 제한을 완전히 해제한다면, 머지않아 좋은 토지는 모두 그들이 소유하고 말 것이다.

세관으로 말하자면, 세관은 우리나라에서 현금 수입의 유일한 근원이다. 장차 무역량이 늘어나면 세금 수입도 크게 늘어날 것이다. 해외에서 돈을 빌릴 때 통관서류를 담보로 하기 때문이다. 따라서 이 문제는 재정상의 이익이 걸린 중대한 문제일 뿐 아니라 국가 재정관리 권한까지 포함된 것이다. 우리는 재정문제를 열심히 공부하여 우리 권리를 제대로 행사해야 할 것이다. 그러나 우리나라에는 이것을 제대로 공부한 사람이 없다. 더욱 한심한 것은 부정과 부패가 심하여 재정문제를 믿고 맡길 사람이 없으므로 지금은 영국 사람이 그 업무를 책임지고 있다. 우리는 이를 한심하게 여기고 하루빨리 공부하여 이 권리를 되찾아야 할 것이다.

일본인들이 우리나라 어느 곳이든지 살 수 있는 권리를 달라고 하는 문제에 대해 논할진데, 이것은 무엇보다도 일본인들이 간절히 원하고 있는 바이다. 일본 인구는 해마다 늘어나고 있지만 땅이 비좁아 살 곳이 부족하여 많은 사람들이 다른 나라로 이주하고 있다. 그래서 일본 정부와 백성들은 식민지를 획득하고자 적극 노력하고 있는 것이다. 우리나라 토지는 비옥하고 기후는 온화하며 금·은 등 개발되지 않은 자원이 많다. 더구나 우리나라 백성들이 깨이지 못하여 자원을 개발하여 활용하지 못하고 있을 뿐 아니라 외국인들에게 굴종하는 경향이 있다. 만일 일본인들이 건너와서 자리를 잡는다면 그들이 전국 도처에서 주도권을 장악할 수 있을 것이니 어찌 일본인들이 그것을 원치 않겠는가. 그러나 현재 조약은 일본인들의 주거를 제한하고 있어 일본인들이 늘어나는 것을 막고 있다.

그런데 지금 일본인들은 그 제한을 해제할 것을 요구하고 있다. 그것이 해제된다면 일본인들이 전국에 가득 차게 될 것이고 온갖 이권을 장악하게 될 것이며, 우리는 우리 자원을 개발할 생각도 하지 못하게 될 것이다. 설령 우리가 황무지를 개발하여 기름진 논밭으로 만들고 금광과 은광을 개척한다 하더라도 머지않아 일본 사람들에게 빼앗기고 말 것이니 누가 개발하려 하겠는가. 더구나 우리나라 사람들은 법률의 보호를 받지 못하기 때문에 외국인들과 논리적으로 따질 생각도 하지 못하고, 분쟁을 기피하기만 한다. 외국인들이 가까이 다가올수록 우리 백성들은 그들을 피하여 깊은 산골로 들어가고, 좋은 땅은 모두 외국인들에게 내주고 말 것이니 이것은 우리 백성들에게 매우 중대한 문제이다.

농업진흥사무소를 1개 도에 각각 4개씩 설치하자는 주장에 대해서는, 일본인들은 농사를 지음에 있어서 습지에서 물을 빼내 마른 땅에

물을 대고 토양에 따라 적합한 품종을 심는 영농법이 있다. 손바닥만 한 땅도 잘 활용하며, 밭 갈고 씨 뿌리고 김매고 추수하는 것을 기계로 대신하므로 몇 백 명이 할 수 있는 일을 한두 사람이 해내며 그 이익도 몇 십 배, 몇 백 배가 된다. 우리나라 사람들은 이 같은 농사방법에 대해 들어보지도 못했다. 따라서 그 같은 일본인들의 요구가 허용된다면, 우리 백성들은 과거와 같은 방법으로 농사를 지을 것이므로 일본과 경쟁할 수 없다. 이는 우리 농업에 중대한 문제이다.

우리나라 해안지방 어디에나 일본인들이 마음대로 장사하고 유람할 수 있게 해달라고 한 것은, 그들의 상업을 번성시키고 우리나라 전체를 개방시키려는 속셈이다. 국제통상 원칙으로 볼 때 그것을 반대할 이유가 없을 것 같지만, 그 같은 제한을 풀기 전에 우리나라 사람들이 상업을 할 수 있는 기초를 튼튼히 쌓고, 우리의 통상능력이 다른 나라와 비등한 수준에 이르렀을 때 그렇게 하는 것이 손해가 적을 것이다. 백성들은 열려 있지 못한 가운데 나라만 먼저 개방하게 되면 결국 일본인들이 모든 상권을 장악하게 될 것이며, 그 후 우리가 그것을 회복하는 것은 쉽지 않을 것이다. 그러므로 그 제안은 우리의 상업에 치명적 타격을 줄 수 있는 것이다.

전국 도처에 일본은행 지점을 설치하는 문제를 말하자면, 이것은 온 나라의 혈맥을 차지하려는 것이다. 한 나라의 금융은 몸의 핏줄과 같은 것이다. 몸속에 핏줄이 얽혀 있듯이 전국 각 지방에 은행을 설치하여 전국을 하나로 연결해야 경제적으로 활동할 수 있는 힘이 생긴다. 그러나 우리나라 은행이 아니라 일본은행들을 설치하게 함은 내 몸의 심장을 일본인들이 쥐고 있는 것과 같으니 어떻게 살아 있는 나라라고 하겠는가.

지금 한양에 설치된 일본은행 두세 개와 개항지(開港地)에 있는 몇몇 일본은행이 우리나라 금융을 좌지우지하고 있다. 일본인 몇 사람이 작정하고 전국의 돈을 고갈시키고자 한다면 불과 며칠 내로 돈을 다 거두어들일 수 있을 것이다. 우리가 하루속히 금융업무 능력을 길러 금융 권리를 회복해야 맥박이 뛰는 나라가 될 수 있을 것이다. 일본인들이 전국 13개 도에 은행망을 뻗힌다면 우리가 무슨 힘으로 조금이라도 움직일 수 있겠는가. 이 문제는 우리 백성들의 활력에 결정적 영향을 끼치는 문제이다.

화폐 발행제도를 바꾸자는 문제도, 우리가 특별한 관심을 기울여야 할 문제이다. 다른 나라와 같은 화폐제도를 채택하는 것은 무역에도 편리하고, 우리나라의 금융 질서를 바로잡는 데도 도움이 될 것이다. 우리가 스스로 화폐제도를 진작 바로잡고 다른 나라들처럼 했더라면 우리나라 사람들이 지금처럼 가난하지도 않았을 것이며, 다른 나라 사람들이 화폐 발행제도를 바꾸자는 제안도 하지 않았을 것이다. 그러나 우리는 이 같은 문제를 바로잡지 못하고 불량 주화(鑄貨, 동전으로 된 화폐)를 발행하여 백성들을 살기 어렵게 만들고, 외국 상인들에게도 손해를 입혔다. 이것이야 말로 시급히 시정하지 않으면 안 될 것이다.

그러나 화폐제도는 백성들의 개화 정도에 달렸다. 백성들이 개화하지 못한 나라에서는 금화를 사용하기 어렵다. 왜냐하면, 백성들이 돈을 감추어 두거나 녹여 다른 목적으로 사용할 것이며, 외국 상인들은 들여온 물자를 팔고 금화를 받지만, 수출할 것이 많지 않으니 결국 금화만 나라 밖으로 빠져나가고 말 것이다. 그렇게 되면 머지않아 나라 안에 있는 모든 금화는 사라지게 될 것이다. 일본 상인들도 지금부터 금화를 사용하자는 것은 아닐 것이나, 우리는 지체 없이 백성들을 계몽해 금화를 사용할 수 있도록 노력해야 할 것이다.

조선의 각 지방에 나와 있던 일본 상인들은 계속해서 일본 정부에 건의를 했다. 요구한 내용은 조금씩 달랐지만 근본 주장은 비슷했다. 이와 관련하여 도쿄에 일는 일본상공회의소는 일본 정부에 다음과 같은 내용의 건의를 했다.

- 동양은행을 설치할 것.
- 대한제국의 화폐제도를 개혁할 것.
- 대한에서 일본인의 토지소유권을 확고히 보장할 것.
- 대한에서 경찰제도를 개혁할 것.
- 어업권을 확고히 보장할 것.
- 대한과 만주지방의 항구와 시장을 더 많이 개방하여 자유로운 상업을 보장할 것.
- 청나라의 철도 및 통신에 관한 모든 권리를 일본인들에게 맡겨 관리하도록 할 것.
- 대한과 만주의 모든 광산을 개방하여 여러 가지 제조업이 자유롭게 할 것.

그들이 건의한 내용이 무엇을 노리는지 더 이상 설명할 필요가 없다. 그런데 이와 관련하여 심각한 문제가 발생했던 것이다. 한양 주재 일본 공사가 우리나라의 황무지나 버려진 땅을 개간할 수 있는 권리와 산림과 하천, 늪지를 개발하고 이용할 수 있는 권리를 50년 동안

50. 일본인들의 의도를 파헤친다

일본인들에게 허용해 달라는 요구를 대한제국 정부 외부(外部, 외교부)에 보냈으며, 외교부에서는 그 요청을 내각으로 보냈다. 내각에서는 이 문제를 논의한 후 거절하기로 결정하고 외교부로 하여금 일본 공사에게 그 사실을 통보하도록 했다. 또한 많은 관리들과 백성들이 상소도 올리고, 모여서 토의도 하고 반대하는 글을 써서 널리 전파하자, 온 나라가 이 문제로 의견이 분분했다.

  우리 외교부가 일본의 요구를 거절하는 통보를 하자, 일본 공사는 이 문제는 자신이 대한제국의 황제폐하를 알현했을 때 이미 말씀드렸다 하며 재차 강경하게 요구했다. 우리 조정에서는 아직은 일본의 압력에 강력히 맞서고 있다. 그러나 전국에 지각 있는 백성들이 많아서 이 문제에 한마음으로 대응해야 할 것이지만 이 같은 사실을 아는 자가 많지 않다. 또한, 조금 아는 사람들도 이 문제는 우리가 어떻게 할 수 있는 일이 아니라 하며 상관하지 않겠다고 하고, 또 어떤 사람들은 백성들을 선동하여 소란이나 일으키려 할 뿐이다. 그러니 우리가 어떻게 이 문제의 시비를 제대로 가릴 수 있을 것이며 대응방안을 강구할 수 있겠는가.

  이 문제가 얼마나 중대한 문제인가는 더 이상 말할 필요가 없거니와, 미국인들이 발간하는 영문 월간지에서 "대한의 명맥(命脈)"이라 한 것은 그 중요성을 말한 것이다.

  슬프다! 대한동포들은 장차 어디로 가려는가. 우리가 토론하면 할수록 더욱 분통이 터지고 지칠 뿐이니 더 이상 논의하지 않겠다. 이것은 우리나라에 직접적으로 영향을 미치는 중대한 문제이지만 우리는 그것을 논의조차 할 수 없다. 나라의 권리와 이익을 누구에게 팔아먹으려는지 또는 이미 팔아넘겼는지 알 수도 없고 알려고 하지도 않는다. 그런 가운데 오히려 외국인들이 우리나라에 관한 문제를 자기 나라 정부에 이것저것 요청하며 시행해 달라고 하고 있으니, 이 어찌 우리나라에 백성이 있다 하리오.

이것은 우리의 충성심이 다른 나라 사람들보다 못해서도 아니요, 재주와 지혜가 뒤떨어져서도 아니다. 다만 집권세력이 그들의 과오가 드러날까 또는 권력을 빼앗길까 두려워하여 이 같은 사실들에 대해 백성들이 알지도 못하게 하고 말하지도 못하게 하기 때문이다. 외국 신문에 널리 보도되고 있는 내용도 우리나라 신문에서는 찾아볼 수 없고, 외국인들은 이러한 문제들을 드러내 놓고 논의하고 있지만, 우리 백성들은 한마디도 할 수 없다. 온 나라가 무엇이 어떻게 돌아가고 있는지 전혀 모르고 있는 가운데 정부는 다른 나라와 비밀리에 불공평한 합의를 하고 나서 그것을 감추기에 급급하고 있다. 그리하여 아는 사람도 없거니와 안다 하더라도 감히 아는 체하지 못하고 있다. 우리가 이러한 형편에 있으니 다른 나라가 욕심대로 하려면 무엇을 못하겠는가.

지금 우리에게 급하고, 급하고, 또 급한 일은 다른 무엇이 아니고 알려고 하는 것과 다른 사람들에게 알게 하는 것이다. 우리는 나라 형편에 행운이 오기만을 기다리지 말고, 낙심하지도 말며, 정부가 어찌 되든지 상관하지도 말고, 또한 갑자기 정부에 반대하려 하지 말고, 각자가 나라의 주권을 보호할 만한 사람이 되어서 밤낮을 가리지 않고 나라의 형편과 우리가 해야 할 일을 열심히 전파하여 하루속히 전국 모든 백성에게 다 알게 해야 할 것이다.

목숨을 바칠 각오로 대한제국의 자유와 독립을 나 혼자라도 지키며, 우리 2천만 동포 중 1천9백9십만 9천9백9십9명이 모두 머리를 숙이거나 모두 살해된 후에라도 나 한 사람이라도 태극기를 받들어 머리를 높이 들고 앞으로 전진하며, 한 걸음도 뒤로 물러나지 않을 것을 각자 마음속에 맹세하고 다시 맹세하고 천만번 맹세합시다.

결론: 독립정신 실천 6대 강령

　이 책은 우리 대한 독립에 관계된 중요한 내용을 쓴 것이다.
　이 책에 있는 내용만 주의 깊게 읽어도 독립이 무엇이며, 우리와 어떤 관련이 있는지, 그리고 우리나라의 독립이 어떤 형편에 있는지, 앞으로 어떻게 될 것인지 짐작할 수 있을 것이다.
　모든 사람이 독립정신을 철저히 실천하며, 또한 다른 사람들에게 권고하여 빠른 시일 내 국민 모두가 알고 실천할 수 있기를 간절히 바란다. 그러나 독립에 관련된 과거의 일만 알고 어떻게 하면 완전한 독립을 유지할 수 있을지 그 방법을 모른다면 아무 소용이 없다. 이 책은 우리나라 사람들이 가장 중요하고 시급히 알아야 할 내용들을 기록했다. 그러므로 이 책을 읽는 사람은 이를 깨닫고 실천해야 한다. 처음에는 한두 사람이 실천하여 나라를 위해 힘을 기르다 보면, 마침내 온 나라가 한 몸, 한 마음이 되고 모든 국민이 힘을 얻게 될 것이다
　여기서 나라의 독립을 뒷받침하기 위해 필요한 실천사항을 6개 항목으로 구분했다. 그중에는 이미 앞에서 말한 것도 있고 새로운 것도 있다. 이것은 모든 사람이 독립정신의 참뜻을 올바로 깨닫도록 하기 위한 것이다. 정부에서 무슨 일을 하든지, 다른 사람들이 무슨 일을

하든지 상관하지 말고 각자 자기가 할 일만을 생각하고, 자기가 할 일을 하며, 자기 주변에 있는 사람들도 여기에 기록된 내용대로 따라 하도록 권고하기를 바라는 바이다.

첫째, 우리는 세계에 대해 개방해야 한다

1. 우리는 세계와 반드시 교류해야 한다

세계 여러 나라들 간에 서로 교류하지 않는 나라는 그다지 없으며, 여러 나라 사람들이 서로 마음을 열지 못할 이유도 없다. 넓은 세상이 있다는 것을 모르고 지내던 나라들도 지금은 다른 나라들과 자유롭게 교류하고 있다. 개화를 받아들인 나라는 점점 번창하여 다른 나라들과 대등한 지위를 누리고 있다. 그렇지 않은 나라는 외부세력이 점차 나라 안으로 밀고 들어와 그들의 세력을 구축하면서 그 나라의 형편이 점점 나빠지고 있다.

나라들 간에 이 같은 교류가 계속된다면 각 나라 사람들의 고유한 특성은 사라지고 마침내 온 세계 사람들이 하나의 문명으로 통합될 것이다. 지금 동양의 상황은 아침 햇살이 떠오를 때와 같아서 햇빛이 먼저 비치는 곳도 있고 나중에 비치는 곳도 있으나 솟아오르는 해를 막을 수는 없다. 햇빛이 사방을 모두 비치고야 마는 것 같이, 서양에서 일어나서 들어오는 새로운 문명을 우리가 홀로 막을 수는 없다.

지금까지 일어난 일들을 보더라도 서양으로부터 들어오는 새로운 문명을 막을 수 없다는 것이 분명하다. 이것을 경험하고서도 어떤 수를 쓰더라도 새로운 문물을 받아들이지 않으려 한다면 나라는 영원히 없어지고, 그 백성도 없어지고 말 것이다. 그러므로 오늘날 외국과 교류하지 않을 수 없다는 것을 누구나 깨달아야 할 것이다.

2. 통상은 서로에게 이익이 된다는 것을 깨달아야 한다

인간은 이웃이 있어야 살 수 있다. 우리가 살아가는 데 필요한 모든 물품들을 직접 만들어 사용한다고 생각해 보자. 그 모든 것을 내 손으로 만들어야 할 텐데 어떻게 내 손으로 이 모든 것들을 만들 수 있겠는가. 그렇게 산다면 학식이나 타고난 재주는 물론, 인간이 가져야 할 도덕적 성품들을 유지하기도 어려울 것이다.

내가 살아가는 데 필요한 물건들은 이웃의 도움을 통해 얻을 수 있다. 또한, 이웃의 도움을 받아 학문과 도덕을 배우기도 하고 배운 것을 실천하기도 한다. 그러므로 이웃이 많을수록 내가 사용할 수 있는 물품들이 좋아지고 많아지게 되며, 또한 내가 만든 물품들도 다른 사람들이 사용하게 되어 귀중하게 취급되고 더 많은 사람들에게 쓰이게 된다. 나아가 이웃이 많을수록 더 많은 정보와 지식도 얻을 수 있게 된다. 세계 각국에 문을 열어 우호적인 관계를 맺고 물품들을 서로 교환하며, 우리에게 잘못된 풍속이 있으면 그것을 고쳐야 할 것이다. 그렇게 하지 않는다면 앞집과 뒷집이, 북쪽과 남쪽이, 또는 서양과 동양이 서로 담을 쌓고 상관하지 않는 것과 마찬가지이다.

이처럼 사람들이 서로 교류하지 않는 것이 세상에 얼마나 해로운 것인가 알 수 있다. 그러므로 사람들은 다른 나라들과 교류하는 것을 매우 중요하게 생각하며, 세계 어느 구석도 고립되지 않도록 노력하는 것이다. 이를 위해 증기선, 열차, 전보, 우편 등 각종 교통 및 통신 수단을 발명한 것이다. 우리나라도 하루속히 이러한 기술들을 배워 전국에 설치하여 먼 지방도 가까운 이웃같이 왕래할 수 있게 하고, 시시각각으로 연락을 주고받을 수 있게 하면 전국이 고르게 발전할 것이다.

각 지방 사람들이 서로에게 필요한 물자를 교환함으로써 자신들에게 부족한 것을 보충할 수 있으며, 또한 세계 각국이 교제하는 가운데 서로 좋고 나쁨을 비교하여 발전하게 될 것이다. 그리하여 세계 모든 나라들은 이웃처럼 될 것이며, 이로 인해 공통의 이익을 누리게 될 것이다. 따라서 사람들 간의 교류가 얼마나 유익한가를 모두가 깨달아야 할 것이다.

3. 오늘날 통상은 나라를 부강하게 하는 근본이다

세계의 부강한 나라들이 자기 나라에서 생산되는 곡식이나 물품만으로 그렇게 된 것이 아니다. 이 나라들은 백성들에게 상업을 권장하여 다른 나라에서 재물을 벌어들였기 때문이다. 그 결과 그 나라 안에서 유통되는 재물은 상상할 수 없을 정도로 풍부해져서 날마다 더 부강하게 된 것이다.

오늘날 영국은 세계에 매우 부강한 나라로 알려져 있다. 그러나 영국은 조그마한 세 개의 섬으로 이루어진 나라이다. 기후도 좋지 않고 생산품도 많지 않았다. 그러나 백성들이 일찍이 산업화에 눈떠 물건을 만들어 세계 각국에 수출했다. 정부는 상인들을 적극 보호했으며, 자기 나라 상인 한두 사람만 가 있더라도 군함을 보내 그들의 권리를 보호했다. 세계 모든 곳에 영국 상인이 없는 곳이 없고, 세계 중요한 시장은 대부분 영국 상인들이 차지하고 있으므로 영국이 부강하게 되지 않을 수 없다.

영국뿐만 아니라 선진 각국이 모두 상업의 권리를 매우 중요하게 여기고 있다. 옛날에는 각국이 영토를 빼앗으려고 전쟁을 일으켰으나, 지금은 상권(商權, 상업상의 권리) 때문에 전쟁을 하는 것을 보면 상업이 얼마나 중요한가를 알 수 있다.

우리나라도 옛날에는 농사를 제일로 알고 상업은 천하게 여겼다. 그러나 오늘날은 결코 그렇지 않다. 상업에 종사하지 않고 농업만으로 부자가 될 수가 없다. 농사에도 힘써 좋은 토지를 개간하여 곡물을 많이 생산하는 한편, 사방에 좋은 항구가 많이 있어 통상하기 좋은 조건을 갖추었고 천연자원 또한 많으니 동방의 부국 가운데 한 나라로 성장할 수 있다. 그러므로 상업을 부강한 나라를 만드는 근본으로 삼아야 할 것이다.

4. 외국인들이 우리나라에 오는 것은 우리를 해치려는 것이 아니라 서로에게 이롭게 하기 위한 것이다

외국인이 우리나라에 오는 것을 막을 이유가 없다. 그러나 외국인이 우리나라에 오는 것만 허락하고 가만히 앉아서 맞아들이기만 한다면 통상의 이익과 권리는 모두 외국인들의 손에 들어가고 말게 된다. 이러한 통상은 외국 사람에게만 이로운 것이고 우리나라에게는 이로울 것이 없고 오히려 해가 될 뿐이다.

그러므로 우리도 외국으로 가서 그들의 형편과 풍속과 물정을 자세히 알아본 후 수입과 수출을 우리가 직접 주도해야 한다. 그렇게 하기 위해서는 우리도 다른 나라 사람들이 하는 것처럼 잘할 수 있도록 노력하여 수입과 수출이 균형잡히도록 해야 다른 나라 사람들과 같은 이익을 얻을 수 있다. 그러므로 이익을 내고 상권을 확립해야 하는 시급한 목적을 위해 우리는 외국에 나가 외국 상업의 실상을 관찰해야 할 것이다.

5. 외국인들을 원수같이 여기는 것은 매우 위험한 일이다

이것은 몽매한 백성들이 까닭 없이 외국인들을 미워하는 그릇된 관습에서 비롯된 것이다. 위에서 말했듯이 외국인들을 미워할 아무런 이유가 없다. 세상 돌아가는 것을 모르거나 외국인들이 우리나라에 와서 무엇을 하려는지 잘 모르기 때문에 다른 나라 사람들을 싫어하며, 기회가 있으면 그들을 해치고자 한다. 그러나 이러한 행동은 이치에도 맞지 않을 뿐 아니라 나라에도 위험한 일이다.

1866년에는 천주교인을 없애려다가 '병인양요(丙寅洋擾)'[1]를 초래했고, 1882년과 1884년에는 일본인들을 몰아내려다가 소요사태로 발전되어 큰 화를 당했다. 1894년에는 동학란이 일어나 외국인을 몰아내려다가 청일전쟁이라는 큰 전쟁으로 비화(飛火)되었다. 우리나라는 이 같은 일련의 사건으로 큰 시련을 겪게 되었다.

이처럼 백성이 어리석은 것은 나라를 멸망시키는 지름길이다. 모두가 이 같은 사실을 알고 이유 없이 외국인들을 미워하는 마음을 버려야 할 것이다. 또한 다른 사람에게도 이러한 사실을 설명하여 그들도 깨닫게 하고, 모든 사람들을 차별이 없이 동포나 형제처럼 대할 수 있도록 해야 할 것이다.

더구나 영국과 미국에서 온 신사숙녀들은 살기 좋은 고국과 부모형

---

[1] 1866년에 일어난 병인양요는 프랑스 선교사 등 조선의 천주교인 집단학살에 대한 대응조치로, 프랑스가 군함을 보내 프랑스군이 강화도에 상륙하여 전투를 벌였으나 결국 물러간 사건.

제와 친척들을 떠나 많은 비용을 쓰며 바다를 건너고 산을 넘어 우리나라에 왔다. 그들이 여러 지방에 흩어져 외롭게 살며 우리말과 우리 풍속을 배우고 익히며, 모든 고난과 어려움을 겪고 비웃음의 대상이 되고 욕을 먹으며 헌신하고 있는 진정한 뜻은, 오로지 자기들이 좋다고 믿는 종교를 우리나라 사람들에게 전파하여 자기들과 같이 복 받게 되기를 원하는 것뿐이다.

어떤 외국인들은 병원을 세워 환자들을 무료로 치료해 주고, 학교도 세워 학문과 종교에 대해 가르친다. 어떤 사람들은 고아원을 세워 의지할 곳 없는 아이들을 기르고 가르친다. 또 다른 사람들은 소경과 벙어리를 모아 교육하며, 그 밖에도 여러 가지 자선사업을 하고 있다.

사람들이 그 같은 뜻을 안다면 실로 감동하지 않을 수 없을 것이다. 난리 중이나 위태로울 때에도 남녀 구분 없이 한두 명씩 여러 곳에 떨어져 살기도 하며, 혹은 내륙으로 혼자 여행도 다닌다. 외국인들은 우리를 이렇게 좋은 마음으로 대하는데, 그 뜻을 모르고 오히려 그들을 해친다면 우리 스스로가 문명인 대접을 받지 않으려 하는 것이니 어찌 수치스러운 일이 아니겠는가. 그러므로 모두가 외국인을 싫어하는 마음을 버려야 할 것이다.

둘째, 새로운 문물(文物)을 자신과 집안과 나라를 보전하는 근본으로 삼아야 한다

1. 외국인들이 들어와 우리가 함께 살 때 우리 것을 보전하면서 또한 우리에게 균등한 이익이 돌아오도록 해야 한다

우리는 힘이 약하여 우리나라에 들어오는 외국인들을 막아낼 수 없다고 생각할지 모른다. 그래서 외국인들과 어쩔 수 없이 함께 살지만 서로 모르는 체하여 우리가 피해를 입지 않도록 해야 한다고 생각할지 모른다. 그래서 외국인들이 다가오면 피하고, 그들이 잘못된 짓을 하더라도 우리의 권리를 포기하고 말지도 모른다. 우리가 이렇게 행한다면 결국은 우리나라 사람이 살 곳이 없어지고 말 것이며, 우리나라 사람을 받아들일 나라도 없을 것이다.

더구나 수준 낮은 일본인들이 우리나라에 오는 목적은 서양에서 온 무역상이나 선교사들과는 다르다. 일본인들은 우리나라 전국 방방곡곡에 가서 우리나라의 모든 경제적 이권을 하나하나 차지하고자 할 것이다. 경제적 권리를 일본인들에게 모두 내주고 우리는 장차 어디로 가서 살겠는가.

외국과 교류를 시작한지 수십 년이 되었지만 발전된 것은 하나도 없고, 오히려 점점 나빠진 것은 다른 이유 때문이 아니다. 상류층 사람이나 보통 사람이나 모두 떳떳치 못한 생각을 가지고 남에게 시달리며 살았기 때문이다. 우리가 그 같은 비열한 생각을 버리지 않는다면 무슨 희망이 있겠으며, 또한 어떻게 견디어 내기를 바랄 수 있겠는가. 그러므로 우리 모두 힘을 합쳐 밀리지 않도록 해야 할 것인데 어떻게 하면 그 같이 될 것인가.

경쟁이라는 것은 다른 사람과 겨룬다는 뜻으로, 한 걸음이라도 남보다 앞서고자 하며 남보다 먼저 얻으려 하는 것이다. 공부를 하거나 장사를 할 때도 경쟁에서 이기려는 마음이 없다면 성공할 수 없다. 오늘날과 같은 세상에서 어떤 일이든 그러한 마음이 없으면 살아남을 수 없다.

그런데 어떻게 하면 우리가 개화된 서양인들과 경쟁할 수 있겠는가. 그들은 자기들의 정부를 통해 국제법과 통상조약의 보호를 받고 있지만, 우리 정부가 힘이 없으니 우리가 무슨 힘으로 외국인들과 경쟁할 수 있겠는가. 이런 점에서 볼 때 우리는 가망이 없는 것처럼 보일지도 모른다. 그러나 우리 백성들이 마음만 강하게 먹는다면 우리에게 서로 보호할 수 있는 힘이 생길 것이며, 정부로 하여금 우리를 보호할 수 있도록 만들 수 있을 것이다.

원산항에서 일하고 있는 우리 노동자들은 스스로 보호하는 힘이 강해서 외국인 노동자들이 업신여기지 못한다. 그들은 잘 단결되어 있어서, 그들 중 한 사람이라도 외국인들로부터 억울한 일을 당하면 그들은 즉시 모여 만족하게 해결이 될 때까지 외국인들과 시비를 계속한다는 것이다.

어떤 우리나라 사람이 외국인과 시비가 붙었는데 많은 외국인이 몰려와서 우리나라 사람에게 뭇매를 가했지만, 우리나라 사람들은 구경만 할 뿐 말 한마디 하지 않았고, 우리 관리들에게 아무리 호소해도 그들도 모른 체했다. 그 사람은 분한 마음에 밤중에 칼을 가지고 찾아가서 그 외국인을 불러내 죽이고는 일본 경찰에 가서 자수했다. 그 사람의 악독함은 칭찬할 것이 못 되지만 그 강력한 의지는 본받을 만하다. 만약 우리 백성들의 정신이 이처럼 굳세다면 우리는 정부가 보호하지 못한다고 염려할 것도 없으며, 외국인들이 우리를 함부로 대하지 못할 것이다. 그 같은 강력한 정신이 우리들의 가슴속에 굳게 자리 잡아야 할 것이다.

그러나 굳센 마음만으로 다른 나라 사람들과 경쟁을 하는 데 충분한 것이 아니다. 우리가 우리의 의지를 효과적으로 관철하기 위해서는 관련된 사실을 제대로 알고 있어야 한다. 그렇지 않으면 우리는 사리에 맞지 않는 것을 가지고 상대편에게 억지를 부리는 데 그치고 말 것이다. 억지 부리는 것은 우리에게 이롭지 못하므로 그들의 경위와 법에 대해 알아야 한다.

그 같은 것들을 알기 위해서는 새 문물을 소중히 여겨야 한다. 외국인들로부터 무식하다는 말을 듣지 않으려면, 다른 나라의 국민성·풍속·종교·정치 등에 대해 대강이라도 알아야 한다. 그래야만 우리가 문명한 사람들을 대할 때 스스로 머리가 숙여지는 수치를 면할 수 있다. 또한 그들을 어떻게 대해야 할지 알게 되며, 시비도 공정하게 해결할 수 있을 것이다. 이 같은 것들은 우리가 새로운 문물을 소중히 여기는 가운데 차차 깨닫게 될 것이다.

2. 새로운 학문에 대해 공부해야 한다

무엇보다 먼저 국제법, 통상조약, 우리나라 역사와 지리에 대해 공부해야 한다. 청나라의 역사책만 공부하지 말고, 여러 나라의 역사책과 그들의 정치, 종교, 문화에 관한 책을 구해서 읽어야 한다. 또한 천문학(天文學), 지리학, 물리학, 철학, 화학, 신학, 법학, 의학, 농학(農學), 상학(商學), 경제학, 정치학 등 전문서적에도 관심을 기울여야 한다.

우리는 선진국 사람들이 알고 있는 여러 가지를 모두 배우도록 노력해야 한다. 또한, 외국에서 일어나고 있는 일들을 보도하는 신문, 월간지 그리고 다른 발간물들을 어떤 일이 있더라도 구해서 공부함으로써 나라를 어떻게 다스리고 백성들을 행복하게 할 것인지 연구하고, 새로운 지식과 문물을 배우기 위해 한마음으로 노력해야 한다. 또한, 배우는 데 그치지 말고 실행해야 한다. 형식적으로 하는 체해서는 소용이 없다.

지금 세상에서 새로운 것이라 하는 것은 각국의 여러 가지를 비교하여 그중 제일 좋은 것을 선택하고, 그것을 더욱 향상시켜 통용(通用)하는 것이다. 우리나라에서만 사용하며 좋다고 하던 것을 가지고는 비교할 수 없다. 그러므로 오늘날 우리가 살아남기 위해서는, 비록 우리 것이 좋은 것일지라도 버리고 새로운 것들을 본받아야 할 것이다.

그러므로 우리는 과거에 제일 중요하게 여기던 것조차도 버리고 새로운 것으로 바꿀 수 있다는 각오를 가져야 한다. 우리 모두가 이렇게 작정하고 밤낮으로 변화시켜 사람과 가정과 나라가 모두 새롭게 됨으로써 앞으로 10년 또는 20년 안에 우리나라가 영국이나 미국과 같이 되도록 한마음으로 힘쓴다면, 일본보다 뒤떨어질 것이라고 염려할 필요가 없다.

일본이 그처럼 성공적인 변화를 가져온 원인을 살펴보면, 지도층에 있는 사람들이 먼저 개화를 하고 나서 일반 백성들을 가르치고 인도했던 것이다. 일본 사람들은 신학문이 아니면 먹고살 수가 없고 출세도 할 수가 없다는 것을 인식했기 때문에 변화를 적극적으로 수용했던 것이다. 그러나 우리나라에서는 관리들이 이끌어 주기를 바라기도 어렵고, 그들이 인도하기를 기다릴 수도 없는 실정이다. 우리 각자가 스스로 지도자가 되어 몇 배 더 노력해야 할 것이다. 다시 말하면, 모두가 용기를 가지고 변화를 주도해야 할 것이다.

3. 신학문을 열심히 배워 경제적 이익을 외국인들에게 뺏기지 않도록 해야 한다

우리는 농업에 대해 부지런히 공부하여 외국인들이 들어와 착수하기 전에 황무지를 개간하고, 기계를 들여다가 농사에 이용하여 수확을 몇 배로 늘려야 한다. 상업을 배워 외국 상인들의 상업상의 권리가 자연스럽게 줄어들게 하며, 광산학을 배워 외국인들이 광산개발권을 차지하기 전에 우리가 먼저 광산권을 확보해야 한다.

또한 우리는 항해, 전신과 우편, 어업, 산림 벌채(伐採)와 조림(造林) 등에 무슨 방법이나 기계를 쓰는지 자세히 배우도록 힘써야 한다. 세관에서 근무하는 관리와 각 행정기관의 자문역할을 할 수 있는 인재를 많이 길러 외국인들을 고용하지 않도록 하고, 새로운 제도를 도입하는 데 외국인들을 고용할 필요가 없도록 해야 한다. 우리는 갖가지 물건 만드는 법을 배워 외국 물건을 사 오지 않고 만들어 쓰며, 만든 물건들을 수출하도록 노력해야 한다.

우리도 물품을 만드는 기술을 배워 외국 사람들이 만들어 내는 것을 우리도 만들어 내야 할 것이다. 뿐만 아니라 우리가 만든 물품의 품질을 외국산보다 좋게 하여 결국 외국산이 우리의 제품보다 품질도 떨어지고 수송운임과 수입관세로 인해 값도 비싸게 되어 우리나라 사람들이 외국 제품을 사지 않게 되도록 해야 할 것이다.

돈이 외국으로 나가지 않도록 하기 위해 국산품 값이 조금 더 비싸더라도 모두 한마음이 되어 국산품을 산다면 외국 물품은 스스로 밀려나게 되고, 국산품이 풍성해져서 우리 제조업이 더욱 발전하게 된다. 그 결과 수백 또는 수천 개의 사업체가 번성하여 외국으로부터 재물이 들어오고 경제가 발달되어 국민생활에 큰 변화가 나타나고 모든 것이 풍요롭게 될 것이다.

4. 신학문을 열심히 공부하여 그 혜택을 누려야 할 것이다

우리나라에 신학문에 대한 책이 없으니 일본말이나 중국말로 번역한 서적을 구해서 볼 수 있다. 그러나 책들을 한글로 쓰거나 번역하여 한문을 모르는 사람들도 신학문을 배울 수 있도록 해야 한다. 이것은 속히 해야 될 일이지만, 그러나 이것만 가지고는 충분하지 않다.

우리는 먼저 외국어를 공부하여 외국 책도 보며 외국인들과 교제하여 우리말과 글로 이해하기 어려운 문제들에 대해 연구해야 한다. 또한, 외국에 유학을 가서 발전한 나라를 직접 보고 각종 신기한 물건과 발달한 기술도 관찰하여 경험과 생각도 넓히고, 학문과 기술도 숙달해야 한다. 그리고 외국 사람들처럼 잘할 수 있도록 배운 후 반드시 귀국해야 한다.

우리가 서양 사람들을 따라잡겠다는 확실한 의지도 없이 그들과 접촉한다면 우리는 항상 그들보다 못하고, 그들과 어울릴 수 없을 것이다. 그렇게 되면 우리는 항상 외국인들에게 뒤떨어질 수밖에 없고, 오직 그들의 노예가 될 수밖에 없다. 그런 자세로 어떻게 독립할 유지할 수 있을 것인가.

무지한 백성들은 자신감이 없어 새로운 것을 공부하라고 권하면 할 수 없다고 한다. 그것은 자신을 스스로 포기하는 것과 마찬가지다. 그들도 다른 사람들과 다 같은 재능을 타고났는데 왜 불가능하다는 것인가. 누구나 노력만 하면 다른 사람들이 하는 것을 자기도 할 수 있다는 것을 알아야 한다.

어떤 사람은 얼마 동안 공부하다가 그만두고 당장 먹고살기 위해 일을 한다고 말한다. 그러나 이것은 그가 공부하는 것이 잘살기 위한 투자라는 것을 모르기 때문이다. 집과 논밭을 팔거나 굶고 추위에 떨면서도 공부를 마치는 것이 장차 잘 살기 위한 준비라는 것을 확실히 알아야 한다.

외국에 갔다 하더라도 새로운 학문을 배워 오겠다는 본디 목적을 잊어버리고 술과 유흥에 빠지거나, 돈 버는 일에만 재미를 들여 나라 형편이 어찌 되었든 고국의 백성들이 어떤 어려움을 당하고 있던 상관하지 않고 세월만 보내는 사람들도 있다. 그러므로 유학을 간 사람들은 본디 품고 있었던 큰 목표를 결코 잊어서는 안 된다.

어떤 사람은 나라의 긴박한 형편은 상관하지 않고 헛된 명예욕에 빠져 막연하게 장차 쓰일 때가 있으리라 생각하고 오랜 기간 동안 어떤 전문분야만을 공부한다. 이 같은 생각이 잘못된 것은 아니지만, 지금 우리나라의 처지를 생각하면 이 같은 태도 또한 우리 백성을 외국인들의 노예상태에서 벗어나게 하는 데 아무런 도움이 되지 않는다. 우리나라를 자립하도록 만들어야 하겠다는 의지가 없이, 모두가 그렇게 생각하고 가만히 앉아 세상이 변하기만을 기다린다면 누가 사회를 변하게 만들 것이며, 만약 그 같은 변화가 오지 않는다면 그 학문이 무슨 소용이 있겠는가.

그러므로 유학을 간 사람들은 나라를 위해 시급한 것부터 공부해야 한다. 귀국할 형편이 못되더라도 뿌리치고 반드시 귀국하여 어두운 세상에 등불이 되어 다른 사람들을 가르쳐서 동네와 고장이 개화하도록 하며, 또한 다른 사람들을 이끌어 나갈 교사와 지도자를 양성하는 데 앞장서야 할 것이다. 이것이야말로 무엇보다 나라에 긴급하고 중요한 일이다. 그러므로 누구든지 헛된 것을 꿈꾸지 말고, 나라에 시급히 필요한 것을 배우기 위해 힘써야 할 것이다.

셋째, 외교를 잘해야 한다

1. 외교가 나라를 유지하는 데 매우 중요하다는 것을 알아야 한다

외교가 없다면 나라는 고립되며 다른 나라들로부터 침략을 받기 쉽다. 따라서 강대국이라 하더라도 외교적 고립을 두려워한다.

나라가 고립되어 있으면 강대국으로부터 침략받을 위험이 커지기 때문에 여러 나라가 긴밀한 협력관계를 유지하여 어느 나라도 약한 나라라고 하여 함부로 침략하지 못하도록 해야 한다. 우리나라가 먼저 국제법을 어기지 않고 다른 나라들을 공평하게 대우하고 각국과 친밀히 지낸다면, 다른 나라도 우리나라를 우방으로 대할 것이다. 우리나라가 어떤 나라로부터 억울한 일을 당할 때에는 우리가 요청하지 않아도 다른 나라들이 스스로 우리를 도와주기 위해 최선을 다할 것이다. 다시 말하면, 강대국 사이에서 약한 나라가 국가를 보존하기 위해서는 외교가 매우 중요하다.

2. 다른 나라들과 친밀한 관계를 갖고자 한다면 모든 나라를 공평하게 대해야 한다

만약 우리가 어떤 한 나라와는 가깝게 지내면서 다른 한 나라와는 거리를 유지한다면, 우리의 편파적인 외교정책으로 말미암아 좋지 않은 결과를 가져 올 수 있다. 즉, 거리감을 느낀 나라는 기회만 있으면 우리나라를 해치려 할 것이며, 가깝다고 느끼는 나라는 이를 빌미로 우리나라에서 특별한 이익을 노릴 것이다. 이 같은 외교는 나라를 위태롭게 할 수 있다. 우리가 친근하게 느끼는 나라로부터 어떤 혜택을 받거나 힘을 빌리게 되면, 우리의 외교가 편파적이 될 수밖에 없다. 그러므로 다른 나라가 우리나라에 지원을 하려 할지라도 그 같은 도움을 받지 말고 우리 스스로 배워서 문제를 해결한다면 외교적으로 공평함을 잃지 않을 것이다.

우리나라 사람들에게는 후하게 하면서 외국인들을 차별하거나, 또는 우리나라 사람은 차별하면서 다른 나라 사람들에게 후하게 대하는 것은 모두 공평하지 못한 것이다. 우리나라 사람은 물론 외국인을 대하는 데 절대로 차별해서는 안 되며, 오직 원칙과 법을 기준으로 공평하게 대해야 한다.

서양의 문명한 나라에서는 사람이 어떤 나라에 속했느냐는 것보다는 도덕적 원칙이 있느냐 없느냐를 중요한 기준으로 삼는다. 도덕적 원칙을 중시하기 때문에 다른 나라를 위해 자원하여 싸우기도 한다. 극단적인 경우, 자기 나라가 다른 나라와 전쟁을 하고 있는 경우에도 자기 나라의 전쟁목적이 잘못되었다고 판단되면, 다른 나라 편으로 가서 싸우는 경우가 허다하다. 그러므로 우리가 올바른 목표만 추구한다면, 여러 나라 사람들이 우리를 도우러 올 것이다. 따라서 우리는 외국인이라고 해서 특별히 차별할 필요가 없다.

그러나 현재의 문명 수준으로 볼 때 도덕적 원칙에만 의존할 수 없다. 예를 들어, 우리나라와 다른 나라 간에 전쟁이 일어났을 경우, 그

나라 사람 중에 나와 가까운 친구가 있더라도 그 사람은 자기 나라를 위하고 나는 내 나라를 위해야 할 것이니, 공식적으로 적대관계가 될 수밖에 없다.

평상시에는 정답게 지내다가도 나라에 관한 중대한 문제가 걸렸을 때는 개인적 친분은 당분간 잊어버려야 할 것이다. 그러나 그 사람과 적대관계가 되는 것은 국가 간 분쟁과 관련된 문제를 다루는 때에만 적용해야 한다. 전쟁이 끝나면 우리는 옛날처럼 친구가 될 것이며, 또한 전쟁 중이라 하더라도 전쟁과 관계없는 사람이라면 친구로 여겨야 할 것이다.

3. 다른 나라들과 친밀한 관계를 발전시키려면 그 나라들과 공통된 특성을 갖도록 노력해야 한다

낡은 폐습에서 벗어나지 못하고 있거나 우리의 생각과 풍속과 외모가 조금도 변하지 않았으면서 외국인들과 형식적으로 친하고자 한다면, 그들은 그것을 알아차리고 오히려 우리를 업신여길 것이다. 외국에서는 우리나라 사람들이 개화를 반대하면서도 겉으로는 외국인들에게 친근한 척하며 속으로는 그들을 업신여긴다고 생각할 것이다. 그들은 우리가 외국인들에게 친절하게 행동하는 것은 그들을 진정으로 좋아해서가 아니라 그들을 거역할 수 없기 때문에 좋은 척하는 것이라고 생각할 것이다.

기회만 있으면 우리가 그들을 해칠 수 있다고 판단할 것이기 때문에 그들은 우리를 진정한 친구로 생각하지 않을 것이며, 우리가 친한 척하다가 기회만 오면 무리한 수단을 써서라도 이익이나 도모하려 할 것이라고 생각할지 모른다. 이러한 여건하에서는 아무리 외교적 수단이 뛰어나도 그들과 진정한 우방이 될 수 없다.

우리가 그들과 진정한 우방국가가 되려면 우리의 머리 모양, 복장 등, 외모를 외국인들처럼 변화시키고, 그들의 법률과 행동도 비슷하게 되도록 노력해야 한다. 이렇게 하기 위해서는 무엇보다 우리 마음이 먼저 변해야 한다. 다른 나라의 좋은 법률, 정치, 학문, 도덕이 모두 어디서 나오는지 근본을 본받아 실행한 후에야 비로소 새로운 문물을 도입하는 효과도 나타나며, 각국과의 외교관계도 자연스럽게 긴밀해질 것이다.

4. 진실을 외교의 근본으로 삼아야 한다

개인과 개인 간에도 진실이 무엇보다 중요하거늘, 하물며 나라와 나라 간의 관계에서 진실함이 없고서 어떻게 그들과 친밀한 관계를 가질 수 있겠는가. 진실되게 행동하는 사람은 실패하고, 거짓과 얕은 수를 잘 쓰는 사람은 성공할 것으로 생각하는데, 이 같은 뿌리 깊은 나쁜 습관을 고치지 않고는 다른 나라와 좋은 관계를 발전시킬 수 없다.

우리가 외국과 교섭할 때는 결과에 너무 연연하지 말고 사실대로 진실하게 대해야 하며, 위기를 모면하기 위해 임기응변으로 속임수를 써서는 안 된다. 그리하여 우리가 하는 일과 말에 대해 다른 나라들이 믿을 수 있도록 해야 한다.

권모술수를 부리지 못한 것이 당장은 큰 손해처럼 보일지 모르지만 사실은 한없는 이익이 된다. 우리나라 사람들 간에도 이 같은 원칙이 지켜져야 한다. 특히 외국인들과 협상함에 있어서 진실되지 않으면 망신은 물론이고, 패가망국(敗家亡國)하는 원인이 된다는 것을 알아서 명심하고 지켜야 할 것이다.

5. 우리나라에 온 외국인들의 잘못은 시시비비를 분명하게 가려야 한다

우리가 외국인들을 상대함에 있어 진실하고, 공평하고, 정직하게 대할지라도 과거 우리의 잘못된 행동으로 이미 신용을 잃어 버렸다. 그러므로 외국인들 중에 법을 어기고 나쁜 행동을 하고는, 오히려 우리에게 뒤집어씌워도 다른 나라에서는 우리말은 믿지 않고, 법을 어긴 외국인의 말을 믿을 가능성이 있다. 그렇다고 이 사건을 온 세계에 드러내 놓고 잘잘못을 따질 수도 없고, 그 외국인의 잘못을 우리 법으로 다스릴 수도 없다.

그 결과 외국인들이 이 같은 상황을 악용하여 우리나라에서 제멋대로 행동하게 될지도 모른다. 이러한 경우, 우리는 그들이 무엇을 잘못했으며, 그로 인해 어떤 피해가 있었는지 자세히 설명해 주어야 한다. 일반 백성들도 이러한 경우 자기 일처럼 여기며 힘을 합쳐 공정한 입장에서 잘잘못을 가려내도록 노력해야 하며, 외국인들이 끝내 잘못을 인정하지 않으면, 아무리 사소한 일이라도 반드시 법에 의해 심판을 받도록 해야 한다.

우리나라에 외교부도 있고 각 지방에 관청도 있으니, 구체적인 증거를 수집하여 경찰관이나 사법당국에 제출하여 올바른 결과가 나올 때까지 계속 노력해야 한다. 비록 사소한 금전문제라도 여러 사람이 합심하여 그 돈보다 훨씬 더 많은 경비와 인력을 허비하는 한이 있더라도 잘잘못을 기어이 밝혀야 한다. 그렇게 함으로써 다음에 큰 문제가 발생했을 때 피해를 입지 않게 될 것이며, 위험과 어려움을 무릅쓰고 끝까지 밀고 나아간다면 마침내 피해를 회복할 수 있을 것이다.

만일 그렇게 하고도 억울함을 해결할 도리가 없다면, 생명을 바쳐서라도 시비를 가려내야 할 것이다. 어떻게 스스로 머리를 숙이고 구차스럽게 쉬운 길만 택할 수 있겠는가. 피끓는 대장부로서 차라리 죽을지언정 어찌 그 같은 모욕을 당하고도 뜻을 굽히며, 더러운 목숨을 연명하려고 하겠는가. 내가 당한 수모는 곧 모든 백성이 당하는 것과 마찬가지다. 내 목숨을 살리기 위해 외국인의 잘못된 일에 굴복하는 것은 그들이 행패를 부릴 수 있도록 문을 열어놓아 모든 동포가 그들의 침탈을 당하게 하는 것이다. 그렇게 된다면 우리 자손들은 과연 어떻게 이 같은 침탈을 면할 수 있겠는가.

내가 목숨까지 버린다면 잘못을 저지른 외국인들이 더 이상 섣불리 그런 짓을 하지 못할 것이다. 그 결과 나의 희생으로 우리나라 사람 모두에게 끼치는 혜택이 적지 않을 것이다. 우리나라 사람들도 점차 용기가 생기고 국제사회에서도 우리가 국제법과 사리에 밝아서 함부로 행동하지 않는다고 생각하게 될 것이다. 또한 우리나라 사람은 먼저 실수하는 일이 없고, 다른 나라로부터 억울한 일을 당하면 목숨을 버리기까지 하면서도 기어이 시비를 가리고자 하니 우리나라 사람들을 업신여기면 낭패를 당할 것이라 하여 법에 어긋나는 일이 적어질 것이며, 다른 나라로부터 존중받게 될 것이다.

넷째, 나라의 주권을 소중히 여겨야 한다

1. 모두가 외국인들에게 치외법권을 허용한 것을 수치로 알고, 어떤 어려움이 있더라도 이것을 우리 생전에 회복하고자 한다면 반드시 그렇게 될 것이다

우리나라에 와 있는 외국인들을 우리나라 법률로 다스리지 못하므로, 결국 우리는 외국인들과 동등한 대접을 받지 못하고 있는 것이다. 그러므로 우리는 하루빨리 우리의 법을 다른 나라 법과 같도록 고쳐야 한다. 그리하여 신분에 구애되지 않고 모든 사람을 평등하게 대하며, 범죄자들을 제대로 잡아 처벌할 수 있도록 경찰업무를 강화하며, 비인도적인 형벌을 폐지하여 어떤 야만적인 일도 일어나지 않도록 해야 한다. 감옥 시설을 위생에 적합하도록 개선하며, 사람을 구속하고 재판하는 데 있어 정해진 규정을 따르도록 하며, 인권을 존중하여 법을 무시하고 사람을 학대하거나 위협하는 폐단을 없애야 한다. 또한 법을 함부로 고치지 못하게 하여 법이 신뢰받을 수 있게 해야 한다.

우리나라 사람이든 외국인이든 법을 위반하면 법대로 처벌받아야 하며, 법을 어긴 사람에 대해 개인적으로 처벌하거나 원한을 갚으려 해서는 안 되며, 모든 일을 처리함에 있어서 법에 따라 공평하게 다루어야 한다.

그러나 우리가 법으로만 모든 것을 해결하려 한다면 인심이 각박해질 것이니 그것만으로 국제사회의 일원이 될 수 없다. 그러므로 우리는 인류를 사랑하는 마음으로 서양 사람들이 세계 각국에서 하고 있는 것을 본받아 갖가지 인도적 사업을 많이 해야 할 것이다. 그리하여 우리의 높은 문화 수준이 세계에 알려질 때 다른 나라들이 우리를 존중하게 될 것이다. 이것이 치외법권을 폐지하고 외국인들을 우리나라 사람들과 평등하게 다룰 수 있는 권리를 회복하는 근본이다.

2. 모든 사람은 무슨 일을 하든지 부지런히 배우고 일해야 한다

우리는 우리가 하려는 일이 나라에 이로운 것인지 또는 해로운 것인지 먼저 생각해야 하며, 나라에 해로운 일이라면 하지 말고 나라에 이롭고 나에게도 이로운 일을 해야 한다. 큰 일이나 작은 일이나 여러 사람에게 도움이 되는 일은 나라에도 이로운 것이다.

모두가 이러한 태도를 가지는 것이 나라를 부강하게 하는 근본이다. 또한, 언제든지 나라의 주권을 보호하고 많은 사람들에게 유익한 일이 있으면 자신의 직업도 포기하고 재산도 헌납하며, 다른 사람들도 권유하여 그것이 반드시 성사되도록 노력해야 한다.

국민 한 사람은 나라라는 큰 실타래의 실 한 올에 비유될 수 있다. 나라를 위한 자신의 직분을 제대로 할 수 없다면, 자신이 존재하지 않는 것이 자신에게나 사회에도 오히려 나을 것이다. 사람이 어떻게 자신의 이익만 좇고, 국민으로서의 책임에 대해 관심도 없고 실천하려 하지도 않는가. 사람은 누구나 자신의 직분을 다한 후에야 권리를 주장할 수 있다. 우리에게 권리가 없다면 어떻게 다른 사람들처럼 혜택을 누릴 수 있겠는가.

3. 우리나라 사람이든 물건이든 다른 나라 사람들로부터 수치를 당하는 것을 보면 어떤 일이 있더라도 이를 막아내야 한다

세상에서 천하게 여기거나 다른 나라 사람들의 조롱거리가 되는 것이 있으면, 모두 다 고쳐 다시는 그들로부터 업신여김을 받지 않도록 해야 한다. 가령 서양 사람들의 견해를 예로 들자면, 소나 말 대신에 사람이 가마를 메거나 손수레를 끄는 것은 다른 인간에 대한 사랑이라는 원칙에 어긋난다하여 서양에서는 금지하고 있다. 그러나 동양 사람들은 그렇게 생각하지 않으므로 서양 사람들이 돈 몇 푼만 가지고 있으면 동양 사람이 끄는 손수레를 언제든지 이용할 수 있다.

일본인들은 백인들은 보통 사람이라도 동양 사람들을 소나 말 같이 부리지만, 동양 사람은 아무리 지위가 높더라도 서양에 가서 그렇게 할 수 없다는 것을 알게 되었다. 일본인들은 그들 스스로 동포들을 천하게 대하여 자기 나라 사람들의 지위가 서양 사람들에 비해 낮아지게 되는 결과를 초래했다고 생각하게 되었다. 그래서 일본에서는 가마 같은 것을 금지하고 인력거도 차차 없애며 서양처럼 마차와 철도를 이용하도록 권장하고 있다.

우리나라에는 고쳐야 할 폐단이 많다. 서양 사람들은 2~3층이나 그 이상의 높은 건물을 짓고 있지만, 우리나라에서는 평민은 높은 집을 지어서는 안 된다고 생각조차 못하게 한다. 또한 높은 사람이 있는 데서 말이나 가마를 타지 못하게 하고 있다. 높은 사람이 행차한다 하여 소리쳐서 앉은 사람은 일어서게 하고 일어선 자는 앉게 하며, 보통 사람들이 큰길을 통행하지 못하게 한다.

그러나 인력거를 탄 외국 사람을 보면 고개를 숙이고 말도 하지 못하면서 분한 줄도 부끄러운 줄도 모르고, 그들은 외국인이므로 그렇게 하는 것이 당연하다고 여긴다. 밤이면 사대문(四大門)을 닫아 우리나라 사람은 출입하지 못하게 하면서 외국인들은 언제든지 드나들게 하니 이처럼 괴상망측한 규정이 옛날이나 지금 세상에 어디 또 있겠는가.

이렇게 취급을 하는 권력자들이나 이런 취급을 받고 있는 백성들이
나 모두 잘못된 것이다. 그러므로 지금부터 모든 사람들은 이런 것이
잘못된 것이라는 것을 알고, 우리 풍속을 다른 나라처럼 고쳐서 다른
나라 사람과 같이 동등한 대우를 받도록 노력해야 할 것이다. 만약 이
것을 알고도 개인적인 이해관계로 이 같은 풍속을 고치지 못하게 하
는 사람이 있다면, 그를 나라 전체의 원수로 여겨야 할 것이다. 사람뿐
만 아니라 갖가지 물건까지도 외국인들로부터 흉잡히고 수치당할 것
이 있다면 그것들을 보호하기 위해 한마음으로 노력해야 하며, 또한
그것들을 시급히 고쳐서 외국인들에게 칭찬받을 수 있는 수준까지
변화시키도록 노력해야 할 것이다.

4. 국기를 존중하는 것을 배워야 한다

국기는 그 나라의 국민과 영토를 대표한다. 전쟁 중이라도 어느 건
물에 어떤 나라 국기가 꽂혀 있으면 그 건물과 거기 있는 사람은 보호
를 받는다. 따라서 다른 나라가 아무 이유 없이 그곳을 향해 총을 쏘
지 못하니 그곳에 총을 쏘는 나라는 적대국(敵對國)으로 여기기 때문
이다.

그러므로 국기가 걸려 있는 곳에서는 다른 나라 사람들이 함부로
행동하지 못한다. 다른 나라를 여행하는 중이거나 또는 바다를 항해
하다가 자기 나라 국기를 보면 어린아이가 잃었던 부모를 만난 듯이
기뻐서 눈물을 흘린다. 사람들이 국기를 이처럼 사랑하기 때문에 국기
로 대표되는 자기 나라 백성과 영토와 재산을 보호하기 위해 수많은
사람들이 영광스러운 피를 흘리고 목숨까지 바친다.

우리 조상들이 이 같은 보배로운 기초를 마련했다면 오늘날 우리

도 다른 나라 사람들처럼 무궁한 복을 누릴 것이며, 우리 태극기를 사랑할 줄 알게 되었을 것이다. 그렇지 못하였다는 것을 원통하게 생각하고 후손들이 행복한 삶을 누릴 수 있도록 하기 위해 우리의 목숨을 바치는 것이 마땅하다. 이렇게 결심하고 나서 누구든지 나라의 주권을 침해하는 사람이 있으면 형제간이라도 원수로 여겨야 한다.

5. 어떤 일이 있더라도 외국 국적을 갖지 말아야 한다

오늘날 각국은 서로 문을 열고 교류하며 사람들은 다른 나라로 여행하며 그 나라 사람들과 섞여 살기도 한다. 또한, 사람들은 자유롭게 다른 나라의 백성이 될 수도 있다. 그러므로 정치가 포악하고 자유가 없는 나라는 인구가 줄어들고, 올바른 정치로 백성들의 권리를 보호하는 나라는 다른 나라로부터 사람들이 몰려들어 인구가 늘어나게 된다. 정치를 잘하는 나라는 번성하고 잘못하는 나라는 쇠퇴하니 국제법은 얼마나 공명정대한가.

기후와 풍토도 내 몸에 맞고 눈에 익은 강산이며 같은 인종에 같은 언어를 사용하니 대한의 백성으로 태어난 조국이 얼마나 살기 좋은 곳인가. 우리는 당연히 어떤 어려움이 있더라도 각자의 직분을 다하여 우리 백성들이 개화되게 하고, 나쁜 풍속을 좋은 풍속으로 변화시키고, 약한 자가 힘을 얻게 하고, 게으른 자가 부지런해지게 하며, 정치의 기본과 도덕을 바로잡아 서양 사람들이 누리는 것과 같은 행복한 삶의 기초를 우리나라에도 세워야 한다.

이 같은 목표를 가지고 평생 노력한다면 반드시 이루어질 것이다. 내가 살아 있는 동안 이 같은 목적을 성취한다면 얼마나 영광스럽고 즐거운 일이겠는가. 설령 그 같은 결과를 보지 못하고 죽는다 할지라도 이를 위해 최선을 다했으니 나는 아무것도 부끄러울 것이 없는 당당한 대장부로 인정될 것이며, 죽은 뒤에도 그 이름이 빛날 것이다.

이 같은 생각은 하지 않고 괴로움을 피하여 몇만 리 떨어진 남의 나라로 가서 그 나라 백성이 되어 안락한 생활을 하다 죽는다면 어찌 사람으로 태어난 보람이라고 하겠으며, 남의 좋은 나라에 가서 잘 사는 것이 참으로 편하고 행복하다고 할 수 있겠는가. 말할 것도 없이 그 나라의 말과 글자는 물론 풍속도 우리와는 다르고 주택과 생활양식 등, 그 밖의 모든 문제에 잘 적응할 수 있다 하더라도 자기 나라를 번영케 하지 못하고 다른 나라에 가서 사는 사람을 누가 존경하겠는가.

외국인에게 고용되어 그들에게 의지해 살며 자기 나라에 대해 충성심이 없는 사람은, 나라의 주권이 침해당해도 보호할 생각이 없이 지켜보기만 한다. 또 어떤 사람은 나라의 주권이나 명예에 해로운 행동을 하기도 한다. 자신의 이익을 위해 나라의 권리나 명예에 해가 되는 행동을 하는 자에 대해 우리는 아량을 베풀지 말아야 하며, 적대국가의 사람처럼 대하더라도 지나치다 할 수 없을 것이다.

6. 우리는 외채(外債) 빌리는 것을 삼가야 한다

일반 가정의 경우에도 빚지기를 두려워하지 않으면 마침내 파산하고 만다. 하물며 가난한 나라가 두려운 줄 모르고 다른 나라로부터 많은 빚을 빌려온다면 어찌 주권을 제대로 유지할 수 있겠는가. 강한 나라는 항상 약한 나라에 돈을 빌려주고 그것을 빙자하여 내정간섭을 하니 이것이 나라의 주권을 잃어버리는 지름길이다. 그러므로 주권을 잘 보호하는 나라는 다른 나라에서 돈을 빌리지 않고, 높은 이자를 주더라도 자기 나라 백성들로부터 빌린다.

가령 정부에서 백만 원의 빚을 쓰려하면 백만 원어치 국채를 상환 기한과 이자율을 정하여 발행하고, 백성들은 국채를 사두었다가 기한이 되면 원금과 이자를 돌려받는다. 이처럼 정부는 외국으로부터 돈을 빌리지 않고 높은 이자를 지불하더라도 백성들로부터 돈을 빌려쓰면 이자가 외국으로 나가지도 않고 주권도 침해받을 위험이 없다.

그러나 만일 정부가 이러한 생각이 있더라도 무리하게 재물을 바치라며 백성들의 논밭과 집문서를 빼앗거나 부자들에게 과중한 세금을 강제로 부과하고, 자기 재산을 가지고도 마음대로 먹고 입지도 못하며 재산 있는 것을 후회하게 만든다면 누가 작은 돈이라도 내려고 하겠는가. 우리나라 백성도 재물이 없는 것도 아니고 애국심이 부족한 것도 아니다. 다만 다스리는 자들이 백성에게 너무 가혹하게 대했기 때문이다.

지금부터라도 지도자들은 백성이 정부를 믿을 수 있도록 하여 국채를 사게 함으로써 외국에서 빚을 얻는 것을 막아야 한다. 백성들 또한 나라의 사정을 깨달아 힘닿는 대로 합심해서 국가 재정을 도와야 한다. 혹 그 과정에서 손해 보는 일이 있더라도 국민 모두에게 도움이 될 일은 국민이 도와주어야 정부는 다른 나라로부터 빚을 얻지 않게 될 것이다. 또한, 여러 사람이 힘을 합쳐 철도, 광산 등 경제에 이로운 기업도 경영하며, 학교와 병원도 설립하여 나는 물론 다른 사람들에게 유익하게 해야 한다.

백성들이 정부에 힘이 없고 재정이 빈약한 것을 염려하여 그것을 바로잡고자 노력한다면, 백성들의 돈이 한 푼이라도 외국인들의 주머니에 들어가는 일도 없을 것이다. 다른 나라로부터 빚을 얻기 위해 정부가 비밀리에 이권을 내주는 일이 있다면, 이것을 파헤쳐서 그렇게 하지 못하게 함으로써 정부의 큰 잘못과 나라의 재난을 예방해야 할 것이다.

다섯째, 도덕적 의무를 소중히 여겨야 한다

1. 뜻이 같은 사람에게 감정을 표현할 줄 알아야 한다

감정이란 소리가 물체에 반사되어 같은 소리가 나고, 같은 정신을 가지면 서로 간에 마음이 통하는 것과 같다. 사람의 마음에도 이 같은 특성이 있다. 그러나 사람이 감정을 표현할 줄 모르기 때문에 그것이 없는 것 같지만 사실은 없어진 것이 아니다. 목적이 같은 사람은 자연스럽게 뜻이 합쳐지고, 도덕적 의무감이 같은 사람은 자연스럽게 같은 목적을 향해 함께 노력하게 된다.

이는 강요에 의한 것이 아니라 자연스럽게 마음을 움직여 일어나는 것이니, 이 같은 감정이 없는 세상에 의로운 것이 존재하기 어려울 것이다. 비록 천만 리 밖에 떨어져 있어 서로 만난 적이 없었을지라도 같은 도덕적 기준을 가지고 있다면 공통의 목표를 추구하기 위해 의사소통이 가능한 것이다.

언제 어디 있든지 나와 같은 뜻을 가지고 바른 길로 가려는 자가 있다면, 수많은 사람들이 나를 막으려 할지라도 나는 용기를 가지고 그에게 동조해야 한다.

또한, 항상 의로운 것을 멀리하고 어느 쪽에 붙을까 기회만 노리고 친구를 모함하고 해치며, 사회를 파멸로 빠뜨리고 무고한 사람들을 희생시키며, 나라를 팔아먹은 자는 어떤 이유로든 용납해서는 안 된다. 어떤 위험이 닥칠지라도 두려워하지 말고 그러한 죄악을 밝혀 책임 있는 자리에서 몰아내어 국민으로서 받을 수 있는 대우도 받지 못하도록 해야 한다.

이 같은 조치가 지나치게 보일지 모르나, 모든 사람이 잘잘못에 대해 분명히 하지 않으면 옳은 것과 잘못된 것을 구별하기 어렵게 된다. 더구나 이런 사람은 강도보다 더 나쁘고 적보다 더 악독한 자라 할 수 있다. 이런 자들이 모여 무엇을 이룩하기도 어렵지만, 설령 무엇을 이룩한다 하더라도 옳고 그름을 가려 실패로 돌아가도록 하는 것이 오히려 나을 것이다.

우리가 이 같이 옳은 것과 나쁜 것을 분명히 하면 많은 사람들이 어려움이나 생명의 위협을 무릅쓰고 정의로운 편에 서게 될 것이다. 그렇게 되면 나쁜 세력은 점차 약해져서 정의로운 편으로 돌아서게 될 것이며, 나라 전체의 선악의 구분이 자연히 하늘과 땅처럼 분명해질 것이다. 이는 집권자들이 상벌제도로 선악 간 구분을 하려해도 불가능한 일이나, 각계각층이 노력하면 그 같은 목적을 달성하는 것이 어렵지 않을 것이다.

2. 우리는 공적(公的)인 의무를 소중히 여겨야 한다

의무에는 큰 것도 있고 작은 것도 있으며, 사적인 것도 있고 공적인 것도 있다. 그밖에 인간관계에서 수많은 사적인 관계가 있지만, 그것들이 공적인 이익에 해가 된다면 도덕적 의무라 할 수 없다. 사적인 의리를 공적인 의무로 오해한다면 그것은 오히려 참된 도덕적 의무를 방해한다.

모두가 도덕적 의무의 의미를 올바르게 이해해야 논란이 없을 것이다. 논쟁이 있다 하더라도 나라에 해로운 일은 누구나 반대해야 한다. 나라를 위해 이로울 일이 있으면 개인적으로 원수 같은 사이였을지라도 모두 한 마음으로 나서야 한다. 그러므로 나라를 위하는 일을 할 때에는 부모형제 사이의 천륜(天倫, 부자나 형제 사이에서 지켜야 할 도리)도 내던질 줄 알아야 하며, 또한 실천해야 비로소 의(義)를 안다고 할 것이다.

임금이 백성을 해치고 영토를 팔아넘기고 나라를 위태롭게 하더라도 임금의 뜻에 순종하는 것이 나라를 위한 것이 아니다. 온 나라를 편안하게 하고 완전케 하는 것이 참으로 나라를 위하는 것이다. 이것을 대의로 삼아 명심하고 크나 적으나 나라에 대한 충성심을 목숨보다 소중히 여겨 기회가 오면 죽음을 두려워하지 않고 나서야 할 것이다. 그처럼 영광스러운 행동은 장차 빛나게 될 것이며, 혼자라도 나라를 위해 책임을 다하여 실천하는 것이 참으로 영웅적인 행동인 줄 모두가 알아야 한다.

3. 나라에 충성함에는 용기를 가지고 행동해야 한다

무엇을 해야 할 것인가를 생각만 하고 그에 따른 어려움이나 위험을 걱정하지 말아야 하며, 결과가 어떻게 될 것인가 생각하지 말고 주저하지 않고 앞으로 나가야 한다. 용기를 가지려면 어떤 어려움에도 굽히지 않는 의지가 있어야 한다. 시작하자마자 약간의 어려움에 직면하여 물러선다면 시작하지 않는 것만 못하다.

옛날부터 태평스러운 시대에는 충성스러운 신하나 용기 있는 영웅이 나오지 않았다. 영웅들은 항상 견디기 어려운 역경을 극복하는 가운데 빛난 업적을 남겼다. 다시 말하면, 어려움과 역경을 이겨내야만 큰 목표를 달성할 수 있다. 우리가 이처럼 어려움과 역경에 놓이게 된 것은 목숨을 걸고 공적을 세워 충신열사와 같이 될 수 있는 기회를 준 것이다. 비유하자면, 장수가 전쟁터에 나가야 공을 세울 수 있다. 만약 어렵고 위태롭다고 하여 위험을 피한다면 어떻게 큰일을 할 수 있겠는가. 내가 곤경에 처하여 있음은 나에게 큰 공로를 세울 수 있는 기회인 것이다.

모든 사람은 잘 먹고 편안하고 즐겁게 사는 것을 제일로 여긴다. 그러므로 내가 고난받는 것을 어리석게 여기며 비웃을지도 모른다. 그러나 내가 소중히 여기는 것은 잠시 있다 없어지는 육신(肉身)이 아니다. 의로운 것을 추구하는 것이 명예로운 것이라는 것을 알고 육신의 고통을 이기면 이를 내려다보시는 하느님이 계시니 나라를 위한 나의 목적이 반드시 성취될 것으로 확신한다. 그 같은 목표를 달성하게 되면 그것은 내가 그동안 받았던 고통에 대한 보상이 되고도 남을 것이다.

설령 내가 목숨을 보전치 못한다 하더라도 나의 충성심은 죽었지만, 나의 의로운 목적은 살아 있다. 의로운 목적이 육신의 고통을 이겼다 함은 곧 우리가 세상을 이긴 것이다. 후세에 그 영광이 영원할 것이며, 나 자신도 하늘나라에서 보상과 위로를 받게 될 것이라는 것은 의심할 여지가 없다.

역사상 유명한 업적을 남긴 사람들도 특별한 재능을 타고났기 때문이 아니라 기회가 왔을 때 놓치지 않고 확고한 결심을 가지고 노력했기 때문이다. 우리도 지금 그 같은 기회를 만났으니 모두가 한마음으로 노력하여 나라의 튼튼한 기초를 세워야 할 것이다. 어찌 자신의 일신이나 가족과 같은 하찮은 일을 걱정하고 있겠는가.

여섯째, 자유를 소중히 여겨야 한다

1. 자유를 자기 목숨처럼 여기며 남에게 의지하지 말아야 한다

남에게 의지하면 자립할 수 없다. 사람을 두 가지 부류로 구별할 수 있으니 하나는 스스로 자기 문제를 해결하는 사람이고, 다른 하나는 다른 사람의 지배를 받는 사람이다. 자기 문제를 스스로 해결하는 자는 자기의 지혜와 손발을 이용하여 독립된 생활을 하고, 여기저기 마음대로 돌아다니며 무지한 백성들을 다스린다.

그렇지 못한 사람은 지혜를 개발하지 않고, 자신은 할 수 없다면서 기술을 배우지 않으며, 게으른 사람으로 다른 사람이 시키는 대로 하며 가난하게 사는 것을 부끄럽게 여기지 않는다. 그러므로 다른 사람으로부터 도움받는 것을 감사하게 여기고 종노릇 하는 것을 당연하게 여기니, 이 어찌 천하고 비열하지 않은가.

한 사람이 할 수 있는 것은 다른 사람도 할 수 있고, 남들이 하는 것은 나도 노력하면 할 수 있다는 것을 명심해야 한다. 또한 다른 사람이 하는 것을 내가 한다면 나도 그 사람과 같은 지위를 누릴 수 있으니 분발하고 노력해야 한다. 이것이 곧 문명한 나라에서 모든 사람이 일생에서 가장 중요한 원칙으로 여기고 있는 것이다. 학교에서는 "다른 사람이 하는 것은 나도 할 수 있다"고 써 붙여 학생들에게 항상 깨우쳐 준다. 그러므로 할 수 없다거나 해도 안 된다는 말도 없다.

우리나라 사람들은 이 뜻을 모르고 아무것도 안 하면서 살려고 하므로 점점 살기가 어려워졌다. 그러므로 우리 모두 다른 사람들이 할 수 있는 것은 우리도 할 수 있다는 것을 깨달아 외국인들을 따라잡기 위해 더욱 열심히 공부하고 일해야 할 것이다.

설령 남의 도움을 받아 형편이 좋아지게 될 기회가 있거나 먹고사는 것이 좋아지게 되는 경우가 있더라도 그 같은 도움을 거절해야 한다. 종노릇 하는 사람이나 하인(下人)이라도 그때까지 하던 것만 편히 여기지 말고 독립심을 가지고 지식과 기술을 배워 높은 사람들이 하는 것을 본받으려 한다면 그들과 같은 지위를 얻게 될 것이다.

지난날 다른 사람의 손발이 되어 사회에 아무런 책임도 느끼지 못하던 사람들이 차츰 변하여 자립정신을 가지고 사회에 기여하며, 나라를 위한 책임감으로 나라의 독립을 보호하는 무거운 짐을 나누어질 수 있을 것이다. 이로써 국가는 잃었던 백성을 하나씩 다시 찾은 것이 될 것이며, 또한 각자의 입장에서 보면 스스로가 속박에서 풀려나 자유롭게 되는 것이다. 이 같은 변화가 어찌 중요한 것이 아니겠는가.

2. 다른 사람의 권리를 존중해야 한다

우리가 우리의 권리를 주장하고자 한다면 다른 사람들에게도 같은 권리를 허용해야 한다. 내 권리를 찾기 위해 제멋대로 행동하여 다른 사람의 권리까지 침해한다면, 그것은 그 사람에게 남의 속박을 받게 하는 것과 마찬가지다. 이것은 문명한 세상을 이룩하고자 하는 참된 목표가 아니다. 지금까지 내려온 사람을 억압하는 온갖 폐습을 버리고 아랫사람을 자유롭게 하며, 그들도 다른 사람들과 같은 지위를 누리도록 해야 한다.

이런 말을 처음 듣는 사람은 말도 안 되는 소리라고 할지 모른다. 그러나 치우침이 없는 하늘의 뜻을 알게 되면 그것이 공평하다는 것을 스스로 깨닫게 될 것이다. 그러나 그것이 공평한 줄 알면서도 옛 습관을 용기 있게 타파하지 못하는 사람도 있고, 개인적 이익을 따져 폐습을 고집하는 사람들도 있다. 그들은 즉시 깨어나 생각을 바꾸고 그 같은 개혁을 실천해야 한다.

우리는 우리 집 종이나 다른 사람들의 하인 또는 천하게 여기는 부녀자들과 아이들까지 모두 존중해야 한다. 법 앞에서 그리고 우리 마음속에서 그들을 모두 평등하게 대하여 그들이 자립심을 가지고 각자의 일을 하는 국민이 되도록 해야 한다.

어떤 사람들은 아직 여건이 성숙치 않았느니 또는 어리석은 천민(賤民)들의 지위를 갑자기 높여 주면 그 폐단을 막을 수 없을 것이라느니 하며 반대할지도 모른다. 그러나 이것은 그들이 아직도 낡은 생각에서 벗어나지 못했기 때문이다. 모두가 이렇게 생각한다면 언제 그러한 여건이 조성될 것이며, 또한 모두가 그렇게 말한다면 정부가 모든 백성들을 자유롭게 하지 않는 것에 대해 어찌 잘못이라 할 수 있겠는가. 우리가 아랫사람을 과거처럼 불공평하게 대하면서 윗사람들이 우리에게 잘못 대한다고 불평하는 것이 과연 공평한 것인가.

개화하지 못한 사람들에게 자유를 주었을 때 폐단이 있을 것이라는 것을 부정하기는 어렵다. 우리가 이것을 모르는 바는 아니지만, 지금까지 행해 내려온 것을 생각하면 윗사람들이 어느 정도 손해를 보는 것이 옳을 것이며, 오늘날 그 같은 현상이 일어나고 있으니 이것을 피할 도리도 없다. 설령 윗사람들이 이로 인해 손해를 입는다 하더라도 내 나라 어리석은 백성들을 압제한 결과로 우리가 외국인들에게 수모를 당하는 것보다 몇 배 더 나을 것이다.

부디 깊이 생각하고 고집부리지 말고 모든 사람들이 힘껏 일하고 공부하여 성공할 수 있도록 자유의 길을 열어놓아야 한다. 그렇게 하면, 사람들에게 스스로 활력이 생기고 관습이 빠르게 변하여 나라 전체에 활력이 생겨서 몇십 년 후에 부유하고 강력한 나라가 될 것이다. 그러므로 자유를 존중하는 것은 나라를 세우는 근본이 되는 것이다.

지금까지 논의한 여섯 가지 강령은 우리나라 사람들에게 전하고자 하는 중요한 내용이다. 우리 모두가 우리나라에 변화를 가져올 수 있도록 최선을 다해야 할 것이며, 특히 그 같은 노력은 자기 자신부터 시작해야 할 것이다. 모든 사람들이 진보와 발전을 위해 노력하면 우리나라에 진보하고 발전하는 엄청난 힘이 생길 것이니, 나의 주장이 어찌 헛된 것이라고 하겠는가.

만약 우리가 마음을 다스리지 못하고 재주만 키운다면 이것은 호랑이에게 날개를 달아주는 것처럼 세상을 해롭게 하는 기운만 늘어나게 될 것이다. 이것은 세상에도 위험할 뿐 아니라 자기에게도 해로운 것이니 차라리 재주를 배우지 않은 것만 못하다. 나라를 다스리고 천하를 태평케 하는 것이 마음의 수양(修養)에서 시작된다고 했듯이, 마음을 바로 잡지 못하고서 무슨 다른 일을 도모할 수 있겠는가.

세계 문명국 사람들이 기독교를 사회의 근본으로 삼고 있으며, 그 결과 일반 백성들까지도 높은 도덕적 수준에 이른 것이다. 지금 우리나라가 쓰러진 데서 일어나려 하며 썩은 곳에서 싹을 틔우고자 애쓰고 있는데, 기독교를 근본으로 삼지 않고는 온 세계와 접촉할지라도 참된 이익을 얻지 못할 것이다. 신학문을 아무리 열심히 배워도 그 효력을 얻지 못할 것이며, 외교를 위해 아무리 힘써도 돈독한 관계로 발전하지 못할 것이다. 나라의 주권을 소중히 여겨도 서양의 앞선 나라들과 대등한 지위에 이르지 못할 것이며, 도덕적 의무를 존중해도 사회기풍이 한결같지 않을 것이며, 자유를 소중히 여겨도 자유의 한계를 몰라 어려움에 직면할 것이다.

그러므로 우리가 기독교를 모든 일의 근원으로 삼아 자기 자신보다 다른 사람을 위해 일하는 자가 되어 나라를 한마음으로 받들어 우리나라를 영국과 미국처럼 동등한 수준에 이를 수 있도록 최선을 다해야 할 것이다.

건국 4237(1904)년 6월 29일
독립요지 마침

연보

1875. 3.26 황해도 평산군 마산면 능내동에서 아버지 이경선(李敬善), 어머니 김해 김씨 사이에 3남 2녀 중 막내로 출생. 호는 우남(雩南). 두 살 때 서울로 이사하여 남산 아래 도동에서 자람. 서당에서 동양학문에 통달함.

1895. 4.2(20세) 배재학당에 입학하여 서양 학문을 배움.
배재학당에서 미국식 토론모임인 '협성회'를 결성, 개화와 구국운동의 방향 모색(이승만은 서기 및 회장을 지냄).

1897. 7.8(22세) 졸업생 대표로 '한국의 독립'이란 제목의 영어 연설로 참석한 정부고관들과 외교사절들로부터 칭찬을 받음.

1898. 1.1(23세) 한글판 주간신문 〈협성회회보〉 발간하고 주필이 됨. 그해 4월 〈협성회회보〉를 한국 최초 일간지인 〈매일신문〉으로 발전시키고 사장 및 주필이 됨.
3.10 러시아의 이권침탈을 규탄하기 위한 독립협회 주최 만민공동회에서 가두연설로 주목을 받음.
8.10 한글신문인 〈제국신문〉을 창간(편집과 논설 담당).
11.5 군주제를 폐지하고 공화정을 도입하려 한다는 혐의를 받아

이상재 등 독립협회 인사 17인이 체포되자 대중을 이끌고 경무청과 평리원(고등법원) 앞에서 철야농성으로 석방시키는 데 성공.

1899. 1.9(24세) 박영효 일파의 고종 폐위 음모에 가담했다는 혐의로 체포되어 종신징역 언도를 받고 한성감옥에 갇힘. 청일전쟁을 다룬 중국책 《중동전기본말》을 한글로 번역(1917년 하와이에서 《청일전기》라는 제목으로 출판).

1901. 2~1903.7(26~28세) 옥중에서 가명으로 〈제국신문〉과 〈신학월보〉에 여론조성과 국민계몽을 위한 논설을 수시로 써 보냄.

1904. 2~6(29세) 《독립정신》 집필. 원고를 비밀리에 미국으로 반출해 1910년 3월 로스앤젤레스에서 출판됨.

8.9 민영환 등의 도움을 받아 특별사면됨.

11.4 독립보전에 대한 미국지원을 호소하기 위해 고종의 밀사자격으로 출국. 12월 31일 워싱턴 도착.

1905. 2.20(30세) 한국에 선교사로 왔던 상원의원 딘스모어의 주선으로 존 헤이 국무장관을 만나 '한미수호조약'의 거중조정 조문에 따라 협조하겠다는 약속을 받아냈으나 헤이의 사망으로 허사가 됨. 워싱턴 소재 조지 워싱턴대에 2학년 장학생으로 입학.

8.5 뉴욕 교외 소재 '여름 백악관'에서 시어도어 루스벨트 대통령을 면담하고 한국의 독립보전에 대한 지원을 요청.

1907. 6.5(32세) 조지 워싱턴대 졸업 후 하버드대에서 석사과정 후(석사학위는 1910년 2월에 받음) 프린스턴대 박사과정에 입학. 정치학과 국제법을 전공했으며 지도교수인 우드로 윌슨 총장(나중의 대통령)과 친밀한 관계 유지.

1910. 7.(35세) 프린스턴대에서 '미국의 영향을 받은 영세중립론'이란 논

문으로 박사학위를 받음(1912년 프린스턴대 출판부에서 출판).

10.10 유럽과 시베리아를 거쳐 귀국. 서울 기독청년회(YMCA) 한국인 총무와 청년학교 학감으로 교육 및 전도 활동.

1912. 3.26(37세) 일본총독부가 기독교 지도자들을 체포한 '105인 사건' 후 체포될 위험이 높아지자 미네아폴리스에서 열리는 '국제기독교 감리회 총회'에 평신도 대표로 참석함으로써 체포를 면하고 미국으로 망명.

6.19 우드로 윌슨(당시 민주당 대통령 후보)을 뉴저지의 별장에서 만나 한국의 독립 지원을 호소. 윌슨의 추천서를 가지고 워싱턴 등지를 다니며 한국의 독립을 호소.

8.14 네브래스카에서 '소년병학교'를 운영하던 박용만을 만나 진로를 협의. 한국인이 많은 하와이를 독립운동 기지로 삼기로 합의.

1913. 2.3(38세) 하와이 도착 후 감리교회 소속 '한인기숙학교' 교장직을 맡음. 105인사건을 폭로하는 《한국교회 핍박》 집필.

1919. 1.6(44세) 파리 평화회의에 참석하기 위해 출발.

3.21 러시아지역 한인 임시정부에서 국무경으로 추대됨.

4.11 상해 한인 임시의정원에서 국무총리로 추대됨.

4.14~16 서재필 등과 필라델피아에서 한인대표자대회(The First Korean Congress) 개최.

4.23 서울에서 수립된 한성임시정부에서 집정관총재로 추대됨.

6.14~27 워싱턴에 대한공화국(The Republic of Korea) 본부 설치. 대한공화국 대통령 명의로 미국 등 주요 국가의 국가원수와 파리 평화회의 의장에게 한국의 독립선포를 알리는 공문 발송.

7.17 워싱턴에 '대한공화국' 임시공사관 설치.

8.15 호놀룰루에서 대한독립혈전기(大韓獨立血戰記) 발간.

8.25 워싱턴에 '구미위원부'를 설립하고 김규식을 위원장으로 임명. 재정확보를 위해 임시정부 공채(公債) 발행.

9.6 상해 임시정부 의정원에서 '임시대통령'으로 선출됨.

1920. 11.15(45세) 상해 임시정부 임시대통령에 부임하기 위해 호놀룰루에서 비서 임병직과 함께 몰래 화물선에 오름. 일본이 30만 달러의 체포 현상금을 걸었기 때문에 중국인 시체들을 실은 화물칸에 숨어 있었음.

12.28 상해 임시정부에서 대통령 취임. 5개월간 집무했으나 임정 요원들 간의 노선 갈등으로 크게 시달림.

1921. 5.29(46세) 워싱턴 군축회의 개최를 계기로 '외교상 긴급과 재정상 절박' 때문에 떠난다는 '고별교서'를 발표하고 상해를 출발. 호놀룰루에서 민찬호 등과 대한인동지회(大韓人同志會) 조직.

8.27 워싱턴 군비축소회의에 참석하기 위해 상해 임정의 전권대사 자격으로 워싱턴 도착, 미국 대표단에게 '한국독립청원서' 제출.

1925. 3.(50세) 상해 임시정부가 오랫동안 자리를 비웠다는 이유로 이승만을 임시대통령에서 면직.

1932. 11.10(57세) 상해 임시정부에 의해 국제연맹에 한국독립을 탄원할 전권대사로 임명됨.

1932. 12.23~1933. 1. 26 국제연맹 본부가 있는 제네바에 도착. 프랑스어 일간신문 〈주르날 드 제네바〉와 인터뷰. 한국의 독립을 요구하는 공한(公翰)을 국제연맹 각국 대표들과 기자들에게 배포.

2.21 제네바의 호텔 식당에서 프란체스카 도너(Francesca Donner) 양을 만났으며 다음 해 10월 뉴욕에서 결혼.

1935. 1.24(60세) 부인과 함께 호놀룰루로 돌아와 독립운동.

1939. 3.30(64세) 2차 대전 발발의 징후가 보이자 구미위원회 활동을 활성화하기 위해 워싱턴으로 돌아옴.

1941. 6.(66세) 일본의 미국 침공을 경고하는 《일본내막기(Japan Inside Out)》를 뉴욕에서 출판, 12월에 일본의 진주만 공격이 있자 베스트셀러가 됨.

12.9 루스벨트 대통령과 국무장관 등에게 임시정부의 선전포고문과 임시정부 승인 요구 공한(公翰) 발송.

1942. 1.16(67세) 임시 정부 승인과 무기지원 획득을 목표로 미국인 중심으로 한미협회(The Korean-American Council) 창설.

2.27~3.1 한미협의회와 재미 한족연합위원회 공동으로 워싱턴에서 한인자유대회(The Korean Liberty Conference) 개최.

6. 7 미국의 소리(VOA) 방송을 통해 고국 동포들의 투쟁을 격려.

1943. 5.15(68세) 루스벨트 대통령에게 소련의 야욕을 상기시키고 임정 즉각 승인과 무기 지원을 요청하는 편지 발송.

1944. 9.11(69세) 루스벨트와 처칠에게 카이로선언문의 문제점을 지적하고 일본패망 후 한국의 즉각 독립을 요구하는 전보를 보냄.

10.25 루스벨트 대통령에게 임정 승인을 촉구하는 편지를 보냄.

1945. 2.5(70세) 미 국무차관에게 한반도를 공산화하려는 소련의 야욕을 막는 방법으로 임정의 즉각 승인을 촉구하는 전보를 보냄.

8.15 반공주의자 이승만을 기피인물로 여긴 미 국무부의 방해로 귀국이 2개월간 지연됨.

　　　　10.16 33년 만에 김포 비행장 도착. 다음 날 귀국 담화 방송.
　　　　10.21 허헌 등 좌익세력이 방문하여 인민공화국 주석 취임 요청.
　　　　10.25 조선독립촉성중앙협의회 총재직을 맡음.
1946. 1.14(71세) 신탁통치를 찬성한 공산세력과 결별 선언.
　　　　2.25 미 군정청 자문기구인 민주의원(民主議院) 의장으로 선출됨.
　　　　10.28 카이로 선언과 포츠담 선언에 위배되는 모스크바 3상회의 결정을 취소하라고 성명.
　　　　12.2 독립정부 수립을 UN에 직접 호소하기 위해 미국 방문.
　　　　12.12 소련이 한국의 통일정부 수립을 허용하지 않을 것이 확실함으로 남한만이라도 과도정부 수립이 필요하다고 주장.
1947. 7.3(72세) 좌우합작을 주장하는 하지 장군과의 협조포기 선언. 미 군정에 의해 가택연금 당함.
　　　　9.16 독립정부 수립을 위한 수단으로 남한 총선거를 주장. 소련의 진의를 파악하게 된 미국이 이승만의 주장에 동조.
　　　　11.14 유엔총회에서 유엔감시하의 한반도 자유선거 실시 결정.
1948. 1.8(73세) 유엔한국 임시위원단 환영대회에서 연설.
　　　　4.1 김구 등의 남북협상은 소련의 목적에 동조하는 것이라 담화.
　　　　5.10 5.10선거에서 동대문구에서 당선. 제헌의회 의장이 됨.
　　　　7.20 국회에서 대통령으로 선출됨(186명 출석 180표 획득).
　　　　10.8 1948년 말로 예정된 미군철수 연기 요구.
　　　　11.6 여수순천반란사건에 따른 국가위기 수습책 국회에서 발표.
1949. 1.8(74세) 대마도 반환 요구 기자회견.
　　　　1.9 반민특위의 친일파 처벌에 신중해야 한다고 담화.
　　　　3.23 필리핀 퀴리노 대통령이 제안한 반공 태평양동맹안 지지.

7.20 태평양동맹 체결 협의를 위해 퀴리노 대통령과 장개석 총통 초청. 8월 8일 진해에서 장개석과 회담.

1950. 3.4(75세) 야당이 제출한 내각책임제 개헌안에 대해 개헌 여부는 국민투표로 결정해야 한다고 선언.

3.10 농지개혁법 공포.

6.25 6.25전쟁 발발. 신성모 국방장관의 낙관적 보고로 관망적 자세를 보임.

6.26 새벽 3시 도쿄의 맥아더 장군과 전화 통화, 미국의 즉각 지원을 요청한 후 장면 주미대사를 전화로 불러 트루먼 대통령에게 즉각 지원을 요청하도록 지시.

6.27 대통령이 포로가 되어서는 안 된다는 측근들의 권유로 기차로 대구까지 갔으나 서둘렀다는 판단이 들어 대전으로 돌아옴.

6.28 이른 아침 대전에서 전시 각료회의 개최.

6.29 수원에서 맥아더 장군과 만나 전쟁수행에 대해 협의한 후 한강전선을 함께 시찰.

7.14 전쟁의 원활한 수행을 위해 유엔군총사령관에게 작전지휘권 위임.

9.28 유엔과 상의 없이 국군에게 38선 이북 진격을 명령.

10.17 북한에 대한 직접 통치를 선언함으로써 유엔과 대립.

10.30 수복된 평양을 방문하여 환영대회에서 연설.

1951. 7.3(76세) 한반도 통일이 전쟁목표임을 분명히 밝히고 트루먼 대통령에게 휴전협상 반대 전문 발송.

9.20 휴전 조건으로 중공군 철수, 북한 무장해제, 유엔감시하의

북한 총선거 요구.
1952. 1.18(77세) 일본 어선의 침범을 막기 위한 평화선 선포.
8.5 직선제를 통한 대통령 당선.
12.3 방한한 미국 대통령 당선자 아이젠하워와 회담.
1953. 1.6(78세) 일본에서 요시다(吉田)총리와 회담.
1.26 국무회의서 해양주권선 수호 언명.
6.3 휴전 전에 한미상호방위조약을 체결해야 한다고 선언.
6.6 미국원조 없이도 싸우겠다는 정부의 단호한 입장 발표.
6.18 유엔군 포로수용소에서 2만 7천 명의 반공포로 석방.
6.25 로버트슨 미 대통령 특사가 이 대통령 설득을 위해 한국 방문(7월 11일까지 이 대통령과 14차례 회담).
7.12 한미상호방위조약 체결과 미국의 경제 및 군사 원조 약속을 포함한 한미공동성명 발표
1954. 2.5(79세) 헐 유엔군사령관, 테일러 미 8군사령관 등과 한국군 증강 문제 협의.
2.13 주한미군 2개 사단 철수계획 강력 반대하는 성명.
7.25 미국 방문시 상하원 합동회의에서 연설. 소련의 침략 야욕을 강조하고 무력만이 대응책이라고 주장, 열렬한 박수를 받음.
7.31 아이젠하워 대통령과 정상회담.
1955. 6.7(80세) 기술자 해외파견안 재가.
6.20 일본제품 특혜수입 금지.
7.5 국군 40개 사단 확보의 필요성을 역설.
1956. 5.22(81세) 제3대 대통령 당선(부통령은 민주당의 장면).
8.16 첫 국무회의에서 군비 증강과 경제 부흥 강조.

9.22 대통령령으로 10월 1일을 국군의 날로 공포.
1957. 8.21(82세) 국군 현대화를 위한 미국의 지원 요청.
12.3 국무회의에서 한글전용 지시.
1958. 2.23(83세) 한국에서 유엔군 철수 불가 성명.
3.31 미국기자와의 회견에서 인도차이나에 한국군 파견용의 표명.
8.5 외신기자 회견에서 국군 감축 반대와 장비 현대화를 강조.
10.28 원자력 연구 지시로 한국원자력연구소 설립됨.
1959. 2.19(84세) 일본의 재일동포 북송을 추방이라고 비난.
6.25 미국 적십자사에 일본의 재일동포 북송 저지를 요청.
1960. 1.27(85세) 3.15 선거에서 대통령 4선 확정.
4.23 경찰 발포에 따른 사상자 발생에 애도의 뜻을 발표.
4.26 국민이 원한다면 대통령직 사임, 정·부통령선거 재실시, 이기붕의 공직사퇴 등을 약속. 시위대 대표 5명과 면담 시 하야 약속.
4.27 대통령직 사임서를 국회에 제출. 다음 날 이화장으로 은퇴.
5.29 3개월 계획으로 정양차 하와이로 출국.
1965. 7.19(90세) 호놀룰루 마우나라니 요양원에서 서거, 호놀룰루 소재 한인기독교회에서 영결예배 후 유해를 미 군용기로 김포공항으로 운구, 7월 27일 정동제일교회에서 영결예배 후 동작동 국립 서울현충원에 안장.

김충남(金忠男)
육군사관학교 교수와 외교안보연구원 교수 역임.
대통령 정무비서관과 공보비서관 역임. 현 하와이 동서문화센터 연구위원.
주요 저서 《대통령과 국가 경영》

김효선(金孝善)
이승만연구가. 올인코리아 논설위원. 한국논단 편집위원

조선민족이여 깨어나라!
독립정신
이승만 지음
김충남 김효선 풀어씀

1판 1쇄 발행/2010. 3. 26
1판 10쇄 발행/2024. 3. 1
발행인 고윤주
발행처 동서문화사
창업 1956. 12. 12. 등록 16-3799
서울 중구 마른내로 144 동서빌딩 3층
☎ 546-0331~2 Fax. 545-0331
www.dongsuhbook.com
잘못 만들어진 책은 바꾸어 드립니다.
*
이 책의 출판권은 동서문화사가 소유합니다.
의장권 제호권 편집권은 저작권법에 의해 보호를 받는 출판물이므로
무단전재와 무단복제를 금합니다.
*
사업자등록번호 211-87-75330
ISBN 978-89-497-0663-4 03810